장안에서 아테네에 이르기까지

장안에서 아테네에 이르기까지

손기린·모여연·이중신
이진녕 옮김

실크로드 고대 스포츠 문화

KU PRESS
고려대학교
출판문화원

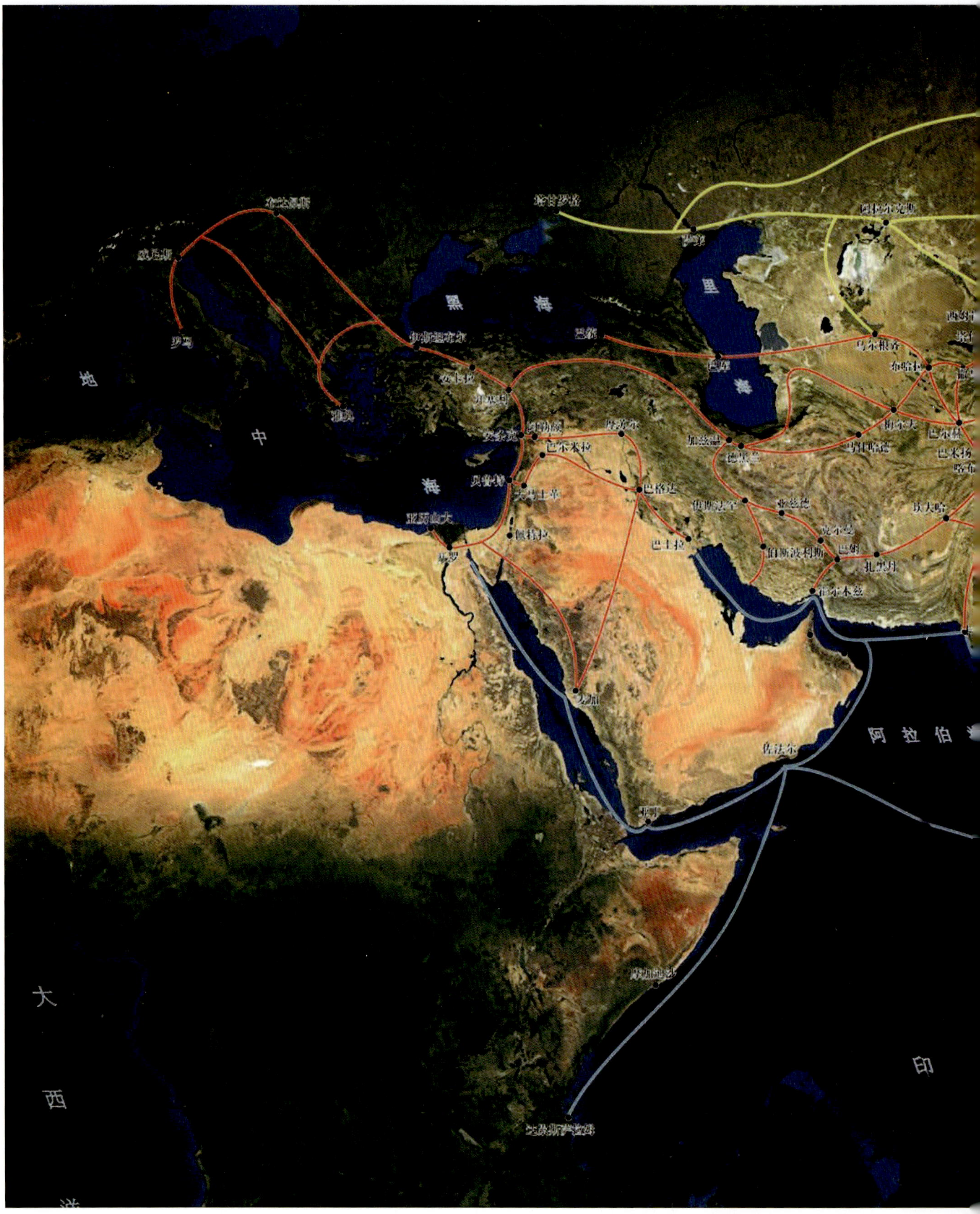

실크로드 지도

(絲綢之路地圖, The map of Silk Road)

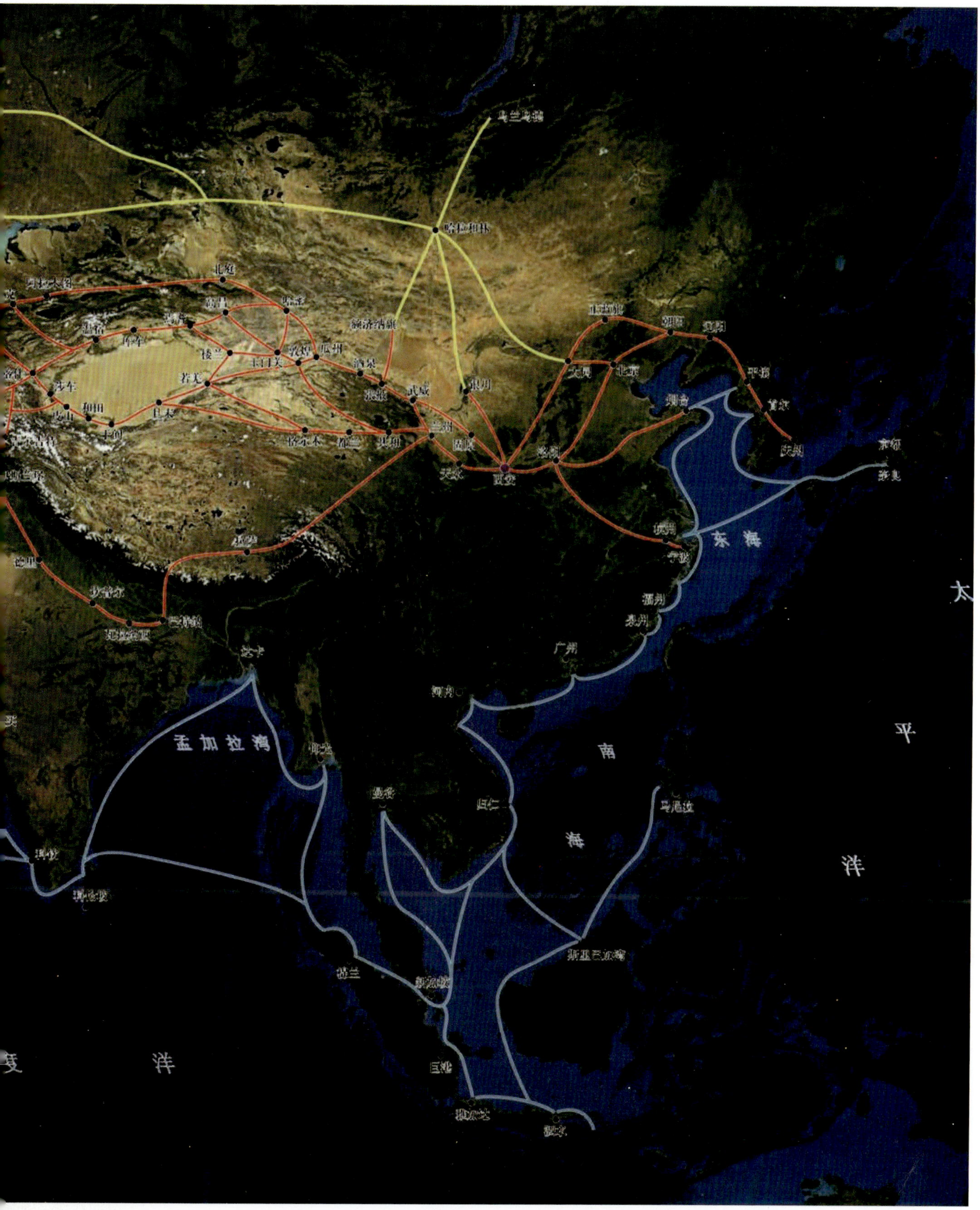

乌兰乌德
哈拉和林
北庭
高昌
哈密
额济纳旗
楼兰
玉门关
敦煌
瓜州
酒泉
张掖
武威
若羌
沙车
和田
且末
兰州
固原
天水
西安
银川
大同
北京
朝阳
辽阳
平壤
庆州
京都
奈良
烟台
洛阳
杭州
宁波
东海
福州
泉州
广州
河内
孟加拉湾
曼谷
归仁
南海
马尼拉
斯里巴加湾
新加坡
巨港
雅加达
泗水
太
平
洋
度
洋

從長安到雅典—絲綢之路古代體育文化
(***From Chang'an to Athens: The Ancient Sports Culture of the Silk Road***)
孫麒麟, 毛麗娟, 李重申
中國 甘肅教育出版社(Gansu Education Publishing House)

〈中華社會科學基金資助〉
이 도서는 중국 국가사회과학기금-중화학술번역사업(18WTY001)에 선정돼
중국사회과학기금(Chinese Fund for the Humanities and Social Sciences)의
지원을 받아 번역 출판되었습니다.

옮긴이의 말

이 책은 중국 국가사회과학기금-중화외역프로젝트(18WTY001)의 전액 후원으로, 《장안에서 아테네에 이르기까지—실크로드의 고대 스포츠문화(從長安到雅典—絲綢之路古代體育文化)》(2017)를 완역한 것입니다.

처음 이 책을 마주했을 때, 저는 동서양을 잇는 거대한 문명의 길 위에서 펼쳐지는 '스포츠'라는 새로운 이야기에 깊이 매료되었습니다. 실크로드 하면 으레 비단, 향신료 동서양의 교역을 떠올립니다. 그러나 이 길 위에는 상품뿐만 아니라 사람들의 땀과 환호, 경쟁과 유희의 숨결 또한 오갔습니다. 장안의 활기찬 거리에서부터 아테네의 고대 올림픽 경기장, 그리고 로마의 콜로세움에 이르기까지, 인류의 발자취가 서린 길 위에서 스포츠가 어떻게 문명의 교류를 이끌었는지를 보여 주는 장대한 파노라마였습니다.

번역을 진행하는 동안, 저는 마치 고고학자가 된 듯했습니다. 저자가 제시하는 방대한 암각화, 도자기, 고문헌 자료들을 따라가며 각 문명권의 독특한 스포츠 문화를 퍼즐처럼 맞춰 나가는 과정은 그 자체로 경이로운 탐험이었습니다. 사냥의 몸짓이 어떻게 원시 스포츠의 기원이 되었는지, 종교적 제의가 어떻게 경기 문화로 발전했는지, 그리고 동양의 놀이 문화와 서양의 경쟁 스포츠가 어떻게 서로에게 영향을 주고받았는지를 따라가다 보면, 스포츠가 단순한 신체 활동을 넘어 한 사회의 철학과 가치관, 그리고 시대정신을 담는 그릇임을 깨닫게 됩니다.

이 책은 2015년 중국 국가사회과학기금의 메가프로젝트 연구 성과물로서, 단순한 과거의 기록에 머무르지 않았을뿐더러, 학술적 깊이와 권위를 자랑합니다. 고대의 길 위에서 오늘날 '일대일로'의 비전을 읽어 내는 저자의 통찰은 과거와 현재를 잇는 거시적인 시각을 제공합니다. 이는 역자로서 원저의 깊이를 훼손하지 않으면서도 한국 독자들에게 그 의미를 온전히 전달해야 한다는 책임감을 느끼게 했습니다. 생소한 고대 스포츠 용어와 고전 시가 작품들, 더불어 각 지역의 문화적 맥락을 한국어로 자연스럽게 옮기는 과정은 쉽지 않았지만, 독자들이 이 책을 통해 시공간을 넘어 인류의 보편적인 열정과 교감할 수 있기를 바라는 마음으로 정성을 다했습니다.

특히 세계적인 스포츠 강국이자 평창 동계올림픽을 성공적으로 개최한 대한민국에 이 책이 소개되는 것은 매우 시의적절하다고 생각합니다. 베이징 동계올림픽을 치른 중국과 더불어, 스포츠라는 공통의 언어를 통해 동서양 문화를 깊이 이해하고 새로운 협력과 상생의 길을 모색하는 중요한 창(窓)이 되어 줄 것이기 때문입니다. 스포츠가 문명을 융합하고 인류의 발전에 기여해 온 과정을 담은 이 책의 여정은, 문화 교류의 중요성이 그 어느 때보다 강조되는 지금 우리에게 많은 영감과 시사점을 던져 줍니다.

부디 이 책을 통해 독자 여러분께서 실크로드라는 신비로운 길 위에서 펼쳐졌던 스포츠라는 이름 아래 하나 되었던 인류의 뜨거운 숨결을 느끼시길 바랍니다.

끝으로 몇 분께 감사의 말씀을 드리고 싶습니다. 물심양면으로 아낌없는 격려와 지원을 해 주신 감숙교육출판사 손보암(孫寶岩) 부사장님, 대외경제무역대학교 서영빈 학장님, 북경어언대학교 최순희 학장님, 늘 아버지처럼 든든한 버팀목이 되어 주신 스승님 고려대학교 이형대 교수님, 저의 어려움을 헤아려 주시고 배려와 도움의 손길을 주신 고려대학교 출판문화원 지영래 원장님, 학문의 동반자 왕뭉 교수님, 그리고 나의 소울메이트 이경률 교수님께 또한 감사의 마음을 전합니다.

2025년 9월
베이징에서
이진녕(李震寧)

차례

옮긴이의 말 7

일러두기 14

들어가는 말 15

제1장

총론 - 실크로드에서의 스포츠 31

1 실크로드의 유래 32

2 장안과 아테네, 로마의 문명 33

3 장안의 '마을 제사'와 아테네의 '대회' 36

4 장안과 아테네 교육의 비교 37

제2장

장안 · 아테네 · 로마 원시 스포츠의 발생 39

1 수렵의 '충돌' 41

2 사냥 중의 '분장' 41

3 모방·놀이·스포츠의 출현 42

4 종교·신화·스포츠의 출현 46

제3장

장안에서 아테네, 로마에 이르는 스포츠 문화 47

1 실크로드 고대 스포츠의 공통 특성 48

2 장안에서 아테네, 로마까지 그들이 남긴 공통적인 스포츠 부호 — 암각화, 도기, 무용, 무예, 고대 전장 48

(1) 실크로드 중국의 스포츠 암각화 _49

(2) 장안·아테네·로마 문화의 유사성 — 도기 _62

(3) 장안에서 아테네, 로마까지 그들의 문화적 유사성 — 무용 _71

(4) 실크로드상의 전쟁과 무예의 발전 _75

제4장

장안에서 아테네, 로마에 이르는 고대 레크리에이션과 엔터테인먼트 91

1 실크로드상에서의 동방 고대 레크리에이션 92

2 실크로드에 펼쳐진 고대 서양 레크리에이션 93

3 실크로드 동서양의 레크리에이션 문화의 비교 95

제5장

장안에서 아테네, 로마에 이르는 고대 스포츠 97

1 중국의 고대 스포츠 99

(1) 궁도(射術) _99 (2) 각저(角抵)와 백희(百戲) _107 (3) 거정(擧鼎)과 척관(拓關) _138
(4) 축국(蹴鞠) _143 (5) 격국(擊鞠)(마구馬球, 폴로) _146 (6) 보타(步打)와 추환(捶丸)(하키와 골프) _160
(7) 희수(嬉水)(수영) _161 (8) 무용 _166 (9) 실크로드의 바둑 전통 _173
(10) 비경기성 게임 _205 (11) 중국의 무술 운동 _213 (12) 전통 양생 운동 _227

2 중앙아시아의 고대 경기 스포츠 234

(1) 씨름 _235 (2) 경마 _235 (3) 격구 _236 (4) 고낭추 _236
(5) 양 빼앗기 _236 (6) 기마 _237 (7) 사냥 _240 (8) 무용 _241

3
인도의 고대 스포츠 241

(1) 사냥 _244 (2) 경마 _255 (3) 전차 경기 _255 (4) 권투 _255 (5) 낙타 경기 _256
(6) 코끼리 싸움 _256 (7) 산양들의 힘겨루기 _257 (8) 뱀 싸움 _257 (9) 멧돼지 싸움 _257
(10) 격구 _258 (11) 씨름 _264 (12) 수영 _268 (13) 장기 _273 (14) 무용 _273 (15) 목욕 _275
(16) 배드민턴 _275 (17) 요가 _275 (18) 보건 _278 (19) 안마 _278 (20) 권술 _279

4
아랍의 고대 스포츠 281

(1) 사냥 _281 (2) 경마 _292 (3) 격구 _293 (4) 장기 _295
(5) 보건 _296 (6) 크리켓 _296 (7) 검술 _296

5
이집트 왕국의 고대 스포츠 299

(1) 사냥 _300 (2) 볼링 _306 (3) 장기 _307 (4) 카누 _310 (5) 격구 _313 (6) 무용 _313
(7) 수영 _318 (8) 씨름 _321 (9) 격투 _321 (10) 병진(兵陣) _323 (11) 아동 게임 _330

6
페르시아의 고대 스포츠 330

7
메소포타미아의 고대 스포츠 357

8
고대 그리스의 경기 스포츠 377

(1) 올림픽 운동의 형성과 발전 _385 (2) 고대 그리스의 여성 스포츠 _431

9
고대 로마의 경기 스포츠 438

(1) 수렵 _438 (2) 펜싱 _442 (3) 수영 _442 (4) 구기 운동 _442 (5) 격투 _443 (6) 권투 _454
(7) 전차 _454 (8) 짐승 격투 _458 (9) 폴로 _459 (10) 돌 게임 _459 (11) 오락 _460

제6장

실크로드에서 펼쳐진 동서양 스포츠 문화의 전파 · 교류 · 융합 467

1 올림픽 스포츠 문화와 중국 전통 문화의 융합 470

2 부동한 신앙이 낳은 서로 다른 문명 471

3 동서양 차별화된 신체관 473

4 중국의 스포츠 문화와 올림픽 스포츠 문화의 충돌과 융합 475

에필로그 479

부록 실크로드 주요지명—중·영 고금 대조표 481

주 484

참고 문헌 493

일러두기

1. 고유명사의 표기
    1) 인명과 지명, 기타 고유명사는 한국 한자음 표기를 하고, 처음 등장할 때만 한자를 번체자로 병기했다.
       예: '宁夏' → '영하(寧夏)', '北魏' → '북위(北魏)'
    2) 중국어로 표기된 중국 소수민족 지역명과 인명은 해당 소수민족 언어의 발음을 따르되 국립국어원의 외래어 표기법을 따랐다. 예: '库木吐拉' → 쿠무툴라

2. 출판사 편집 지침에 따라, 고전 문헌과 작품은 《 》, 논문은 〈 〉로 표기했다.

3. '스포츠'의 사전적 의미는 '경쟁과 유희성을 가진 신체운동경기의 총칭으로, 경쟁을 중심으로 만들어진 문화'를 말하며, 체육은 '교육적 의미를 내포'하는 것으로 신체활동을 교육하거나 신체활동을 통한 교육적 활동을 말한다. 따라서 교육적 의미를 가진 체육 연관 단어는 체육사, 체육학, 체육이론, 체육사상 등으로, 스포츠 경기와 스포츠 공연 및 문화에 연관된 단어는 일괄 '스포츠'로 번역하였다.

4. 이 책의 미주는 모두 옮긴이의 것이다.

들어가는 말

2,000여 년 전, 아득한 낙타 소리와 함께 인류는 한 걸음 한 걸음 '실크로드'라 불리는 중서문명 교류의 길로 나아갔다. 기원전 1-2세기에는 유럽과 아시아를 잇는 주요 교통로를 따라 고대 로마, 안식국(安息國),[1] 쿠샨 왕조, 중국의 한나라가 서에서 동으로 나란히 이어지며 번성을 구가했고 4개국은 바로 이 실크로드를 통해 서로 연결되었다. 고대의 화하(華夏) 문명, 인도 문명, 페르시아 문명, 아랍 문명, 고대 그리스 문명, 로마 문명은 끝없이 이어지는 실크로드에서 서로 교류하고 충돌하며 서로의 경험을 거울로 삼아 수용했고 함께 인류 사회 문명의 발전을 추진했다.

오늘날 과거의 아득한 낙타 소리는 일찍이 역사의 메아리 속에서 흩어졌지만 고대인들이 남긴 게임, 오락, 경기 등과 관련된 실크로드의 풍요로운 문화유산은 중국 및 서양 스포츠 문화의 전파 및 발전 연구에 넓은 지평을 제공해 주고 있다. 특히 중국이 제창하는 '일대일로' 전략의 전면적 추진이라는 배경하에서 과거 실크로드의 스포츠 문화유산을 발굴한다는 것은 동서 문명의 교류에 있어, 특히 중국과 서양 국가 간의 스포츠 문화 교류에 있어 그 의미가 매우 크다고 할 수 있다.

한편, '실크로드의 스포츠 문화'는 고대 실크로드에서 비롯된 개념으로 풍부한 내적 의미를 담고 있다. 실크로드에는 스포츠와 관련된 수많은 유적과 유물이 있는데 발굴된 고대 전장(戰場), 건축물, 격투장, 경기장, 격구장, 역참, 고대 무덤군, 암각화, 석굴 및 석기, 도기, 병기, 청동기, 전차, 성, 장성, 금은기, 옥기, 자기, 갑골문, 간독(簡牘, 옛날, 종이가 보급되기 전에 글을 쓰기 위하여 사용되었던 대쪽과 얇은 나무쪽), 조소, 석각, 벽돌화, 벽화, 회화, 목판화, 면화, 와당(지붕에 기와를 입혀 내려온 끝을 막음하는 건축재), 구리거울, 토우 등은 실크로드 스포츠 문화 연구의 귀중한 자료로서, 실크로드의 스포츠 문화는 수천 년 동안 이어지는데, 여기에는 역사적 온축(底蘊)과 인문적 기초가 축적되어 있다. 그러므로 오늘날 고대 '실크로드'라는 역사적 부호를 빌려 '일대일로' 연선 국가들의 풍부한 전통 스포츠 문화에 대해 서술하는 것은 고대 실크로드, 즉 장안에서 아테네, 로마까지의 스포츠 문화와 중국 및 서양 스포츠 문화 간의 공통점과 차이점은 물론 그 영향을 명확히 이해할 수 있게 하기 위함이다.

역사는 단순한 과거로서 존재한 적이 없었다. 이는 그 역사적 발자취가 계속 뻗어 나갔기 때문이다. 또, 역사는 현실의 또 다른 거울로서 현실은 역사의 초상이라고 할 수 있다. 이 책은 10만여 자의 글자와 7백여 개의 문물 사진을 통해 원시 스포츠의 맹아(萌芽)부터 동서양 스포츠 문화의 전파와 교류 및 융합을 담아냈다.

또한, 고대 장안의 '마을 제사'부터 고대 그리스 로마의 올림피아 제전 등 다채로운 스포츠의 역사를 한 겹 한 겹 벗겨내고 드러냄으로써 역사 속의 실크로드, 즉 장안·아테네·로마 제국의 스포츠의 모습과 문화적 함의를 명확히 이해하고 더 나아가 스포츠 발전의 역사적 맥락을 규명하고자 한다.

전통 문화는 민족의 가장 본질적인 특징으로 전통 문화의 소실은 흔히 민족 특징의 소실과 상실을 의미한다. 또한, 스포츠는 민족 전통 문화의 중요한 구성 부분이자 민족 전통 문화를 직접 구현해 낸 것으로 민족 사상의 관념, 민족 정신, 신체 조건의 형성에 중대한 영향을 미친다. 또, 스포츠는 전 인류의 신체적 행위이자 문화이다. 그러므로 스포츠 문화를 연구하고 전수 및 계승하는 일은 다채로운 민족 전통 문화를 보호하고 인류 사회의 문화 생활을 풍요롭게 하는 데 반드시 필요하다. 스포츠가 생산에 의존한다는 사회적 기원에서 보면 스포츠는 여러 사회의 필요에 순응하며 만들어진 것으로 인류의 정신적 활동의 중요한 부분이자 인류 생명의 존재 방식이라고 할 수 있다. 또한, 인류의 사회적 활동으로 인류의 사회적 생산과 생활의 실천에서 비롯되었으니 그 형성과 발전은 사회의 실천적 활동을 통해서만 해석될 수 있다.

이 책은 역사적 실천 속에서 실크로드의 스포츠 문화를 탐구하고 '종이 위의 스포츠 문화 박물관' 집필에 기초를 다져 실크로드의 다른 지역, 다른 시대의 스포츠 관련 유물들과 스포츠 문화에 대한 저자의 이해를 밝히고자 한다. 훌륭한 사진과 생생한 설명을 통해 이 책은 독자의 감상을 돕고 실크로드의 스포츠 문화를 인식하게 할 뿐만 아니라, 동서양 스포츠 문화의 이해에 새로운 문을 열어 주고자 한다. 고대와 현대 모두 스포츠는 단순한 운동을 넘어 일종의 문화 형태로서 사회의 발전에 거대한 작용을 했다. 그러므로 실크로드 스포츠 문화사를 전문적으로 연구함은 체육사 연구에 대한 열정에서 비롯된 것으로 체육사를 통해 인류 문화사와 사회사를 엿보게 하고 이를 통해 오늘날 사회에 도움을 주고자 함이다. 이는 매우 의미 있는 작업이라고 할 수 있다.

Prologue

Over two thousand years ago, accompanied by melodious camel bells, mankind trod a path of exchanges between Chinese and Western civilizations which was later known as the 'Silk Road'. During the 1st and 2nd centuries A.D., ancient Rome, Parthia, Kushan and the Han Dynasty of China, all with prosperous powers located from west to east along the traffic arteries of the Eurasian continent. It was the very Silk Road that linked up these four countries. On this endless Silk Road, ancient Chinese, Indian, Persian, Arabic, Greek and Roman civilizations interacted and learned from each other, and jointly pushed forward the progress of human civilization.

Today, the tinkle of camel bells has long disappeared in history, while the rich cultural heritages along the Silk Road, particularly those related to sports activities such as games, entertainments and athletics have provided us with a large space for studying the transmission and development of Chinese and Western sports culture. Especially against the backdrop of China's all-round promotion of the Silk Belt and Road Initiative, tapping the sports cultural heritage on the Silk Road is of great significance for exchanges between eastern and western civilizations, particularly in the field of sports culture between China and western countries.

The 'Silk Road sports culture' is a concept derived from the ancient Silk Road, it has a very rich meaning. On this trading route, large numbers of sports-related cultural sites and artifacts have been discovered, such as ancient battlefields, ancient architectures, arenas, polo courts, post roads, ancient tombs, petroglyphs, caves, as well as stoneware, potteries, weapons, bronze vessels, chariots, ancient castles, the ancient Great Wall, gold- and silverware, jade, porcelains, oracle bone inscriptions, bamboo paintings, paintings on plaques, silk paintings, tiles, bronze mirrors, pottery figurine, etc, all these are valuable materials for us to study the Silk Road sports culture. After thousands of years, the Silk Road sports culture is now a profound historical and cultural accretion. Today, by borrowing the historical symbol of the ancient Silk Road, we try to elucidate the abundant traditional sports culture of the Belt and Road countries so that people could have a clear understanding of the sports culture on the Silk Road, i.e., the sports culture from Chang'an to Athens and Rome, as well as the similarities, differences and influences of Chinese and Western sports culture.

History is never purely the past, because its footprint has always been extending. History is a mirror of reality, while reality is a reflection of history. With more than one hundred thousand Chinese characters and seven hundred photographs of cultural relics, this book unfolds before us the magnificent historical picture of sports from the rudiments of primitive sports to transmission, exchanges and integration of oriental and occidental sports culture, as well as from the 'Saishe' (sacrificial rites which later evolved into sporting activities) of ancient Chang'an to Olympic games of ancient Greece, giving us a vivid description of forms and cultural connotation of various sports activities from Chang'an to Athens, Rome and other countries and regions along the Silk Road.

Traditional culture is one of the most essential features of a nation, thus its disappearance often means the vanishing or loss of the national identity. As an integral part and a direct manifestation of a nation's traditional culture, sports have a tremendous impact on the formation of ideas, spirit and physical quality of that nation. Sports are physical behaviors and a form of culture common to all mankind. To study and carry forward the sports culture is therefore indispensable for us to protect the colorful traditional culture and enrich the cultural life of human society. From the perspective of social origin, sports emerged in response to various social needs, being an important part of people's spiritual life and a form of existence of human life. As a form of social activity, sports arose from social production and practice of life, therefore, its formation and development can only be explained by social practice.

This book explores the Silk Road sports culture from historical practice and tries to lay a solid foundation create a 'Sports Museum on Paper', in an effort to display the sports heritages in different regions and periods of the Silk Road, as well as the author's interpretation to sports culture. With excellent pictures and vivid explanations, this is an eminently readable book which open a new window for readers to learn about the Silk Road sports culture. Neither in ancient times nor in modern days has sport been a simple body movement, rather, it has played a huge role as a culture pattern in the development of human society. Our research on the cultural history of Silk Road sports is not merely out of our preference or special feelings towards the study of sports history, more importantly, by peeping through the history of sports we wish people could better understand the cultural and social history of human beings and thus bring benefits to our society today, and this should be a significant work to do.

대안탑

(大雁塔, Great Wild Goose Pagoda, Xi'an City, Shaanxi Province)

섬서성 서안(陝西 西安)

가욕관 관성

(嘉峪關關城, The Jiayuguan Pass City)

감숙 가욕관(甘肅嘉峪關)
범굉위(范宏偉) 촬영

맥적산(麥積山) **전경**

(The Maiji Mountain, Tianshui City, Gansu Province)

감숙성 천수시(甘肅天水)

병령사(炳靈寺) **석굴**

(The Bingling Grottoes, Yongjing County,Gansu Province)

감숙성 영정현(甘肅永靖)

옥문관(玉門關) **유적**
(Yumenguan Pass, Jiuquan City, Gansu Province)
감숙성 주천시(甘肅酒泉)

돈황 막고굴(敦煌莫高窟) **전경**
(The Mogao Caves in Dunhuang)
감숙성 돈황(甘肅敦煌)
범굉위(范宏偉) 촬영

한(漢) **장성**(長城) **유적**
(The Relics of the Han Dynasty's Great Wall, Gansu Province)
감숙성 돈황(甘肅敦煌)
범굉위(范宏偉) 촬영

양관(陽關) **유적**
(The Yangguan Pass, Dunhuang City, Gansu Province)
감숙성 돈황(甘肅敦煌)

월아천
(月牙泉, The Crescent Spring, Dunhuang City, Gansu Province)
감숙성 돈황(甘肅敦煌)
왕매(王玫) 촬영

쿠무투라 석굴 외경

(庫木吐拉石城, Kumtura Rock Caves)

신강 쿠처(新疆庫車)

고창고성

(高昌故城, The Site of Ancient City Gaochang, Turpan City, Xinjiang Uygur Autonomous Region)

신강 투루판(新疆吐魯番)

교하고성

(交河故城, The Site of Ancient City Jiaohe, Turpan City, Xinjiang Uygur Autonomous Region)

신강 투루판(新疆吐魯番)

◂ 아라비아 아부다비 그랜드 모스크
(阿拉伯阿布扎比清真大寺,
Arabia Abu Dhabi Mosque)
아랍 에미리트 연합

타지마할(泰姬陵, India Taj Mahal)
인도

◂ 칼란 미나레트
(伊欽·卡拉城, Eachon Cara City)
우즈베키스탄

고대 이집트 파라오와 왕후의 무덤

(古埃及法老和王后的陵墓,
The Tomb of Pharaoh and Queen of Egypt)

이집트

페르세폴리스(波斯波利亞, Persepolis)

이란

팔미라 고성(巴爾米拉古城) **유적**

(The Site of Ancient City Palmyra, Syria)

시리아

성소피아 성당

(聖索菲亞大敎堂, Turkey Hagia Sophia Church)

터키

올림피아 제우스 신전

(奧林匹亞宙斯神廟, Temple of Olympian Zeus)

그리스

고대 로마 콜로세움

(古羅馬鬪獸場, The Site of Colosseum of Ancient Rome, Italy)

이탈리아

제1장

총론 - 실크로드에서의 스포츠

1
실크로드의 유래

'실크로드'란 이름은 근대에 들어서야 등장한다. 원래 이곳에 살던 민족들은 이를 사용하지 않았고 '사마르칸트로 통하는 길'이라 불렀는데 때로는 타클라마칸사막을 둘러싸고 있는 '남도(南道)' 혹은 '북도(北道)'만을 의미했다. '실크로드'라는 이름은 1877년 페르디난트 폰 리히트호펜(Ferdinand von Richthofen) 백작[2]이 지은 것으로 그는 자신의 저작에 처음으로 '실크로드'라는 이름을 사용했다. 당시 '실크로드'라는 것은 특정한 길을 지칭하는 것이 아닌 광활한 사막과 산에 있는 표지도 없고 수없이 바뀌는 가로의 작은 길을 의미하는 것이었다. 사실 '실크로드'를 통해 운송된 화물은 많지 않았지만 이는 확실히 동서양의 문화를 바꿔 놓았다. 우리는 근 백 년 동안 고고학을 통해 발견한 문헌과 문물, 특히 최근 몇십 년간 사람들을 놀라게 했던 새로운 발견을 통해 그동안 주목을 받지 못했던 '길이 아닌 길'을 설명하고 실크로드가 어떻게 인류 역사상 최고의 '혁신력'을 지닌 최대 교통로로 자리 잡았는지 설명하고자 한다. 동서양의 문화, 사상, 관념, 공예, 종교, 예술, 스포츠 등이 실크로드를 통해 전파되었으니 단순한 무역 상품은 아니었던 것이다.

실크로드 무역에 대한 최초의 문자 기록은 장건(張騫)과 관련이 있다. 기원전 2세기, 한무제(漢武帝, 기원전 140년-87년)는 장건을 서역으로 파견하여 지금의 우즈베키스탄 페르가나 지역에서 살고 있는 월지족과 동맹을 맺고 내몽고 고원의 흉노족에 대항하고자 했다. 수많은 문헌에서 장건의 서역 원정을 실크로드 개통의 상징으로 보고 있는데 사실 한무제가 장건을 서역으로 파견한 이유는 무역이 아닌 국가의 안전을 고려했기 때문이다. 흉노족의 근거지를 통해 월지국으로 들어가고자 했던 장건은 결국 흉노족에게 10년 동안 억류되고 후에 탈출하여 월지국으로 향했고 그는 중국 상인과 중국의 물건들이 이미 한발 앞서 중앙아시아에 전해졌다는 사실에 놀란다.

그는 아프가니스탄 북부의 대하(大夏) 시장에서 천리 길을 넘어 온 공죽장(邛竹杖, 일종의 지팡이로 사천의 유명한 공예품)과 촉포(蜀布, 중국 운남성 영창보산 지방에 세운 애뢰국의 공예품)를 발견했다. 분명 이러한 중국 물건들은 육로를 거쳐 왔을 것이다. 기원전 약 126년, 장건은 중국에 돌아가 한 무제에게 서역 원정에 대해 보고하는데 이는 중국이 최초로 중앙아시아 민족에 대한 상세한 정보를 얻게 된 것이었다. 장건이 돌아온 후, 한나라가 차츰 서북 지방으로 세력을 확장하고 하서회랑(河西走廊)을 통제하기 시작하면서 실크로드는 더욱 번영했고 각국의 사신, 상인, 전도사 등이 장건이 개척한 실크로드를 따라 왕래하고 교류하며 서로 가진 것을 융통하니 사람들의 발길이 끊이지 않았다. 스포츠는 중국 및 서양의 실크로드에서 이루어진 문화 교류의 주요 부분으로 서양에서 유행했던 호선무, 호등무, 자지무와 한당(漢唐) 이래의 백희, 축국, 폴로, 씨름, 격구, 역도, 추환, 쌍륙, 장기 등은 모두 중서 스포츠 문화의 교류와 전파를 보여 주는 증거라고 할 수 있다.

역사는 한 국가의 발전 수준은 문호 개방의 정도와 직접적인 관련이 있음을 보여 준다. 실크로드는 고대 중국의 문호 개방에 대한 요구와 세계와 교류하고자 하는 열망이 물질적인 형태로 나타난 것으로 민족의 이동과 융합의 길이다. 수천 년 동안 실크로드

장건 출사 서역도(張騫出使西域圖)

돈황 막고굴 제156호 굴 벽화
(敦煌莫高窟 第156窟)

에서 활동을 하고 이동한 민족은 무수히 많다. 일부 민족은 민족의 이동으로 다른 민족과 융합되어 새로운 민족을 형성하는데 이들 모두는 실크로드의 번영에 공헌을 한다.

2
장안과 아테네, 로마의 문명

장안의 도성 건축 역사는 3,100여 년에 달하는데 그중 1,131년은 주나라, 진나라, 한나라, 당나라 등 13개 왕조의 도성이 있었던 시기이다. 장안, 아테네, 카이로, 로마는 세계 4대 문명의 고도로 불리며 장안은 세계 최초로 인구가 백여 만 명에 달했던 번영의 대도시였다. 노자의 도덕경 강론, 장건의 실크로드 개척, 현장 법사가 인도에서 불경을 구해와 전파하기까지 장안에는 역사에 길이 남을 전기적 고사가 전해 내려오고 있다.

장안 문화는 중국 각 지역의 문화와 민족 문화가 한데 어우러져 탄생한 것으로 본토의 주나라·진나라 문화를 기초로 하여 초(楚)·제노(齊魯)·연조(燕趙)·오월(吳越)의 문화, 중원의 위나라 및 한나라의 문화는 물론 소수 민족과 다른 나라의 문화까지 수용하여 그 문화의 폭을 넓히고 풍요롭게 하고, 깊고 중후하게 했으니 '박대정심(博大精深, 사상과 학식이 넓고 심오하다)'이라 할 만하다.

장안 문화는 초반에는 거칠었으나 차츰 섬세해졌고 분산된 모습에서 집중·통일된 모습으로 발전했다. 또 윤리적·도덕적 색채도 짙었는데 이는 통치 이념으로 자리 잡았던 유교 문화로 인한 것이었다.

아테네와 로마의 성은 자연적으로 형성된 도성이다. 기원전 5세기부터 4세기는 고대 그리스 문화의 번영기로 당시 아테네는 고대 그리스의 핵심 도시 국가로서 지중해에서 전성기를 누렸는데 지중해 곳곳에는 아테네인과 다른 그리스 도시국가 사람들의 흔적이 남아 있다. 또한, 기원전 753년에는 로마의 성이 완공되면서 그에 걸맞은 경제·문화적 기초를 다지게 되었고 오랜 발전을 거쳐 고대 로마의 수도로 탈바꿈하며 제국 초기에 전성기를 누린다. 발전의 흐름을 살펴보면 '선(先) 경제 문화, 후(後) 정치 군사'로 도시 발전 맥락의 차이로 인해 장안 문화는 아테네, 로마 문화와는 다른 발전 모습을 보인다. 장안 문화는 단기간에 강한 국력을 바탕으로 빠르게 발전한 반면 로마 문화는 그리스 문화, 심지어 이집트 문화를 계승한 것으로 발전 역사만 보더라도 수백 년에 달한다. 두 문화의 공통점은 모두 도시 문화로서 자국과 그 지역 문화의 대명사라는 것이다. 이들은 모두 도시의 발전에 따라 발전했고 국력이 강성할 때 전성기를 맞이하였으며 모두 문명의 발전을 촉진했다. 이들은 그 민족, 그 나라 심지어 그들이 있었던 대륙 문명의 최고 수준을 대변한다.

장안 문화는 심오하고 방대하며 그리스 문화와 로마 문화는 모두 위대하다. 또한, 그 문화에는 저마다의 멋이 배어 있고 지리상으로 멀리 떨어져 있을지라도 문화 간에는 공통점을 지니고 있다. 장안과 아테네 모두 세계 역사에 중대한 영향을 미친 고도(古都)로서 한나라와 로마의 문명은 세계 문명의 발전에 큰 공헌을 했다. 로마 제국과 한(漢) 제국은 멀리 떨어져 있었고 두 제국 간에는 쿠샨 왕조와 안식국이 있었는데 서로 동경하며 만나기를 갈망했다. 로마인은 중국을 '카루스(Cyrus)'라 불렀고 한인(漢人)은 로마를 '대진(大秦)'이라 불렀다. 동한의 반초(班超)[3]는 서역 출정에서 대진(大秦)으로 부사(副使) 감영(甘英)을 파견했고 로마 제국도 한나라에 외교 사절을 파견하기 원했으나 안식국의 방해로 이루어지지 못했다. 한 환제(桓帝) 연희(延熹) 9년(166년)에 이르러서야 '대진의 왕 안돈(로마 황제 마르쿠스 아우렐리우스 안토니우스 Marcus Aurelius Antoninus)'이 한나라로 사신을 보내 한 환제에게 상아 등의 물건을 보냈고 양국은 드디어 실크로드를 통해 직접적으로 교류하기 시작하며 세계 문명의 역사적 발전을 함께 촉진했다.

현장서행도

(玄奘西行圖, The Great Buddhist Monk Xuan Zang Travelling to Ancient India)
14세기
일본 도쿄국립박물관 소장

3
장안의 '마을 제사'와 아테네의 '대회'

장안의 '마을 제사'

고대인들은 '유희'를 전국민적인 활동으로 만들기 위해 이를 점차 종교의 기념일과 결부시켜 사람들이 즐겁게 유희를 즐길 수 있도록 했다. 장안과 돈황에서는 매년 정월부터 12월까지 각종 '마을 제사'를 열었고 '춤을 추면서 음악을 연주하는' 풍속은 물론 기마 훈련, 공연, 씨름(각저(角抵)), 백희, 격구 시합, 독특한 역도 경기, 장기, 양생(養生), 등산, 답청(踏青), 샌드 스키 등도 있었다.

시끌벅적했던 '마을 제사'는 실크로드의 사람들이 가장 좋아했던 유희로 이러한 행사들은 스포츠 종목과 직접적인 관련은 없지만 그 풍격과 멋을 살펴보면 스포츠에 가까우며 심지어 어떠한 면에서는 스포츠를 보완해 준다고 할 수 있다. 실제로 스포츠의 형성과 발전 과정은 '사람을 즐겁게 하는' '마을 제사'와 '신을 즐겁게 하는' '종교 의식'이 계속 맞물리고 융합되면서 결국 통일을 이룬 과정이라고 할 수 있다.

실크로드의 '마을 제사' 속에서 스포츠는 점차 독립되며 경축일의 문화로 자리 잡는다. 스포츠는 기념일에 상서롭고 화목하면서도 시끌벅적한 분위기를 조성하였는데 중요한 것은 스포츠가 일종의 사회화적 특징을 보이는 축전을 대표하게 되었다는 것이다. 스포츠는 실크로드 사람들이 즐기는 제1의 전통 유희로서 사람들의 삶과 함께하는 가장 보편적인 생활 방식으로 자리 잡았다고 할 수 있다. 사람들의 일상적인 삶에서 탄생한 스포츠는 반대로 인간의 일상생활과 사유방식에 영향을 미치곤 한다.

아테네의 '대회'

'대회'의 탄생은 상고 시대의 신화 시대까지 거슬러 올라간다. '대회'의 필요에 따라 그에 걸맞는 경기장이 지어지며 신전과 하나를 이루는데 젊은 사람들은 항상 이곳에서 훈련을 하고 운동회에 참여했다. 또한 '대회'의 발전으로 아테네에는 더 많은 경기장이 지어졌고 더 많은 사람들이 '대회'에 참여하면서 그리스의 '대회' 시대가 열리게 된다. '대회'는 아테네인의 삶 곳곳에 존재했다. 연회, 혼례, 심지어 닭싸움 등의 행사에서도 그 흔적을 볼 수 있는데 시대가 발전하면서 '대회'는 제전의 탄생으로 이어졌고 경보, 달리기, 멀리뛰기, 레슬링, 격투, 원반던지기, 표창 등의 운동 경기가 탄생한다.

장안의 '마을 제사'와 아테네 '대회'의 문화적 함의

장안의 '마을 제사'와 아테네의 '마을 대회'는 실크로드의 문화 교류를 통해 서로 만나고 충돌하며 서로를 흡수하고 융합하며 스포츠의 발전을 촉진한다. 사회 제도, 문화 언어적 환경, 지리적 환경, 종교 신앙, 신체관 등의 차이로 인해 장안의 '마을 제사'와 그리스의 '대회' 간에는 적지 않은 충돌을 겪었고 이는 씨족·혈연, 인간과 신, 단련과 양생, 상무(尙武)와 숭화(崇和), 운동과 수련, 예술과 경기, 제단과 경기장 등 여러 면에 반영되어 있다. 한편, 그리스 문명의 '대회'를 깊이 들여다보면 실크로드의 반대편에 존재했던 장안의 '마을 제사'와는 차이를 보인다. 먼저, 아테네의 '대회'는 스포츠 이념에 부합하는 생명의 가치관을 여실히 드러내고 있지만 장안의 '마을 제사'가 구현하는 것은 '중화(中和, 서로 다른 것이 섞여 조화를 이루며 그 중간의 성질을 띠게 하는 것)'의 예술 이념과 '주정(主靜, 평정을 유지하는 것)'의 생명적 가치관이다. 물론 '마을 제사'와 '대회' 모두 스포츠의 발전에 긍정적인 영향을 미쳤음을 부정할 수 없다.

4
장안과 아테네 교육의 비교

체육은 사회 발전의 주요 수단이자 교육의 중요한 구성 부분이다. 문명 사회에 진입한 인류는 스포츠를 매우 중시했고 특히 체육 교육을 중요시했다. 활쏘기, 마차 조종은 중국 서주 시기 국학(國學)과 향학(鄉學)에서 매우 중요한 과목이었다. 고대 문헌의 기록에 따르면 당시 활쏘기에는 이미 '오사(五射, 다섯 가지 사법(射法))'가 있었고 마차 운전에도 '오어(五御, 다섯 가지 방어술)'가 존재했다. 서주 시기 활쏘기와 마차 훈련에는'예(禮)'와 관련된 내용이 더욱 많이 포함되었는데 배우는 이들에게 사상적으로 더 확고한 목표와 포부를 가질 것은 물론 형식적으로도 예법과 의식을 갖출 것을 요구했다. 그래서 배우는 이들은 활쏘기와 마차 운용 기술을 엄격하게 익혀야 했고 훌륭한 도덕적 성품도 길러야 했다. 이는 서주 시기에 만들어진 것으로 노예 제도 계급의식의 발전을 반영한 것이자 체육 교육 발전의 반영이다.

활쏘기는 서양에서도 유구한 역사를 가지고 있다. 인도, 아랍, 페르시아, 터키, 그리스, 로마 제국에서 활쏘기 기예는 주된 교육 내용이었다. 서양에서는 주(主, 사람)와 객(客, 화살)의 관계를 잘 다뤄야 한다고 생각했는데 활을 쏘는 자는 목표를 조준할 때 부동 자세를 유지했고, 목표물을 향해 활을 당겨 화살을 쏘는 그 순간 몸은 일정한 자세를 유지해야 했으며 몸을 굽힐 수 없었다. 활쏘기 훈련을 통해 사람들의 의식을 신체로부터 분리시켜 그 대상이 존재하는 세계와 신체를 초연하게 했다. 바로 이곳에서 후대의 자아의식이 싹트고 있었다고 말할 수 있다.

마차 조종에 대해 언급하면 서양에서 전차에 말을 사용한 역사는 중국보다 늦다. 고대 이집트, 고대 그리스, 고대 로마 등의 국가에서 전차는 줄곧 전쟁의 주요 도구였고 마차 조종 기술 역시 군사 훈련의 주요 내용이었다. 전차는 경기적 성격이 매우 강했기에 차츰 경기로 자리 잡는데 문헌의 기록에 따르면 4륜 마차 운전의 고수였던 비잔틴 제국의 한 황제는 콘스탄티노플에서 성대한 마차 경기를 개최하고 우승을 한다.

이는 기원전 10세기 이전의 일이다. 이집트 테베 서부의 네부아몬 무덤 벽화에는 신왕국 시기의 전차 한 대가 그려져 있다. 이는 높이 43cm에 전쟁 중인 전차병과 전차가 그려져 있고 현재 대영박물관에 소장되어 있다. 또, 투탕카멘의 무덤에서도 전차 한 대가 출토되었다. 19왕조 람세스 2세의 무덤 벽화에는 람세스 2세가 카데시 전투에서 전차를 운전하는 장면을 그린 벽화가 있다. 또한 뉴욕의 한 박물관에는 고대 로마 전차 한 대가 있는데 청동 제품으로 매우 진귀하다. 실크로드에서 출토된 문물과 문헌의 기록을 살펴보면 고대 실크로드의 나라들은 전차 조종 기술을 매우 중시했고 이를 교육 및 경기에 포함시켰음을 알 수 있다.

고대 그리스는 폴리스 제도를 실시했고 대외 전쟁과 폴리스 간의 전쟁이 잦았기에 신체 건장하고 민첩하며 강인한 성격의 젊은이들이 도시 국가에 힘을 적극적으로 보태 주기를 원했다. 그래서 그리스는 예로부터 무예를 숭상했고 신체 단련을 중시하였으며 각 도시국가는 이러한 교육관을 계승 및 발전시켰다. 노예의 주인의 아이들은 7세 이전부터 전문 노예의 보호를 받았고 가정 교육은 물론 주사위 던지기, 시매(상대방으로 하여금 그 개수가 짝수인지 홀수인지 알아맞히게 하는 놀이), 숨바꼭질, 굴렁쇠, 쌍륜차 놀이, 공놀이 등 각종 놀이를 즐겼다. 아이들은 7세부터 학교를 다녔는데 13세가 되면 격투, 달리기, 점프, 원반던지기, 표창던지기 등 5대 스포츠 경기 훈련은 물론 활쏘기, 승마, 수영 등의 군사 훈련도 받아야 했다. 또한 아테네의 체육 교육 센터는 학술 연구의 무대였다. 고대 그리스의 철학가인 플라톤과 그의 학생이었던 아리스토텔레스는 체육관에서 강의를 한 적이 있는데 이들은 모두 각자의 체육관(體育觀)이 있었고 '교육에서 실천은 반드시 이론에 우선하며 신체 단련은 지능 훈련에 우선해야 한다'고 주장했다.

제 2 장

장안 · 아테네 · 로마

원시 스포츠의 발생

선사시대의 스포츠 문화는 주로 구석기시대 중엽부터 싹트기 시작해 최소 수십만 년의 발전을 거친다. 이 시기 인류는 대부분 원시 집단 거주의 형태를 보이며 보통 야생의 과일, 채소 또는 수렵이나 어획을 통해 잡은 포획물을 먹었다. 사냥에는 주로 나무 막대, 돌, 석구, 돌도끼, 끈으로 엮은 돌팔매 등을 사용했는데 이 또한 실크로드의 연선 국가에서 가장 널리 사용했던 도구이다.

원시시대 인류는 음식을 통해 생명을 보전하고 번식을 통해 생명을 연장했다. 이는 인류의 본성에서 비롯한 영원한 물질적 욕구였다. 이러한 물질적 필요를 충족시키는 과정에서 만족이 가져온 것들은 신체적이고 정신적인 토대하에서 가장 기초적인 '쾌락감'을 만들어 낸다. 이는 생명의 '쾌락의 원칙'으로 이러한 원칙은 인류 정신 탄생의 기초이다. 원시사회에서 인류 스포츠는 이미 매우 높은 수준에 도달했다. 스포츠는 언어와 문자가 탄생하기 이전에 인류가 사용했던 주요 교류 수단으로 원시인들에게 있어 스포츠는 생활의 공간이자 시간이었고 신체와 영혼의 밀접한 결합이었다. 또 인류의 삶의 행위와 가장 근접한, 인류 육체 생명의 가장 고차원적인 표현으로 인류 정신 생명의 최고의 상징이라고 할 수 있다. 또한 인류의 감정과 지혜의 가장 직접적인 표현 방식으로 지금까지도 인류는 여전히 스포츠를 벗어나서는 생존할 수 없다.

대(代)	기(紀)	세(世)		연대	인류	스포츠 발전
신생대	제3기	팔레오세		7,000만 년–1,200만 년		나뭇가지, 나뭇잎, 돌 이용
	제4기	갱신세(更新世)	초기	200만 년	원인	나무 막대, 부싯돌기 사용
			중기	150만 년–50만 년	원인, 아브빌인	목기, 구석기, 원시인의 도말기(塗抹期·스포츠의 공백기) 스포츠의 맹아(萌芽)를 자각하지 못함
			후기	10만 년	무스테리안인	목기, 골기(骨器·뼈로 만든 기구), 석기 등 사용, 스포츠 출현 인지, 격투, 쫓기, 짚와이어, 수렵 등 스포츠 형식의 탄생
				3만 년	오리냐크인	놀이가 차츰 경기로 전환
	전신세(全新世)				마들렌기인	선사시대 스포츠의 모습은 다양하며 내용이 풍부함. 스포츠의 탄생과 발전 단계로 진입

1
수렵의 '충돌'

원시 사회에서 동식물은 인류 식량의 주요 공급원이었다. 식량을 얻고 생존과 번식을 유지하기 위해 인간과 자연, 인간과 인간은 '충돌'하기 시작했고 인류와 짐승의 추격, 격투는 물론 식량을 빼앗고 짝을 찾기 위한 인류 간 투쟁도 시작되었다. 또한, 이러한 격투 수단과 규칙은 인류 경기 문화 탄생의 기반으로 '충돌'은 인류의 진화뿐만 아니라 도구의 제작도 촉진하는데 이는 지금으로부터 약 300만 년 전의 일이다. 한편, 인류는 끊임없이 진화하며 차츰 신체와 사유 능력을 갖추게 되고 바로 이 시기에 문화 의식도 조용히 싹트기 시작한다. 이렇게 인류는 도구보다 더 효율적이고 물질적 필요를 충족시킬 수 있는 방법을 얻게 되는데 바로 사냥을 할 때 사냥감으로 분장하여 사냥감을 유혹하고 그에게 접근하여 포획하는 것이었다. 또, 사냥에 성공하면서 사냥 도구(석구, 긴 창살, 끈으로 묶은 돌팔매, 화살)보다 더 뛰어난 사냥법을 깨닫게 되었다. 인류와 자연의 충돌은 원시사회의 주요 갈등으로 인류는 '만물에는 영(靈)이 있다'는 관념에 의지해 대자연과 사활을 건 결투를 벌였다.

인간과 자연의 충돌은 결국 일정한 의식을 거쳐 그 관계를 조정하고 조화시키는 방향으로 나아간다. 이러한 '의식' 속에서 자연에 적대심을 가졌던 인류는 자연을 숭배하게 되며 이를 기반으로 영웅 숭배 의식, 조상 숭배 의식이 탄생하게 된다. 이는 더 나아가 신령 숭배 의식으로 발전하게 된다.

2
사냥 중의 '분장'

실용적인 '분장'은 인간의 본능인 모방의식을 기초로 만들어진 것이다. 인류는 사냥감이 비슷한 '형상'에 현혹된다는 것을 알게 된 후 여러 방법을 계속 동원하여 형상을 만들어 냈다. 시리아 골란 고원 베레카트 람(Berekhat Ram) 유적에서는 23만 년 전의 작은 조각상이 출토되었는데 고증을 통해 이는 인류 최초로 '실물'을 '형상'으로 만든 것임을 발견했다. 하지만 이는 당시 인류가 일종의 '형상'으로 '분장'하는 능력을 갖추고 있었다는 것을 입증하지는 않는다. 고고학에서 발견한 기록에 따르면 세계 최초의 분장 행위는 프랑스의 트루아 프레르 동굴에서 발견된 15,000년 전의 소위 '사슴뿔 무사' 벽화로 이 벽화에는 사슴으로 분장한 사람의 모습이 그려져 있다. 또 다른 벽화에는 사냥꾼 한 명이 '아르코'를 들고 머리에 소머리형 투구를 쓰고 있다. 이는 사냥꾼이 사냥을 할 때 사슴 또는 소로 분장을 한 것으로 원시인이 자신이 사냥하는 모습을 그림으로 그려 기록한 것이다. 이러한 '분장'의 실용성 덕분에 인류는 분장 도구 자체에 많은 관심을 가지게 되었고 이는 원시 종교 사유의 탄생으로 이어진다. 결국 분장 행위는 주술 혹은 기타 초기 종교 의식의 범주에 들어가게 된다.

3
모방·놀이·스포츠의 출현

모방과 놀이는 원시 스포츠의 발생에서 간과할 수 없는 중요한 계기이자 인류 문화 역사의 중요한 스포츠 범주이다. 수많은 인문학자들은 다른 시각에서 이를 연구했고 다양한 결론을 얻었다.

모방

'모방설'은 인류 문화 초기에 기원한 것으로 수많은 측면, 특히 체육 이론의 발전에 있어 대단히 중요한 가치를 지닌다. 먼저 '모방설'은 인류 초기 문화의 객관적인 현상을 보여 주며 인류 고유의 본성에 대한 의식을 보여 준다. '모방설'에서는 스포츠 모방 활동의 교화 작용을 매우 중요하다고 여기며 스포츠의 모방은 인류의 '쾌감'으로 이어지며 사람들은 스포츠를 통해 감정을 분출하고 마음을 수양하고 정신을 깨끗이 할 수 있다. 이러한 주장은 체육 교육과 관련 이론 연구 발전에 도움이 되며, '모방'은 인류의 진화와 스포츠의 탄생에 필수불가결한 요소라고 할 수 있다.

인사도(印沙圖)
감숙성 돈황 막고굴 23굴 북벽 벽화
(甘肅敦煌莫高窟第23窟北壁壁畫)
14세기
당나라(唐代)

영희도(嬰戲圖, Kids Playing Game)

미국 뉴욕 메트로폴리탄박물관 소장
원나라~명나라(元 – 明)

놀이설

'놀이설(游戱說)'은 유구한 역사를 지니고 있지는 않지만 인류 발전의 전 과정을 수반하고 있다. 칸트는 "놀이는 인류의 자유롭고 감성적인 쾌락 활동이다"라고 언급한 적이 있는데 이는 그가 주장한 예술 본질론의 일부이다. 또 어떤 이는 놀이는 순수한 것으로 '놀이는 부차적인 공리(功利)적 조건들을 수반하지 않으며 노동과는 절대 무관하다. 인류는 놀이를 통해 다양한 감정에서의 만족감을 실현했고 이러한 만족감은 마치 인류의 전체 생명이 진화한 듯한 느낌을 들게 하는데 이는 바로 몸이 상쾌하고 건강하다는 느낌이다'라고 밝힌 바 있다. 사실 인류의 놀이는 사회, 자연, 인류 등 여러 요인이 변화하면서 함께 변화했고 인류의 공리적인 목적을 어느 정도 내포하고 있다. 예를 들어 인간과 동물은 어려서부터 놀이를 통해 기술을 연마하는데 새끼 고양이가 둥글게 만 종이를 갖고 노는 것은 쥐잡기 연습을 하기 위함이고, 여자아이가 목각 인형을 먹이는 연습을 하는 것은 어머니가 되기 위한 연습이며 남자아이가 전쟁 놀이를 하는 것은 전투 능력을 강화하기 위함이다. 이러한 활동은 학습과 훈련이자 본능의 요구를 충족하려는 유희적 활

활쏘는 아이들
(兒童射箭, Kids Playing Game)
14세기
일본 도쿄 박물관 소장

표창 던지는 남자아이들(扔飛鏢的小男孩, Boys Playing Darts)
대영박물관 소장

굴렁쇠 굴리기(滾鐵圈, Rolling the Hoop)
이탈리아 로마박물관 소장

장대다리(高蹺, Walking on stilts)
유화(油畫)
스페인 마드리드 프라도 미술관 소장

동으로 나이를 먹을수록 그들이 즐기는 놀이는 점차 경기화되면서 과도기적 성격을 띠게 되는데 사람들은 대부분 놀이를 통해 자신을 드러냄으로써 힘적 쾌감과 정서적인 기쁨을 얻게 된다. '놀이설'은 스포츠의 발생과 놀이가 밀접한 관계가 있다고 여기는데 이는 중요한 발견이라 할 수 있다.

4
종교·신화·스포츠의 출현

원시사회에서 종교는 주로 토템 숭배, 무술신앙, 자연 숭배, 조상 숭배, 영웅 숭배 등의 형태로 존재했다. 형태는 한데 뒤섞여 있었고 원시인들의 행동에서 보이는데 주로 원시 부락의 종교 의식에 집중되어 있다. 문헌에 기록된 원시사회의 종교적 제사는 내용이 매우 풍부하다. 전설 속의 삼황오제는 모두 제례 악무(樂舞, 음악과 춤을 아울러 이르는 말)를 가지고 있었으며 이를 통해 치장을 했던 모습을 볼 수 있다.

초기 인류의 문화 정신은 매우 복잡했고 애매하고 모호했다. 또한, 종교와 신화의 발생은 인류의 인본의식을 반영하며 동물 상태의 의식 부재에서 인류의 문명 의식으로, 피지배에서 지배로, 감성적인 미숙함에서 이성적인 지혜로 진화하는 과정을 보여 준다. 스포츠는 인류가 문명의 길로 나아가는 시발점으로 인류를 단단한 결속체로 결집했다. 인류는 스포츠를 통해 보조를 맞추고 기강을 형성했기에 스포츠는 역량, 결집, 협력의 상징이라 할 수 있다. 또한 스포츠는 인간 생명의 표현 방식으로 건강함으로 피로를 해소하고 질병을 이겨 내고 건강한 기백을 형성하게 한다. 인류는 원시 스포츠에서 가장 원시적인 심미관을 형성하며 스포츠는 인간이 자신의 신체를 최초로 대상화한 운동이라 할 수 있다.

스포츠의 출현은 다양한 조건을 필요로 하며 원시 종교도 그중 하나이다. 이론적으로 보면 종교와 스포츠는 성격이 다르다. 종교는 인류의 의지에 대한 속박으로 심지어 스포츠의 놀이, 유희, 경기, 양생(養生), 인간 개성의 고취와는 완전히 대비되곤 한다. 그러나 역사적으로 치장, 모방, 놀이 등 스포츠의 형식 자체는 오랜 기간 종교 의식에 의존해 왔고 원시 부락의 종교는 스포츠의 잉태와 관련해 이러한 점을 설명해 주고 있다. 또한, 인류 문명이 진화하면서 종교와 스포츠는 각각 그 본질의 규칙성을 형성하며 각자의 방향으로 발전해 왔다. 그러므로 제사 의식의 형성이 스포츠의 출현을 촉진하고 스포츠의 발생과 발전을 추진했음은 의심할 여지가 없다.

제 3 장

장안에서 아테네, 로마에 이르는 스포츠 문화

1 실크로드 고대 스포츠의 공통 특성

실크로드의 고대 스포츠는 경제, 지역, 환경, 문화, 민족적 특징이 뚜렷하다. 이는 타지역의 스포츠 관념과는 다르며 실크로드 연선 국가의 민족들이 무예를 숭상했던 그 정신과 품격을 보여 주고 있다. 실크로드 지역은 다민족으로 구성되어 있는데 유목은 그들의 주요 생계수단으로 사막과 고비사막은 그들이 머물렀던 고향이었다. 그들은 물풀이 있는 곳에 거주했고 유목과 사냥으로 생계를 유지했는데 이는 실크로드 민족을 용맹하고 강인하게 만들었다. 또한 실크로드는 치롄(祁連)산맥, 알타이산맥, 곤륜(昆侖)산맥, 사막, 고비사막이 계속 이어져 있으며, 춥고 건조하며 항상 모래 폭풍이 분다. 이러한 열악한 지리적 환경과 혹독한 기후는 그들을 완강하고 강인한 민족으로 만들었다. 한편, 실크로드의 독특한 지리적 환경과 경제 구조 등은 실크로드 각 민족의 생존에 필요한 여러 '유희'를 탄생시켰다. 이러한 유희는 두말할 것 없이 활쏘기, 씨름, 체조, 격투, 역도, 격구, 공치기, 축국, 장기, 기마술, 수영, 경보, 달리기, 던지기, 게임, 양생, 요가 등이었다. 이렇게 오랫동안 성행했던 유희 문화는 결국 실크로드의 전체적 형상이자 문명적 형태로 변화한다. 이는 실크로드의 고대 스포츠 문화가 시공간을 초월하여 모든 민족에게 수용되고 더 나아가 스포츠 문화 생존에 비옥한 토양을 형성했음을 보여 준다.

2 장안에서 아테네, 로마까지 그들이 남긴 공통적인 스포츠 부호 — 암각화, 도기, 무용, 무예, 고대 전장

인류의 문화 역사는 그림과 문자 기록으로부터 시작된다. 암각화는 세계 곳곳에 존재하는 문화 기록 현상으로 고고학 및 문헌의 기록을 살펴보면 5대주(아프리카·아시아·아메리카·유럽·오세아니아)의 120여 개 국가와 지역에서 모두 암각화가 발견되며, 현재까지 세계에 남아 있는 암각화는 수천만 개에 달한다. 이러한 암각화의 존재는 인류 문화 역사 기록에서 큰 의미가 있다. 암각화는 인류 의식과 정신의 존재를 드러내는 최초의 '물질적 증명'으로 오랜 기간 인류는 '그림'이란 방식으로 '말하기'를 하며 세계 곳곳에 널리 퍼져 있는 그림과 언어를 통해 그들의 역사를 기록했다. 실크로드는 동서로 중국의 영하(寧夏), 감숙(甘肅), 신강(新疆)과 키르기스스탄, 인도, 파키스탄, 이란, 이라크, 사우디아라비아, 이집트, 터키, 그리스, 로마 등을 포함하며 이곳에는 풍격이 다른 수많은 암각화가 존재한다. 암석 위에 남겨진 진귀한 형상들은 수렵, 군사 훈련, 무용, 씨름, 던지기, 텀블링, 기마술 등이 스포츠의 발생 및 형성과 관련이 있음을 보여 준다.

실크로드 암벽 위에 그려지고 새겨진 수렵, 무예 훈련, 무용, 전투, 백희, 번식 숭배 등의 그림들은 대부분 당시 노동생활의 모습과 원시 스포츠의 형태와 관련된 것으로 오늘날의 노동생활, 스포츠, 무용 등의 모습과는 큰 시대적 차이를 보인다. 암각화에서 보이는 원시 스포츠의 모습은 인류의 특정 발전 단계에서 보이는 공통적인 심리 현상과 문화 현상을 드러내며 인류의 삶이 스포츠의 발전을 수반했다는 합리성과 필연성을 반영한다.

(1) 실크로드 중국의 스포츠 암각화

1) 감숙성 암각화

감숙성(甘肅)의 암각화는 주로 정원(靖遠)에서 안서(安西)까지 분포되어 있다. 이외에도 감남장족자치구(甘南藏族自治州)와 숙북몽고족자치현(肅北蒙古族自治縣)에도 일부 암각화가 남아 있다.

가욕관 암각화(흑산 암각화) — 흑산(黑山)은 가욕관시(嘉峪關市) 서북쪽 약 20km의 흑산호 부근에 위치하며 마종산(馬鬃山)의 지맥이다. 산세가 가파르고 산은 겹겹이 줄지어 있고 골짜기와 절벽 사이의 석벽에는 다양한 그림이 새겨져 있는데 바로 '흑산(黑山) 암각화'이다. 이는 대부분 삼도고심구(三道鼓心溝), 사도고심구(四道鼓心溝) 홍류구(紅柳溝), 마자구(磨子溝)에 분포되어 있으며 총 115개의 암각화와 430여 개의 그림이 있다. 주로 들소, 호랑이, 뱀, 낙타, 산양, 말 등 60여 종의 동물을 그렸다. 그중에는 사냥감을 포위한 채 사냥하는 장면을 그린 그림이 있는데 사방에 활사위를 메운 사냥꾼이 들소, 긴 뿔 사슴을 중앙에서 에워싸고 사냥을 하는 모습이 그려져 있다. 또, 낙타 사냥도에는 수많은 사냥꾼이 앞에 있는 야생 낙타를 겨눈 채 사냥을 하는 모습이 그려져 있다. 이 외에도 야생오리 사냥, 소 사냥, 말을 타며 활을 쏘는 장면을 그린 그림도 있다.

가장 진귀한 암각화는 암벽 위에 그린 단체 무용도로 그림에는 32명의 사람들이 있고 가로 세 줄로 줄지어 있다. 사람들은 허리 부분이 비교적 좁은 장포(長袍)를 입었고 머리에는 긴 꿩 깃털을 꽂았다. 첫 번째 열의 사람들은 대부분 두 손을 허리에 대고 있고 뒤의 두 열은 한 손을 허리에 대고 두 다리는 벌리고 있으니 춤을 연습하거나 동일한 자태 또는 동작으로 공연을 하는 것 같다. 그림 속의 대열과 옷, 동작을 보면 일반적인 경축·

무용도(舞蹈圖)
감숙성 흑산현 암각화(甘肅黑山岩畫)
Dancing

유희 행사가 아닌 제사 의식 때 추었던 춤 같다.

숙북몽고족자치현 암각화 — 숙북몽고족자치현(肅北蒙古族自治縣)은 기련산(祁連山) 북쪽의 서쪽 끝에 있으며 여기서 발견된 암각화를 기련산 암각화라 부르기도 한다. 주로 마종산(馬鬃山) 암각화, 명수향(明水鄉) 암각화, 별개향(別蓋鄉) 암각화, 석포성향(石包城鄉) 암각화, 대흑구포이한합달(大黑沟布爾汗哈达) 암각화가 있고 동물, 사냥, 수렵, 방목, 무용 등을 그렸다. 특히, 대흑구포이한합달의 산골짜기 양쪽에서는 모두 34곳에서 200여 점의 그림이 발견되었고 내용은 대부분 동물, 사냥, 방목과 관련된 그림으로 생동감이 넘친다.

앞서 언급한 지역에 분포되어 있는 암각화 외에도 감숙성의 정원현(靖遠縣), 영창시(永昌市), 옥문시(玉門市), 과주현(瓜州縣), 마곡현(瑪曲縣), 감남위구족자치현(甘南裕固族自治縣)에서도 모두 암각화가 발견되었다.

2) 영하 암각화

영하(寧夏)는 중국의 주요 암각화 분포 지역으로 그 수량은 1만여 점에 달한다. 그중 가장 중요한 것은 하란산(賀蘭山) 암각화, 평나현(平羅縣) 암각화, 중위(中衛) 암각화로 석취산시(石嘴山市), 혜농(惠農), 청동협시(青銅峽市), 영녕(永寧), 중녕(中寧) 등에도 암각화가 분포되어 있다.

하란산 암각화 — 하란산(賀蘭山)은 영하회족자치구(寧夏回族自治區)의 서북부에 위치해 있으며 내몽고 아라샨기(阿拉善旗)와 가깝다. 동북에서 서남 쪽으로 산맥이 길게 뻗어 있고 길이 250km에 세로 깊이는 25km이다. 예로부터 서융족, 흉노족, 돌궐족, 회골(回鶻, 회홀, 현 위구르족)족, 당항(黨項, 현 탕구트)족, 몽고족 등 중국의 서북 민족은 모두 이곳에서 생활하며 사냥을 하고 유목 생활을 했다. 사람들은 1969년 하란산 입구에서 암각화를 발견했고 1984년 전국 문물 조사에서는 하란산 일대에서 엄청난 양의 암각화를 발견한다. 하란산 벽화는 시대적 차이가 크고 그림을 그린 민족도 다양하며 널리 분포되어 있는데 총 300여 점으로 수량도 많고 내용도 풍부하다. 암각화에는 동물, 인물, 손자국, 발자국, 수레, 무기, 수렵, 유목, 전쟁, 무용, 백희, 씨름, 텀블링, 얼굴, 천체, 동물 등이 그려져 있다.

대맥지 암각화 — 대맥지(大麥地)는 영하(寧夏) 하란산(賀蘭山) 남쪽 끝의 위녕북산(衛寧北山)에 위치한다. 우뚝 솟은 산의 석벽은 암각화 제작의 천연 장소이다. 대맥지 유적에는 3,000여 군의 암각화가 있고 평균 매 제곱미터마다 200여 군의 그림이 있는데, 밀집된 곳에는 거의 모든 돌에 암각화가 그려져 있다. 양이 엄청나며 내용이 풍부하고 암각화가 밀집되어 있어 세계 최고로 불리니 실로 중국 상고 문화의 보고라 할 수 있다.

대맥지에서 스포츠과 관련된 내용을 살펴보면 주로 수렵, 무용, 무예 단련, 전쟁 등이 있다. 이는 수렵과 유목을 하던 원시시대의 민족들이 일찍이 신석기시대부터 대맥지에서 번식을 해 왔다는 것을 말해 준다. 그들은 이 땅에서 무용, 군사 무예 훈련, 수렵 등의 문화를 창조했고 역사에 길이 남을 암각화를 그렸으며 선민들의 선사시대 스포츠의 모습과 역사를 기록했다.

이외에도 평나(平羅) 암각화, 중위(中衛) 암각화 등이 있다.

수렵도(狩獵圖)
영하 허란산 암각화(寧夏賀蘭山岩畫)
Hunting

활쏘기 사냥(射獵圖)
영하 다마이지 암각화(寧夏大麥地岩畫)
Hunting

활쏘기 사냥(射獵圖)
영하 다마이지 암각화(寧夏大麥地岩畫)
Hunting

3) 청해 암각화

청해(青海) 암각화는 비교적 널리 분포되어 있으며 거얼무시(格爾木市), 해서몽고족장족자치구(海西蒙古族藏族自治州), 옥수장족자치구(玉樹藏族自治州), 청해호반(青海湖畔)의 루망거우(魯芒溝) 등 13개 지역에 총 800여 개의 그림이 있다. 그중 천준현(天峻縣) 노산(盧山) 암각화의 내용이 가장 풍부하며 약간 경사지고 평평한 산꼭대기 암석에 새겨져 있다. 너비와 높이는 각각 10m로 활을 들고 있는 사냥꾼, 사냥감을 포위한 채 사냥을 하는 모습, 활시위를 당기고 있는 무사들을 그린 그림이 있다.

거얼무시(格爾木市)의 들소 구암화(溝岩畫)는 160여 점으로 수량이 적지 않다. 그중 동물 암각화가 가장 많은데 사냥 장면이 아주 많지는 않지만 사냥꾼이 무릎을 꿇고 사냥을 하는 장면 등 생동감이 넘친다. 또한 들소 사냥도에서는 양쪽 허리에 무기를 찬 사냥꾼 두 명이 앞의 들소 두 마리를 사냥하여 취하려는 장면을 새겼다.

수렵도(狩獵圖)
신강 둬라터 암각화(新疆朵拉特岩畫)
Hunting

4) 신강 암각화

신강(新疆)에서는 일찍이 암각화가 발견되었는데 수경주(《水經注》)[4]에는 경작지 암각화에 관한 기록이 있다. 18세기 중엽, 청나라의 저명한 학자인 기윤(紀昀)은 카스가얼동굴(喀什噶爾山洞)에서 석벽의 암각화를 발견했다. 20세기 초에는 영국인 스타인(A.Stien)이 로브노르(羅布泊地) 지역을 답사하던 중 흥지산(興地山) 암각화를 발견하고는 간단한 기록을 남겼다. 또한, 중국·스웨덴서북과학탐사단의 서욱생(徐旭生) 중국팀 단장은 1928년 신강 하미시(哈密市) 부근의 버거다산(博格達山)에서 활을 든 사냥꾼을 그린 암각화를 발견했다.

1985년에는 체모현(且末縣) 곤륜산맥(昆侖山脈) 머러체하(莫勒切河)산 입구에서 수천 점의 암각화를 발견했는데 수렵, 무용, 전투 등의 장면이 새겨져 있었다. 1987년에는 신강(新疆) 천산(天山) 후투비현(呼圖壁縣) 강가석문자(康家石門子)에서 거대한 암각화가 발견되었다. 또한 1980년대 말부터 1990년대까지는 신강 문물 조사를 통해 아러타이산(阿勒泰山), 천산(天山), 곤륜산(昆侖山), 아알진산(阿爾金山)의 주요 산골짜기에서 100여 곳의 암각화 유적과 수많은 암각화를 발견했다. 신강 암각화는 산계를 중심으로 분포하며 암각화가 있는 시(市)와 현(縣)은 총 39곳으로 151개의 암각화 유적이 발견되었다. 그중 아러타이산계의 주요 암각화 지점을 살펴보면 청하현(清河縣) 저수지 암각화, 아러타이시(阿勒泰市) 두라터(杜拉特) 암각화가 있다. 천산계는 암각화가 비교적 풍푸한 지역으로 백산(白山) 암각화, 절요구(折腰溝) 암각화, 강가석문자(康家石門子) 암각화 등 10여 곳이다. 쿤룬산계는 암각화가 적은 편인데 주로 상주(桑株) 암각화가 있다. 이외에도 쿠루커산(庫魯克山) 암각화가 있다.

수렵도(狩獵圖)

신강 아러타이시 암각화(新疆阿勒泰岩畫)
Hunting

기목활행도(騎木滑行圖)

신강 아러타이시(新疆阿勒泰) 우즈선취엔 암각화(五指神泉岩畫)
Rock Painting

수렵도(狩獵圖)

신강 하미 암각화(新疆哈密岩畫)

Hunting

정벌도(征戰圖)

9세기

신강 하미시 미청향 토우공촌

(新疆哈密市泌城鄉頭工村岩畫)

Conquering

알타이산맥 암각화군(阿爾泰山脈岩畫群)

몽골
The Rock Painting in Altay Mountains, Mongolia

암각화(狼山岩畫)

내몽고(內蒙古)
Rock Painting

5) 실크로드 중앙아시아, 남아시아, 서아시아의 원시 암각화

카자흐스탄 암각화 — 사막으로 뒤덮인 카자흐스탄 동남부의 산간 지역, 임산(臨山) 지대, 그 인접한 초원에는 거대한 '암각화랑'이 수 킬로미터 이어져 있다. 한 예로 악토베 암각화 중 일부는 기원전 5세기쯤의 유물이며, 일부는 1세기에서 3세기의 유물이다. 암각화는 대부분 동물을 표현하고 있는데 보통 보기 드문 쌍두산양과 개가 그려져 있고 코끼리도 있다. 또 발하슈호 이북의 에시키올메스(Eshkiolmes)와 바얀주렉(Bayan-Zhurek)로 산간지역(카자흐스탄 남부)의 암각화에는 들소가 새겨져 있다. 이 들소는 신석기시대, 심지어는 그보다 더 이전에 이미 이곳에서 생활했다.

일찍이 카자흐스탄에서는 수많은 암각화가 발견되었는데 다양한 사상에 기초해 새긴 것이다. 그중 일부 암각화는 인류의 태양 숭배를 묘사하고 있고 이러한 암각화 제작은 기원전 3000년경 절정에 달한다. 또, 한 암각화에는 거대한 원반형의 머리가 그려져 있는데 주위에서는 빛이 나고 주변에는 원점이 퍼져있다.

1982년, 카자흐스탄과학원조사단은 카자흐 동남쪽에 있는 낮고 황량한 산인 '사산(蛇山)'에서 몇천 년 전의 마애 암각화 500여 점을 발견했다. 그림은 혈암 위에 새겨져 있고 제신(祭神)을 주제로 한다. 또, 거대한 뱀 한 마리가 전 세계를 휘감고 있는 그림도 있고 궁수 12명이 사자의 몸에 매의 머리를 한 괴수와 악전고투하는 장면을 묘사한 그림도 있다.

1981년, 카자흐스탄 중가르스키알라타우산맥의 골짜기에서는 구석기시대 말기부터 돌궐 시대까지의 암석화 수천 점이 발견되었는데 마지막 빙하기를 살았던 원시시대의 소와 털매머드의 형상을 날카로운 석기로 새겼다. 이러한 석각화의 제작은 1만년 넘게 이어지며 구석기 후기, 신석기, 사카인, 돌궐 시대를 포함한다. 그중 아랍의 각명(刻銘)과 카자흐 부족의 씨족 표기까지 발견되기도 한다. 이 암각화랑은 중앙아시아, 서아시아와 동유럽을 연결하는 고대 교역로에 위치하며 암석화의 주제는 주로 수렵과 제사 의식이다.

파미르고원의 암각화 — 파미르 고원은 중앙아시아 동남부에 위치하며, 타지기스탄의 고르노-바다흐샨, 중국 신강 서남부와 아프가니스탄 동북부에 걸쳐 있다. 파미르 고원에는 중요한 암각화 지점이 매우 많다. 암각화의 내용은 매우 광범위하지만 주제는 매우 단순하다. 기본 제재는 산양으로 산간 지대 산양도 있고 산간 지대의 면양인 야생 산양도 있다. 가장 흔한 것은 산양 한 마리를 그린 그림으로 간혹 한 세트처럼 여러 그림으로 이루어진 것 또한 볼 수 있는데 산양 방목, 수렵(이는 사냥감을 쫓는 장면을 포함한다), 전쟁, 기수, 무용, 활쏘기 등을 반영하고 있다. 또 '랑가르 키슈트(LjangarKisht)'로 불리는 지방에서는 돔부라(dombra, 카자흐족의 현악기)와 수많은 동물 그림들도 발견되었다. 인물 암각화 중에서는 활을 들고 있는 사냥꾼 그림이 가장 유행하였는데 손을 잡고 질주하는 인물 형상을 모방하는 것도 있었다. 파미르 암각화 중 질주하는 소인(小人)의 형상은 고유한 특징이 있다. 이는 생동감이 넘치는 데다가 표정도 풍부하여 더 완벽하며 실물에 근접하고 뛰어난 제작 기교를 갖추었던 지중해 암각화 예술의 표본을 떠올리게 한다.

키르기스스탄 암각화 — 암각화는 고대 키르기스스탄 예술의 특징이다. 키르기스스탄 암각화는 주로 오시주와 사이말리-타쉬 두 지역에 분포해 있는데 사이말리-타쉬는 페르가나 중부의 고도 3,200미터 변경에 위치하며 동쪽, 남쪽, 서쪽 삼면이 모두 막혀 있는 큰 산이다.

1903년 발견된 후 오랫동안 조사가 이루어지지 않다가 1948년에 이르러 지마가 그 동부를 조사했고 1950년에는 번스타인이 전역을 조사했다. 키르기스스탄의 사이말리-타쉬는 세상과 단절돼 수 세대를 걸치며 축적된 일종의 '암각화 수장고'라 할 수 있다.

그곳의 암각화는 약 10만여 점에 달하며 연속해서 펼쳐지는 두루마리식 그림으로 다양한 동물, 수렵 장면, 가축, 운반 도구, 쟁기와 인물 등이 그려져 있는데 때로는 그 연대를 판단하기 어렵다. 번스타인은 현무암은 매우 단단해 금속 도구를 통해서만 새길 수 있다고 믿었고 이에 근거해 가장 오래된 시기는 필시 청동기 시대로 늦어도 서기 3세기에서 8세기 흉노족, 즉 돌궐 시기일 것이라고 판단하였다. 체계적이고 자세한 연구를 진행할 수 없어 관련 연대는 추측할 수 밖에 없다.

사우디아라비아 암각화 — 아랍반도의 암각화는 '초기 수렵인', '수렵-방목', '문자'와 '이슬람'등 네 시기로 나뉜다. 대부분은 '수렵-방목'시기의 작품으로 대략 기원전 6000년부터 기원전 2000년까지 4000년의 시간이다.

수렵-방목 시기, 아랍반도 서부의 유목 부족민들은 수렵 또한 일종의 '예의(禮儀)'와 관련된 실천적 활동이라 여겼다. 이 시기 암각화 예술은 동물과 수렵 장면을 담고 있다. 당시 암각화에는 각종 사냥 도구(창, 활, 화살과 방망이), 남자와 부녀자 몇몇이 그려져 있다. 주목할 만한 점은 암각화에서 가장 중요한 요소인 남자와 공격 대상인 동물을 함께 표현한 그림이 매우 적었다는 사실이다. 대부분 남자가 사냥 무기를 들고 있거나 홀로 사로잡힌 동물의 그림이었다.

북아프리카 이집트의 암각화 — 이집트에는 선사시대의 수많은 암각화가 남아 있다. 1956년 프랑스 탐험대는 이집트에서 1만여 점의 암각화를 발견했다. 사하라 소몰이 지역이 사막으로 변하기 전, 일찍이 그곳에는 구석기시대와 신석기시대의 원시인이 거주했을 것이라고 추정된다. 그들은 야생 과일을 채집하고 사냥을 하며 생활했고 소떼도 방목했다. 암각화는 주로 나일강 서쪽 해안에 분포해 있는데 주로 수렵, 인간과 동물, 코끼리, 악어 등의 형상으로 간단한 음각 방식으로 윤곽선을 새겼다.

인도 암각화 — 인도에서는 북쪽의 히말라야 기슭부터 남쪽의 최남단 지역까지 이들 모두에서 암각화가 발견되었다. 또한 새로운 암각화 지점이 고고학자들에 의해 계속해서 발견되고 있다. 가장 큰 암각화군은 인도 중부에 있는데 인도 암각화의 대부분은 중석기 시대에 속하는 것으로 날카로운 석기로 제작한 것이다. 지금까지도 몇몇은 그 흔적이 매우 선명하여 마치 새것 같고 어떤 작품은 이미 얼룩이 지고 벗겨져 뚜렷하지 않다. 특히 여러 시기를 거치며 서로 눌리고 거듭 제작을 거쳤던 작품이 그러하다. 그중 동물 형상이 가장 많고 그다음이 인물, 그다음이 부호와 문양이다. 중석기 시대는 인도 암각화의 황금기라고 할 수 있다. 이때의 암각화는 각종 의식과 일상생활 등 다채로운 장면을 생동감 있게 묘사했다. 인도의 대표적인 암각화인 빔베트카(Bhimbetka)는 소재가 매우

소떼(牛群)

북아프리카 사하라사막 암각화
The Cattle

장궁사전도(張弓射箭圖)

스페인 암각화
Speeding an Arrow from the Bow

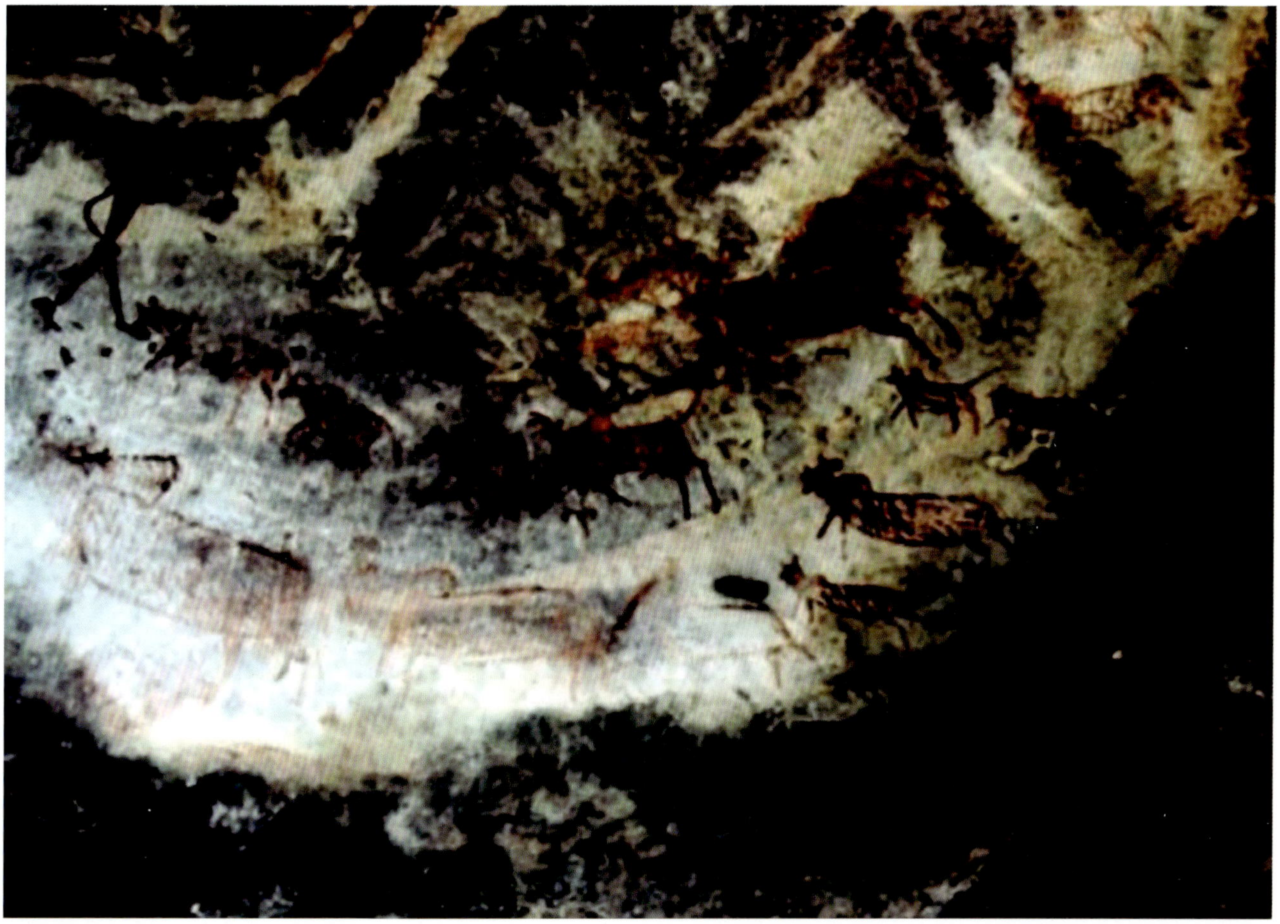

빔베트카 석굴(比莫貝卡特石窟)

인도

Rock Shelter of Bhimbetka, India

광범위한데 성생활부터 출산, 전쟁부터 장례, 아이 양육부터 성년식, 병사 훈련부터 열병식, 혼자서 사냥하는 그림부터 집단 사냥까지, 그 밖에도 노래를 부르는 모습, 춤추는 모습, 전쟁, 채집, 낚시 등 거의 당시 인류 활동의 각 방면을 담고 있다. 그러므로 이러한 암각화는 단연 선사시대 인류 생활의 백과사전이라고 할 수 있다.

파키스탄 암각화 — 파키스탄에서 인더스강 상류를 따라 존재하는 수많은 암각화 지점은 일찍이 20세기 초에 발견된 것이다. 카라코람산 입구의 라다크 부근, 그리고 인더스강의 몇몇 지류가 흘러가는 곳에서도 암각화 지점이 발견되었다. 반들반들한 돌의 표면에는 산양, 말, 기수, 수많은 신상이 조각되어 있는데 초기 현지 조사를 통해 이들은 모두 다른 시기의 작품으로 풍격 또한 다르다는 점을 확인했다. 파키스탄 암각화는 주로 북부 산간지대에 분포하고 있으며, 세계 암각화 지점 중에서 현존하는 문자가 가장 많이 새겨진 지역 중 하나이다. 카라코람 교통 요지에 있는 암각화와 문자 조각은 그 명성이 자자하다.

이탈리아 암각화 — 이탈리아 암각화는 수량도 엄청나고 내용도 매우 풍부하다. 남쪽 시칠리아 주부터 북쪽 알프스산까지 도처에서 암각화를 발견할 수 있다. 그 중에서도 발카모니카의 암각이 가장 유명하며 알프스산맥 남쪽 기슭의 발카모니카 골짜기에 위치한다. 골짜기에는 카포 디 폰데라고 불리는 작은 마을이 있는데 이는 카모니카 선사시대 연구센터의 소재지로 유네스코 소속의 국제암각화위원회도 이곳에 위치해 있다.

기원전 6, 7세기 이탈리아 고대 민족의 에트루스칸(Etruscan) 문명은 발카모니카 암각에 깊은 영향을 미쳤다. 암각에 새겨진 무기, 복식 및 암각화의 풍격은 모두 이를 증명한다. 그 예로 암각화에서는 에트루스칸의 투구, 방패, 검 등이 나타난다. 이 시기의 암각화에서는 가장 초창기의 명문도 발견되었는데, 명문에 쓰인 현지 방언에서도 에트루스칸 문자를 사용했다. 하지만 로마 제국 시대의 등장으로 각 지역에서 암각화 전통이 유지된 것을 제외하면 유럽 전체의 암각화 예술은 거의 모두 사라졌다.

실크로드의 각 지역에서 발견된 암각화의 내용은 모두 인류 문화의 중요한 구성 부분이다. 그중 원시 스포츠와 관련된 암각화는 주로 수렵, 몰이사냥, 무용, 질주, 던지기, 출정, 텀블링, 물구나무서기, 씨름, 무예 수련, 훈련, 말 타며 활쏘기 등의 내용을 담고 있다. 지역적, 시대적, 문화적 차이로 인해 실크로드 민족들의 스포츠 암각화는 차이를 보인다. 그러나 중요한 것은 실크로드에서의 스포츠의 기능과 스포츠 언어의 공통점이다. 이는 우리가 실크로드 국가들의 스포츠 암각화를 이해하는 데 도움을 주며 원시 스포츠의 광범위한 분포와 그 기원을 연구하는 데 살아 있는 표본을 제공한다.

(2) 장안·아테네·로마 문화의 유사성 — 도기

도기는 인류의 위대한 발명으로 도기 문화는 세계적인 문화이다. 인류가 도기에 그림을 새기기 시작한 때는 대략 신석기시대이다. 암각화 그림이 기본적으로 신성화에 치중해 모종의 신의(神意)와 주술적 의미 표현에 의의를 둔 것과는 달리 도기의 무늬는 도기의 '아름다움'에 목적을 둔 것으로 이는 인류의 그림 언어가 신성화에서 세속화로 나아가기 시작했다는 것을 암시하며 심미적 요소와도 밀접한 연관을 맺고 있음을 보여 준다.

상고 시대 황하 유역, 이집트, 인도, 메소포타미아 유역은 모두 세계 최초로 문명이 시작된 곳으로 채문 도기의 출현은 물질 문명의 진보를 상징한다. 실크로드에서는 장안의 반포(半坡)유적[5]에서 감숙성, 신강, 페르시아, 인도, 이집트, 터키 심지어 그리스의 볼로냐 등의 유적까지 이들 모두에서 채문 도기가 잇달아 출토되었는데 이는 약 8,000년 전부터 인류가 도기 생산을 시도했음을 보여 준다. 실크로드는 전 세계적으로 채문 도기가 가장 빨리 생산된 지역이다.

1) 중국의 스포츠 무늬 도기

중국의 채문 도기는 주로 섬서(陝西), 감숙(甘肅), 청해(青海), 신강(新疆) 등의 지역에 분포한다. 채문 도기 문화유산은 섬서성에 집중되어 있는데, 보통 경수(涇水)와 위수(渭水) 유역을 따라 분포하며 대체로 라오관타이(老官臺) 문화[6]와 앙소(仰韶) 문화[7]에 속한다. 1970년대 이후에는 섬서성 서안 동쪽 외곽 지역의 반포(半坡) 유적지, 보계북수령(寶鷄北首嶺), 감숙성의 다지만(大地灣) 유적, 마가요(馬家窯) 문화 유적, 신강(新疆)의 톈산(天山), 곤륜산(昆侖山) 문화 유적지 등에서도 엄청난 채문 도기가 잇달아 출토되었고 스포츠와 관련된 채문 도기도 적지 않았다. 예를 들어 청해(青海) 대통현(大通縣)의 손가채(孫家寨) 원시사회 유적지에서 출토된

무용 그림 컵(舞蹈紋杯)

하상(夏商)
감숙성 주천시(甘肅酒泉) 출토
The Dancing Scenes Earthen Cup

무용 채문 도기 대야 조각

(舞蹈紋彩陶盆(殘碎))
감숙성 무위시(甘肅武威) 출토
신석기시대
The Dancing Scenes Earthen Pot

'무용 무늬 대야' 한 점은 신석기시대 마가요 문화에 속하며 이는 약 5,000년 전의 것이다. 그릇 안쪽의 벽면에는 고대인들이 손을 잡고 춤을 추는 장면이 있는데 무용수의 복식은 단정하고 동작은 조화롭고 자태는 활기차고 경쾌하다. 또한 역동성이 느껴지고 원시 악무의 장면을 열정적으로 표현했다. 청해의 종일(宗日)과 감숙성 무위(武威), 주천(酒泉), 회령(會寧), 임조(臨洮) 등지의 마가요 문화 유적지 중에서도 무용 무늬 도기 그릇이 연이어 출토되었는데 구도나 인물상이 청해성 대통현에서 출토된 무용 무늬 채문 도기와 매우 흡사하다.

무용 긴 목 단지(舞蹈紋高頸壺)

신석기시대(新石器時代)
청해성(青海) 출토
The Dancing Scenes Long-necked Earthen Cup

흑갈색 유약 병: 장송 및 수렵 무늬가 그려진 입구가 좁고 하부가 긴 병
(黑褐釉送葬狩獵紋小口深腹瓶)

서하(西夏)
영하성 영무자요보요지(寧夏靈武磁窯堡窯) 출토
A Pot Painted with Hunting Scene

무용 채문 도기 대야(舞蹈紋彩陶盆)

신석기시대(新石器時代)
청해성 동덕현 종일 유적지
(青海同德縣宗日遺址) 출토
The Dancing Scenes Earthen Pot

무용 채문 도기 단지(舞蹈紋彩陶罐)
마가요 유형(馬家窯類型)
감숙성 임하(甘肅臨夏) 채도박물관 소장
The Dancing Scenes Earthen Pot

무용 채문 도기 항아리(舞蹈紋彩陶罐)
마가요 유형(馬家窯類型)
감숙성 임하채문도기박물관 소장
The Dancing Scenes Earthen Pot

1970-1980년대에는 감숙성(甘肅) 영창현(永昌縣)의 원앙지(鴛鴦池)에서 '무용 채문 도기 항아리(양손잡이)' 한 점이 출토되었다. 진안현(秦安縣) 다지만(大地灣)에서는 앙소문화 말기의 '투견 무늬 채문 도기 항아리'가 출토되었다. 또한 동향족(東鄕族) 자치현인 나륵사곽이구(那勒寺郭泥溝)에서는 '수렵 그림 항아리(네 손잡이)' 한 점이 출토되었는데 항아리 측면에는 동물과 사람의 사냥 장면이 그려져 있다.

도기는 인류문화사의 중대한 발명이자 위대한 시도이다. 이는 자기(瓷器)의 시조일 뿐만 아니라 청동기 공예술의 기반도 다졌다. 도기는 선사시대 사람들의 일상생활의 수요를 만족시켰을 뿐만 아니라 당시 사람들의 가장 중요한 생활 도구로 자리 잡았다. 또한 사람들의 사회·생산 활동과도 밀접한 관련이 있었는데 사람들의 생산 도구로 자리 잡으며 의식주 생활과도 긴밀하게 연결되었다. 또한 인류 초기의 물질 문명을 위해 귀한 실물 증거들을 보존하고 있으며 오늘날의 체육사 연구에도 최초의 정보를 제공해 주고 있다.

2) 시리아의 도기 유산

기원전 3000년부터 기원전 2000년 말, 수메르 문명을 기반으로 일어난 바빌론 문명은 메소포타미아 주변의 각 지역까지 전해진다. 당시에 북시리아에서 활약했던 민족은 유목민족이었던 셈족이다. 그들의 고향은 아랍반도 남쪽 등 일대로 그곳의 유목민족은 일찍이 몇 차례 이주했을 것으로 추정된다. 시리아, 파키스탄에 거주하는 가나안인 역시 이주의 물결을 따라 다른 지역으로 이동했다. 그들, 특히 지중해 연안의 사람들은 다양한 도기를 제작하면서 부단히 에게해 문화와 이집트 문화를 수용했고, 이를 자신들의 씨족, 부족 등 현지 민족의 도기 제조 문화와 융합하여 '국제적 색채'의 각종 도기류를 제작하는 데 성공했다. 그중에는 스포츠를 반영하는 무늬가 있는 도기도 있다. 우가리트에서 출토된 진귀한 유물은 이러한 고대 도예 문화의 전형이다.

패배한 페르시안 사병(被打敗的波斯士兵)
이집트박물관 소장
A Defeated Persian Soldier

3) 페르시아의 스포츠 무늬 도기

페르시아 도기는 기하학과 동물 문양의 표현이 매우 뛰어나다. 수렵, 무용, 격구, 기마 등을 그린 원시 스포츠 그림에는 페르시아 선민들의 지혜와 성과가 그 속에 녹아들어 있다. 페르시아 도기는 중국의 풍격을 모방한 것이 많으며 청색, 흑색, 갈색, 암청색을 기본으로 하는 작품이 매우 많다. 예를 들어 페르시아 서부에서 출토된 채색 도기 컵은 컵의 안쪽과 바깥쪽에 모두 인물과 문양이 새겨져 있다. 바깥에는 수렵 장면을 묘사한 것 외에도 경태람(景泰藍) 기법[8]으로 이란인이 가장 좋아하는 '성연도(盛宴圖)'를 새겨 놓았다. 컵의 주둥아리 부분에는 보통 행운을 바라는 고화문(庫華文)이 가득 적혀 있다. 또 비교적 두터운 채색 유약 주전자는 인물, 동물, 새와 짐승 등을 주제로 하여 다섯 줄(양각)로 장식했다. 가장 위 쪽의 한 줄에는 반양각으로 연주자를 새겼고, 두 번째 줄에는 서로 쫓는 동물들을 새겼으며, 세 번째 줄에는 피락구(波洛球, 오늘날의 필드하키)를 하는 경기 참가자를 묘사했고 그 아래에는 신화 속의 동물 무리를 새겼으며, 가장 아래에는 다양한 모습의 새 무리를 새겼다. 이는 13세기 후반에 고대 파르사(이란 서부) 지역에서 생산된 도기이다. 페르시아의 채문 도기는 페르시아 고대인이 오랫동안 이룬 물질 문화·정신 문화의 결정체로 페르시아 원시사회의 수천 년의 모습은 물론 페르시아인의 생존 모습과 그 정신세계를 함축하고 있는 독특한 '문헌'이라고 할 수 있다.

상품으로 쓰였던 오일 포트(作獎品用的油壺)
마가요 유형(馬家窯類型)
이집트박물관 소장
An Oil Pot as Prize

무용수 그림의 양 손잡이 큰 컵(繪有舞蹈者的彩陶雙耳大飮杯)

채문 도기

이집트박물관 소장

A Double-eared Pot Painted with Dancers Scene

4) 이집트의 스포츠 무늬 도기

기원전 5000년경 나일강 유역의 사람들은 점점 정착하며 농업에 종사했고 점토를 사용하여 각종 신상, 초상, 동물, 식물 형상은 물론 여러 제단, 단지, 병 등의 도기를 제작했다. 그곳에서 출토된 부장품 중에는 상당히 탁월한 공예품이 많다. 투탕카멘 왕릉에서 출토된 부장품이 대표적이다. 이러한 부장품은 아마도 귀족들이 생전에 사용했던 도구로 혹은 어쩌면 그 당시의 삶에 근거하여 특별히 내세를 위해 만든 생활 필수품으로 재료는 금속, 돌, 나무, 유리, 도기, 상아 등을 사용했다. 가장 보편적인 것은 당연히 그 중에서도 검은 머리 도기가 가장 보편적이다.

훗날 이집트에서는 더 뛰어난 채문 도기가 등장하는데, 동물 문형, 기하학 무늬와 선박 모형 같은 채문 도기가 나타났다. 이들은 모두 고대 이집트인의 미적 감각이 높았음을 보여 준다.

특히 현재 미국 브루클린 미술관이 소장하고 있는 '여성 무용수 흙인형'은 신체는 사람에 얼굴은 새의 모습으로, 그 모습이 가볍고 수려하며 기품이 있다. 이집트 전 왕조 시대인 나가타(Naqada) 시대[9]에는 채문 도기 예술이 메소포타미아 예술의 영향을 뚜렷하게 받으면서 전에 없던 도기의 도안과 도예 풍격이 등장했다.

5) 인도의 스포츠 무늬 도기

5,000년의 역사를 지닌 인도 문화는 다양한 민족, 다양한 종교가 융합된 문화적 특징을 보여 주며 아시아 국가들의 문화에도 상당한 영향을 끼쳤다. 인도 문명의 유물 중에는 삶의 다양한 모습을 직접적으로 표현한 도자기 인형이 매우 풍부한데 오리를 안고 있는 아이, 빨래하는 부녀자, 나무를 타며 노는 원숭이, 감동적인 춤, 활사냥을 묘사한 것은 물론 아이들의 장난감도 있다. 이러한 도기 인형은 그 자태가 다양하고 각각의 고유한 재미가 있어 풍부하고 다채로운 고대 인도문명을 잘 보여 주고 있다.

6) 고대 그리스의 스포츠 무늬 도기

기원전 7세기 말 기원전 6세기 초, 그리스 도기는 점점 동방의 영향에서 탈피하며 자신만의 풍격을 형성하기 시작했다. 도기 수공업 생산은 그리스의 각 도시로 퍼져 나가 지중해와 흑해 연안의 각 지역 등 먼 곳까지 판매되었다. 그중 가장 명성이 자자했던 것은 코린토스와 이오니아, 아티키에서 생산된 제품으로 이들 지역에서 생산된 도기 그림은 뛰어난 예술적 경지를 보여 준다.

출토된 그리스 도기의 표면에는 대부분 풍부한 내용이 새겨져 있다. 그중에는 전차, 유리구슬 게임, 사냥, 스트리킹, 역도, 격투기, 전차 조종, 권투, 씨름, 던지기, 주사위 놀이, 활쏘기, 무용, 무예 수련, 정벌 등 경기와 관련된 스포츠 그림이 적지 않다. 생동감 있는 구도, 운치, 서정적 격조는 스포츠 고유의 미적 효과를 드러내며 매우 진귀한 역사적 가치를 드러낸다. 고대 그리스 시기에 제작된 정교하고 진귀한 도기는 세계 각지의 유명한 박물관에 소장되어 사람들이 고대 그리스 문명을 전반적으로 인식하고 이해하는 데 있어 귀중한 실물 자료를 제공한다.

채문 도기: 미케네 전사(邁錫尼戰士彩陶)
이탈리아박물관 소장
A Pot Painted with Mycenae Soldiers Scene

도자기 병: 트로이 전쟁(特洛伊戰爭陶甁)
이탈리아 에트루리아 유적지 출토
A Pot Painted with the Trojan War Scene

기하학적 동물 무늬 채문 도기 단지(幾何動物紋彩陶罐)
테헤란 고고학박물관 소장
기원전 10-9세기
A Pot Painted with Animal Scene

7) 로마제국의 스포츠 무늬 도기

로마인은 동서양 예술과 그리스, 스페인이 추구하는 시공간을 뛰어넘는 인류 완벽주의의 영향을 받아 채문 도기와 유약 주석 채문 도기, 즉 '마욜리카(maiolica) 도기'를 제작해냈다. 사람들은 서양의 루브르미술관, 영국박물관, 바티칸미술관, 예르미타시미술관 등에서 수많은 고대 그리스식 도기와 조소를 볼 수 있는데 이는 그리스를 모방한 로마 사람들을 통해 지금까지 전해져 온 것이다. 그중에는 로마인의 경기, 격투기, 양궁, 권투, 전차 경기, 경마, 투창 던지기, 원반 던지기, 달리기, 씨름, 공놀이, 무용 등 스포츠와 관련된 도기가 매우 많다.

도기는 선사 예술의 주요 구성 부분으로 원시 스포츠의 조기 반영이다. 고대인의 생존과 놀이, 오락, 경기 행사 등의 실제 모습은 일찍이 사라졌기에 사람들의 상상과 추측으로 보완할 수밖에 없는데 눈앞의 화려하고 아름다운 도기는 오히려 고대 스포츠의 실제 형태를 연구하게 하며 경기 스포츠의 특징을 이해하게 한다. 또한 이를 통해 인류 정신의 공통성, 인간 본성의 동질성과 연속성을 볼 수 있으며 이는 스포츠의 공통점, 동질성과 연속성을 포함한다. 황하 유역, 메소포타미아 유역 그리고 메소포타미아와 페르시아의 고대인이 제작한 도기를 통해 이를 확인할 수 있다. 실크로드의 수많은 스포츠 문화를 살펴보면 사냥, 씨름, 경마, 던지기, 구기 놀이, 역도 등 발전 과정에서 유사한 현상이 나타나는데 이는 인류가 동일한 발전단계에서 비슷한 수요를 지니고 있었고, 비슷한 사회 양상에서 동일한 심리적 작용을 했기 때문으로 사료된다.

무용 무늬 단지(踏舞紋罐)

《세계채도도전(世界彩陶圖典)》 발췌

The Dancing Scenes Earthen Pot

(3) 장안에서 아테네, 로마까지 그들의 문화적 유사성 — 무용

원시시대의 답무(踏舞)부터 서양의 호선무(胡旋舞)와 호등무(胡騰舞)까지 이들 모두는 춤을 추며 감상하고 교류함으로써 인간의 심리적 만족을 얻는 활동이다. 실크로드가 열리면서 페르시아 문화는 중앙아시아, 서아시아의 유목 민족을 거쳐 돈황까지 전파되었고 더 먼 곳의 이집트, 그리스, 로마의 문화도 페르시아와 서역의 유목 민족을 통해 돈황, 장안, 낙양의 각 지역까지 전파되었다.

사회가 발전하고 인류 문명이 출현함에 따라 무용 역시 인류 사회의 다양한 사회 구조과 생존 방식의 영향을 받았다. 선사시대와 원시 문화 단계의 무용은 여러 면에서 오식적으로는 치료용, 주술용, 예절, 생식, 기우(祈雨), 혼례, 연회, 장례, 전쟁, 제사, 수렵, 조늘날의 무용과 비슷하며 정신적 유희과 사회적 오락의 수단으로 여겨져 왔다. 먼저 형상 숭배 및 회전식, 경련, 비틀기 등의 무용이 등장했다.

무용도(舞蹈圖)
감숙성 흑산 암각화(甘肅黑山岩畫)
Dancing

남녀 대무도(男女對舞圖)
서장 일토 암각화(西藏日土岩畫)
Dancing in Couples

무용도: 손을 잡고 추는 춤(連臂舞蹈圖)
영하 하란산 암각화(寧夏賀蘭山岩畫)
Group Dancing

고부스탄 암각화 문화 경관(戈布斯坦岩石藝術文化景觀)
아제르바이잔
Rock Painting

단체 무용(集體舞蹈)

인도 핌베드카 암각화

Group Dancing

무도도(舞蹈圖)**(일부)**

신강 후투비현 캉쟈스먼즈 톈샨 절벽 암각화(新疆呼圖壁縣康家石門子天山崖壁岩畫)

기원전 10세기

Dancing

타실리 나제르 암각화(阿傑爾的塔西利岩畫)

알제리
Rock Painting

(4) 실크로드상의 전쟁과 무예의 발전

전쟁은 사회 역사 현상 중 하나로 인류의 안위, 민족의 흥망성쇠, 국가의 존망, 사회의 진보와 퇴보에 직접적이고도 중요한 영향을 미쳤다. 고대 사회가 남긴 무기, 전쟁터 및 관련 그림 등은 오늘날 현대인들이 고대인들과 소통할 수 있는 중요한 매개체로 자리 잡았다.

1) 고대 실크로드 암각화 중 출정도

군사 전쟁은 놀이도 아니고 스포츠도 아니지만 이들 사이에는 공통점이 있다. 실크로드에서 전쟁은 사회와 인류 발전사의 중요한 현상으로서 무예, 힘, 체능, 체력과 지혜를 표출하는 중요한 수단이었다. 고대 실크로드에서는 각 씨족, 부족 간에 수풀이 있는 목장을 쟁탈하거나 친족의 복수를 하기 위한 전쟁이 종종 발생했는데 이는 암각화에 생생하게 묘사되어 있다. 예를 들어 일부 암각화에는 무사가 순시를 나가는 장면이 있고 무사가 화살, 창을 들고 있거나 말을 타는 모습, 혹은 걸으며 적군과 싸우는 모습을 직접적으로 묘사한 암각화도 있다.

한편, 신강(新疆) 하미시(哈密市) 톈산(天山) 남쪽 기슭의 심성(沁城)에는 암석 하나가 있는데 암석에는 전쟁과 관련된 그림 세 점이 새겨져 있다. 그중 하나는 기사 11명이 손에 긴 창을 들고 적군과 싸우는 그림이다. 또 쿠루커산 싱디(庫魯克山興地) 암각화 중에는 기사가 무기를 들고 적군과 교전하는 모습을 새긴 그림 하나가 있다. 곤륜산(昆侖山) 모릑체하(莫勒切河) 암각화에는 500여 점의 그림이 있는데 그중에는 출정 장면이 있다. 예를 들어 두 손에 창을 든 병사가 소의 등에 서 있는 무사를 찌르려고 하고 무사가 방패를 들어 막는 모습을 새긴 암각화가 있다. 또 무사는 말을 타고 적군의 기사를 뒤쫓는데 서로 활을 쏘고 있다. 호도벽현(呼圖壁縣) 관구(寬溝)에는 적군과 아군이 활과 창으로 전투를 벌이는 장면을 표현한 암각화 한 점이 있다. 오른쪽에는 활쏘는 이와 긴 창을 든 이가 대전하는 모습이 새겨져 있고 왼쪽에는 말을 탄 무사 다섯 명이 긴 창을 들고 적군을 찌르는 장면이 새겨져 있다. 또 다른 기사 한 명은 한 손으로는 창을 들고 한 손으로는 낙타를 끌고 있으며 낙타 위에서 활시위를 당기고 있는 무사는 창을 들고 있는 적군과 격투를 벌이고 있다. 하바허현(哈巴河縣) 탕바알타스(唐巴爾塔斯)에도 출정도 암각화가 두 점 있다. 그 외에도 영하(寧夏), 하란산(賀蘭山), 대맥지(大麥地), 중위(中衛), 감숙성(甘肅省) 흑산(甘肅黑山), 기련산(祁連山), 청해(青海) 등지의 암각화에서도 출정도가 발견되었다.

인도 마하드산의 암각화는 일찍이 중석기 시대에 창작되었는데 그중 일부는 대형 암각화로 당대의 전설과 신화를 반영한다. 그 외에도 일부 암각화는 무용, 목축, 사냥과 벌꿀 채집 등의 내용을 담고 있다. 전쟁은 마하드산 암각화에 자주 등장하는 소재로 한 암각화는 활로 무장한 채 소몰이를 하는 산민(山民)이 말 위에서 칼과 긴 창을 휘두르는 무사에게 바짝 쫓기는 모습을 묘사하고 있는데 그중 소뿔 나팔을 부는 장면은 전쟁의 긴장감과 잔혹함을 여실히 드러낸다.

또 인도의 비모베트카 전투(毗摩貝德卡博戰場) 암각화는 상하 두 부분으로 나뉘는데 위에는 4명이 격전을 벌이고 있는 장면이 있다. 또 인도 카샤샤 전투(印度卡沙厦戰鬪) 암각화에도 잔혹한 전쟁 장면이 묘사되어 있다. 전장에서 사상자는 엎혀나가고 살아 있는 사람은 여전히 싸우고 있다. 중간의 두 사람은 각자 무기를 들고 격렬하게 싸우고 있고 오른쪽 한 사람은 방망이를 들고 아군을 도와주려고 하는 것 같다.

파키스탄에는 인더스강 상류를 따라 수많은 암각화 지점이 존재하는데 주로 카라코람산의 라다크라 불리는 곳 부근에 분포한다. 특히 칠라스에서 약 1,500여 폭의 암각화가 발견되었는데 내용이 매우 풍부하다. 그중에는 부족간의 전쟁을 반영한 그림도 있다.

이탈리아의 발 카모니카 암각화에도 에트루스칸 민족이 전쟁에서 사용한 방패, 투구, 검 등의 무기를 그린 그림도 있다.

2) 실크로드 문물 중의 출정도

18세기부터 실크로드에서는 다량의 고분 벽화와 석굴 벽화가 발견되었는데 그중에는 전쟁 장면을 묘사한 그림이 많다. 이 외에도 이들 고분과 유적지에서 병마용, 전차, 무사 인형은 물론 고대 전쟁에서 사용한 창, 미늘창, 칼, 검, 방패, 활, 석궁, 화살 등 다량의 무기가 출토되었다. 중국 국경 내의 실크로드를 보면, 1964년을 전후로 섬서성(陝西省) 서안(西安) 삼교(三橋)에서 무사 인형이 출토되었고, 1965년에는 섬서성(陝西省) 함양시(咸陽) 양가만(楊家灣) 서한(西漢) 묘에서 방패를 들고 있는 채색 보병 인형이 출토되었으며, 1971년 섬서성(陝西省) 건현(乾縣) 의덕태자(懿德太子) 묘에서는 채색 금박 갑옷 병마용이 출토되었고, 1974년 섬서성(陝西省) 서안(西安) 임동구(臨潼區)의 진시황(秦始皇) 병마용 갱에서는 다량의 무사와 전마(戰馬)가 잇달아 출토되었다. 그 밖에도 면현(勉縣) 노도사(老道寺)에서도 무사 인형이 출토되었다.

감숙성(甘肅省) 천수(天水) 맥적산(麥積山) 서위(西魏) 제127굴 벽의 왼쪽과 제135굴 정벽(正壁)의 오른쪽에는 모두 팔왕이 석가모니의 사리를 얻기 위해 싸우는 장면이 그려져 있고, 서위 제125굴 정벽에도 출정도가 있다. 1969년에는 감숙성(甘肅) 무위시(武威市) 뇌대(雷臺)에서 행차 의장 도열(구리)이 출토되었는데 기사 두 명이 전체 의장대를 이끌고 있고 미늘창이나 창을 든 기사 15명이 이를 호위하고 있다. 감숙성 돈황의 막고굴 벽화에도 고대 전투, 군장, 군사 훈련 등과 관련된 그림이 많다.

신강(新疆) 키질석굴(克孜爾石窟) 제 175굴 전벽 아래 층에는 전쟁 장면이 그려져 있고 신강(新疆) 지무사알현(吉木萨爾縣)의 베이팅(北庭) 불교 사찰 S105전과 베제클리크(柏孜克里克) 등의 석굴에도 전쟁 장면이 그려져 있다. 또 1983년, 신강 뤄푸현(洛浦縣) 샨푸라(山普拉) 2호의 한대 고분에서는 긴 창을 들고 있는 무사를 표현한 벽걸이 그림(길이 120cm, 너비 48cm)이 하나 출토되었고 1975년, 신강 옌치회족자치현(焉耆回族自治縣)의 칠개성 유적지(七個星遺址)에서는 남북조 시기의 갑옷을 입고 긴 창을 든 무사상 하나가 출토되었다. 1975년, 신강 투루판시(吐魯番)의 아스타나고분(阿斯塔那古墓)에서는 높이 75cm의 당나라 기마 무사용이 출토되었다.

진시황 병마용 1호갱(秦始皇兵馬俑一號坑)

섬서성 서안시(陝西 西安)
No.1 Vault of Terrcotta Warriors and Horses, Xi'an City, Shaanxi Province

행차 의장 도열(구리)(銅車馬儀仗隊)

감숙성 무위시 뇌대 한묘(甘肅武威雷臺漢墓) 출토
Bronze Chariots

전쟁도(戰爭圖)

돈황 막고굴 제159굴 남벽(敦煌莫高窟第159窟南壁)
중당(中唐)
Fighting

군사 체육도(軍事體育圖)

감숙성 돈황 막고굴 제12굴 남벽(甘肅敦煌莫高窟第12窟南壁)
당나라(唐)
Fighting

이외에도 우리는 서안의 당나라 이수(李壽, 중국 5호 16국 시대 성한의 제4대 왕), 장회태자(章懷太子), 영태공주(永泰公主), 의덕태자(懿德太子) 등의 고분 벽화에서 미늘창의 모습을 확인할 수 있으며, 서안부터 신강까지 고고학 발굴을 통해 출토된 병기들을 통해 다량의 검, 칼, 비수, 미늘창, 활, 화살, 석궁, 적군 기마대의 전진을 막기 위해 사용했던 마름쇠 등을 볼 수 있다.

기원전 550년부터 서기 651년까지 약 1,200여 년 동안 페르시아는 흑해부터 중앙아시아의 넓은 지역을 통치하면서 실크로드의 주변 국가들과 끊임없이 전쟁을 했다. 특히 그리스, 로마와의 전쟁은 몇백 년 넘게 이어진다. 오늘날 이란, 이집트, 시리아에는 여전히 고대 전쟁이 남긴 각종 무기, 전차, 조형, 석각, 왕릉, 명문, 요새 건축물 등이 많이 남아 있다.

치차 화상석(輜車畫像磚)
사천성 성도시(四川成都) 박물관 소장
Brick carved with the Chariot

군마 도용(軍馬陶俑)

영하성 고원시 북주 주국 대장군 도독 이현 묘
(寧夏固原北周柱國大將軍大都督李賢墓)에서 출토
Pottery Soldiers and Horses

전차를 끄는 말(부조)(馬拉戰車浮雕)

《세계미술사도전》 발췌
The Chariot

말 두 마리가 끄는 마차 경주(二馬賽車)

《세계미술사도전》 발췌
The Two-Horse Chariot

고대 전차 몰기(古代御車圖)

《세계미술사도전》 발췌

Riding

출정도(征戰圖)

《열왕기》 삽화

Fighting

출정도(征戰圖)

《세계미술사도전》 발췌

Fighting

출정도(征戰圖)

《세계미술사도전》 발췌

Fighting

출정도(征戰圖)

《세계미술사도전》 발췌

Fighting

출정도(征戰圖)

《세계미술사도전》 발췌
Fighting

출정(부조)(征戰浮雕)

《세계미술사도전》 발췌
Relief of Fighting

출정도(征戰圖)

《세계미술사도전》 발췌

Fighting

출정도(征戰圖)

《세계미술사도전》 발췌

Fighting

출정도(征戰圖)

《세계미술사도전》 발췌

Fighting

출정도(征戰圖)
《세계미술사도전》 발췌
Fighting

출정도(征戰圖)
《세계미술사도전》 발췌
Fighting

〈사비니 여인들의 납치(搶奪薩賓女人)**〉 유화**(油畫)

로마박물관 소장

Robing Sabin Woman

격투도(角鬪圖)

이탈리아 박물관 소장

Wrestling

사리사(긴 창)를 들고 있는 마케도니아 보병 진형

(馬其頓薩里沙長槍步兵方陣)

이탈리아 박물관 소장

A Macedonian Formation of Infantry Carrying Long Spears

채도화: 정벌(征戰彩陶畫)

이탈리아 박물관 소장

Fighting Painted on the Pottery

출정도(征戰圖)

스코틀랜드 에든버러 황실 박물관 소장
Fighting

무기와 갑옷(武器與盔甲)

이탈리아 밀라노 폴디 페촐리 미술관 소장

Weapon and Armor

제 4 장

장안에서 아테네, 로마에 이르는 고대 레크리에이션과 엔터테인먼트

놀이란 바로 노는 것이다. 고대인들은 고심하며 자연의 일부를 자신의 삶에 끌여 들었고 이를 통해 인문과 자연이 어우러진 정취가 삶에 물씬 배어나게 했다. '유희' 열풍이 불면서 '유희'와 관련된 사물도 많아졌고 '유희'에 대한 사람들의 의식도 점차 강해졌으며 '유희'는 매우 중요한 문화 현상으로 차츰 자리 잡았다.

1
실크로드상에서의 동방 고대 레크리에이션

왕문보 선생의 《중국민간놀이》에 따르면 놀이는 크게 손놀이, 발놀이, 말놀이, 관찰 놀이, 숨바꼭질, 카드 게임, 종합 놀이, 기타 놀이로 구분할 수 있다. 또 놀이의 특징에 따라 지능겨루기 놀이, 체력 놀이, 기교 놀이, 제작 놀이. 감상 놀이, 오락 놀이 등으로 나눌 수 있으며, 연구 측면에서 보면 고서와 문헌, 출토된 유물, 고고학 자료에 근거해 사회학, 인류학, 민족학, 민속학, 민간학 등과 연계한 학과가 있다. 또한 놀이의 특징, 형식과 방법에 따라 경기, 지능겨루기 놀이, 세시 놀이, 연회 놀이, 제사 놀이 등으로 분류할 수 있다.

중국 고대 놀이 분류

분류	놀이	주요 문헌
제사	답무, 각저희(씨름의 일종), 구나(민가에서 마귀와 잡신을 쫓아내는 의미로 베풀던 의식), 파한호희(서역의 유희 가무), 동물가면희, 대무무(무왕이 상나라를 이긴 과정과 공적을 표현한 춤), 백희, 은사(일종의 모래 놀이), 행상(붓다의 탄생을 축하하는 행사), 영신새사(신상을 절 밖으로 옮겨 제사를 드리며 복을 빌었던 제사 의식), 새타마신(말과 낙타의 번식을 빌었던 제사 의식), 도종욱(중국 전통 민속 공연으로 남방파와 북방파로 나뉨)	《이십사사》, 《범망기》, 《유양잡조》, 《논어》, 《여씨춘추》, 《서경잡기》 등
연회	닭싸움, 거위오리싸움, 투호, 육박(여섯 가락의 주사위를 던져 승부를 겨루는 놀이), 화권(가위바위보, 숫자 놀이), 농환, 활쏘기 의식, 연향(천자가 군식과 동석하는 연회)백희, 유연(일종의 연회), 두초(단오절에 즐겼던 놀이로 예쁘고 신기한 꽃을 많이 찾는 사람이 이기는 놀이), 두화(두초와 비슷), 곤충싸움	《여씨춘추》, 《사기》, 《태평어람》, 《주례》, 《춘추좌전》, 《당어림》, 《중국풍속통사》 등
지능 겨루기	육박, 저포(나무로 만든 주사위를 던져서 그 사위로 승부를 겨루는 놀이), 쌍륙(15개씩 말을 가지고 2개의 주사위를 굴려 사위대로 판 위에 말을 써서 먼저 나가면 이기는 놀이, 악소라고도 불림), 악소, 알까기, 축융(공차기), 바둑, 장기, 주사위 놀이, 카드 게임, 승경도(벼슬자리 이름을 써놓고 윤목을 굴려서 나온 수에 따라 말을 쓰는 놀이), 마작, 고리 맞추기	《예문유취》, 《연번로》, 《한서》, 《조야첨재》, 《금당시》, 《자치통감》

세시	**양생술**, **오금희**(중국 후한 화타가 창안한 건강도인술), **팔단금**(일종의 건강 체조), **토납 수련**(입으로 더러운 기를 토하고 코로 신선한 기를 마시는 도가의 수련술), **발하**, **매 사냥**, **용춤**, **사자춤**, **유상곡수**(매년 음력 3월 3일 여러 사람이 곡수에 둘러 앉아 곡수에 술잔을 띄워 놓고 술잔이 멈추면 그 앞에 앉은 사람이 술을 마시는 놀이), **답청**, **등고**, **활사**(샌드스키), **낚시**, **기마술**, **어룡만연희**, **줄타기**, **걸교**(칠석날 처녀들이 별을 보며 바느질 솜씨가 좋아지기를 비는 풍속), **달구경**, **눈구경**, **배타기**, **미끄럼**, **숨바꼭질**, **모래놀이**, **샌드스키**, **줄넘기**, **죽마**, **죽방울**, **그네타기**, **동해황공**(동해에 사는 황공이란 사람이 호랑이와 싸우는 이야기로 후에 희극의 소재로 다양하게 활용된다), **불쇼**(칼을 삼키고 불을 토하는 잡희의 일종), **농환**(구슬을 공중에 높이 던졌다가 받는 공 던지기 놀이), **농검**(칼을 던졌다가 받는 연희의 일종)	《사고전서》, 《태평광기》, 《봉씨견문기》, 《전당문》, 《악부잡록》, 《중국고대양생사서》, 《주역참동계》, 《황제내경》, 《준생팔전》, 《천금적방》, 《오산행》 등. 《사물기원》, 《탄수》, 《연경세시기》, 《완서잡기》, 《백희죽지사》, 《동경몽화록》, 《청패유초》, 《제경세시기승》, 《청가록》, 《양주화방록》 등
경기	활쏘기, 연회 활쏘기, 어차(御車), 축국 (공차기 놀이), 격구, 도보 격구, 충협 (장애물 통과하기), 연탁(제비가 물차 듯 물바퀴 속을 지나가는 것), 발거 (완력 겨루기, 높이뛰기라고 하는 학자도 있다), 뛰기, 용선 경기, 수희 (수중곡예), 빙희 (빙상곡예), 나무치기, 씨름, 목사(볼링과 비슷한 공놀이), 투석(投石), 마라톤(원나라 금군의 마라톤 경기), 레슬링, 경마, 교관(무거운 것을 들어올려 힘을 시험하는 경기), 무쇠솥 들어올리기, 말 타고 활쏘기, 장대 곡예, 다이빙, 파도타기, 검기, 금수싸움, 권술, 추환(현재의 골프와 비슷한 운동), 호선무, 검기무, 여국(격구 운동 중 하나), 채무(采舞, 차를 따는 동작을 하면서 추는 춤), 텀블링, 새총, 연날리기, 석구, 포구(공 던지기), 팽이	《단오고》, 《형초세시기》, 《한서》, 《사기》, 《국성명》, 《고금도서집성》, 《서경부》, 《낙양가람기》, 《전당시》, 《문원영화》, 《책부원구》, 《삼재도회》, 《무림구사》, 《각력기》, 《술이기》, 《몽양록》, 《송사(宋史)》, 송사(宋詞), 원곡(元曲), 《한대악부》, 《전당시》, 《몽계필담》, 《완서잡기》, 《제경경물록》, 《예문유취》, 《세시광기》, 《화저십유》, 《농보백영》, 《오잡조》, 《신당서》 등

2
실크로드에 펼쳐진 고대 서양 레크리에이션

영국의 유명한 운동선수이자 신경학 전문가인 로지 베니스테스(Roges Banistes)는 운동의 과정을 본능에 기초한 것이자 생명이 가진 활력의 완전한 분출이라 여겼다. 본능 게임 이면의 생물학적 동기와 심리학적 동기는 놀이를 스포츠로 이끄는 다리이다. 서양 놀이는 유희, 점프, 달리기, 던지기, 레슬링, 공놀이, 수중 유희, 투전, 국제 장기 등 그 종류가 많은데 일반적으로 본능적인 놀이와 조직적인 놀이 두 종류로 나눌 수 있다.

놀이는 인류의 감정적이며 의식적인 신체에 근본과 뿌리를 두고 있다. 본능에서 출발한 놀이는 점차 조직적인 놀이로 발전하게 되는데 이는 동물을 넘어 인성의 진화를 실현하고자 하는 요구에 따른 것이다. 그 본질적 기능과 실질적 가치는 심신의 전면적이고 건강한 발전을 수호하는 것이었다.

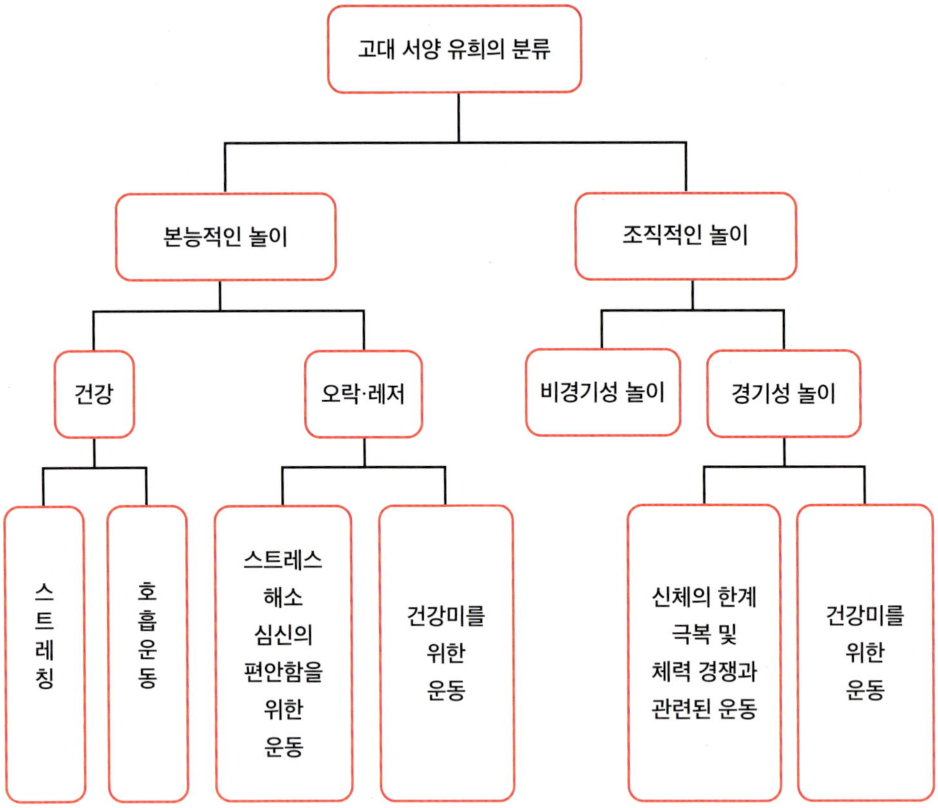

조직적인 게임은 경기성과 비경기성 두 종류로 나뉠 수 있는데 이들은 각각 규칙이 있다. 먼저 폴로, 레슬링, 축구, 권투 등은 모두 경기성 놀이이다. 그리고 제기차기, 줄넘기는 모두 비경기성 게임으로 기교를 중시하며 승패를 따지지 않는다. 장기는 경기 시합에 속하나 체육 운동은 아니다. 또 경마와 기마술도 말이 경기의 주인공인 말의 경기지 사람과 사람 간의 경기는 아니다. 그러므로 우리는 한층 더 나아가 경기성 놀이란 신체를 겨루는 시합임을 알 수 있다. 초기의 놀이에는 종교의 제사 의식이 어느 정도 포함되어 있었는데 이것이 진화한 형태가 바로 초기의 스포츠이다. 실크로드의 서양 제국은 모두 놀이를 신체 운동의 항목에 편입시켰다. 사람들은 원시사회부터 달리기, 던지기, 레슬링, 공놀이 등 각종 경기성 놀이를 종교나 축전에 포함시켰고 의식의 형태로 나타내 신을 기쁘게 하고 생명을 연장하고 악귀를 물리치며 병을 치료받고 풍년과 비를 기원했다.

물론 여러 가지 놀이를 즐기며 즐거움을 추구하고자 하는 목적도 배제할 수는 없다. 특히 고대 그리스의 올림피아와 델포이에는 조직적인 경기가 있었는데 문화적으로 보면 원시인의 스포츠에 더 가까웠다.

피티아 제전, 이스트미아 제전, 네메아 제전, 아테네 제전 등 고대 올림픽 제전은 모두 신성한 기념일로 고대 그리스인의 종교 생활에서 필수불가결한 것이었다. 한 학자는 "고대 올림픽 제전은 신성한 제전으로 신성한 날, 신성한 곳에서 열렸다. 이는 신에 대한 존경을 표하기 위해 개최된 일종의 종교 행사였으며 제전에 참여하는 이유는 신에게 봉사하기 위함이었고 상도 신들이 주는 것이었다. (…) 고대 올림픽 제전은 종교에 그 기원을 두고 있다"라고 말했다. 올림피아에서 거행된 제전은 제우스에게 존경을 표하기

고대 그리스 제사와 경기

기념일	장소	신	나뭇가지와 화환	개최 시기	최초의 경기
올림피아 제전	올림피아	제우스	올리브	4년에 한 번	기원전 776년
피티아 제전	델포이	아폴로	월계수	4년에 한 번	기원전 582년
이스트미아 제전	코린토스	포세이돈	소나무	2년에 한 번	기원전 582년
네메아 제전	네메아	아폴로	파슬리	2년에 한 번	기원전 573년

위함이었고 코린토스에서 거행된 이스트미아 제전은 바다의 신인 포세이돈을 기리기 위한 것이었다. 아폴로는 델포이·네메아의 달리기 선수와 레슬링 선수의 절을 받았다.

올림피아 제전의 역사적 기원을 정확히 고증할 수는 없다. 하지만 제전은 기원전 5세기부터 4세기의 고대 시기 여전히 제사와 종교적 목적을 지니고 있었음을 알 수 있다. 이러한 조직 경기의 목적은 신의 부활을 기원하는 것이었다.

3
실크로드 동서양의 레크리에이션 문화의 비교

문화 언어적 환경, 지역·지리적 환경, 종교 신앙, 신체관의 차이로 중국과 서양의 사유 방식은 뚜렷한 차이를 보이고 있으며 중국과 서양 문명은 많은 충돌을 겪었다. 중국 문화는 사람이 우주의 질서 내에 존재한다는 것에 관심을 가지며 서양 문화는 자연에 관심을 가진다. 중국의 문화는 우주의 조화를 추구하며 서양 문화는 대항하며 승리를 얻는 것을 중시한다. 지금까지 중국과 서양의 문화는 계속 전해지며 교류·융합되었으나 차이는 계속 존재했다. 이러한 차이는 놀이와 경기에서 두드러지게 나타나는데 그 예로 서양 문명은 신체의 '힘'과 '미'를 추구하지만 중국 문명은 신체의 '기'와 '화(和)'의 수양을 중시한다. 또 서양 문명은 무예의 숭상과 신체의 단련을 중시하는 반면 중국 문명은 정신을 숭상하며 힘으로 승리를 얻는 개인적 용맹함은 멀리한다. 또한 서양인들은 신체 단련에 있어 경기 운동을 중시하는 반면 중국인은 내면의 수양을 중시하며 기의 원활한 흐름, 체내 각 부분의 조화와 맑음, 신체와 자연의 기의 소통을 강조하며 신체의 부드러움, 통일, 지속, 유연성에 관심을 가진다. 또 서양인은 근육의 발달을 중시한 반면 중국인은 가슴의 '도량과 넓은 마음'을 중요시한다. 그리고 서양인은 줄곧 강한 근육, 운동 기술, 신체의 아름다움을 추구했지만 중국인은 내면적 조화를 이루는 것을 강조했다. 또 서양인은 대립성의 경기를 중시하지만 중국인은 경기보다는 감상을 중요시한다.

제 5 장

장안에서 아테네, 로마에 이르는 고대 스포츠

실크로드의 스포츠 문화는 고대 스포츠 문명의 중요한 구성부분이다. 따라서 실크로드 지역의 경기 스포츠 문명 역시 서로 융합하고 포용하는 뚜렷한 특징을 띤다. 고대 중국, 페르시아, 인도, 그리스, 로마 등 나라들은 스포츠 문화가 발달했고 이는 상기 나라들의 당시 강대한 국력의 중요한 증거가 되기도 했다. 물론 이와 같이 전국민이 참여하는 번영의 광경을 오늘날 우리의 두 눈으로 직접 확인해 볼 수는 없다. 하지만 이와 관련된 진실되고 풍부한 정보들은 대량의 고대 유물, 유적과 문헌을 통해 오늘날까지 보존되었고 문헌의 해독, 실크로드 각국의 고고학적 발견 및 문물의 출토에 따라 생생하게 드러나고 있다. 이는 현대인들이 실크로드와 고대 스포츠 문명을 연구하고 해석하는데 더없이 소중한 자료를 제공해 주었다.

경기 스포츠는 경기적인 것과 비경기적인 것으로 나뉜다. 형식은 대항적인 것과 비대항적인 것이 있다. 경기적인 스포츠는 인간과 인간의 경기, 인간과 동물의 경기 및 인간과 사물의 경기로 나눌 수 있고 비경기적인 스포츠는 유희, 오락, 여가, 보디빌딩, 양생 등이 있다.

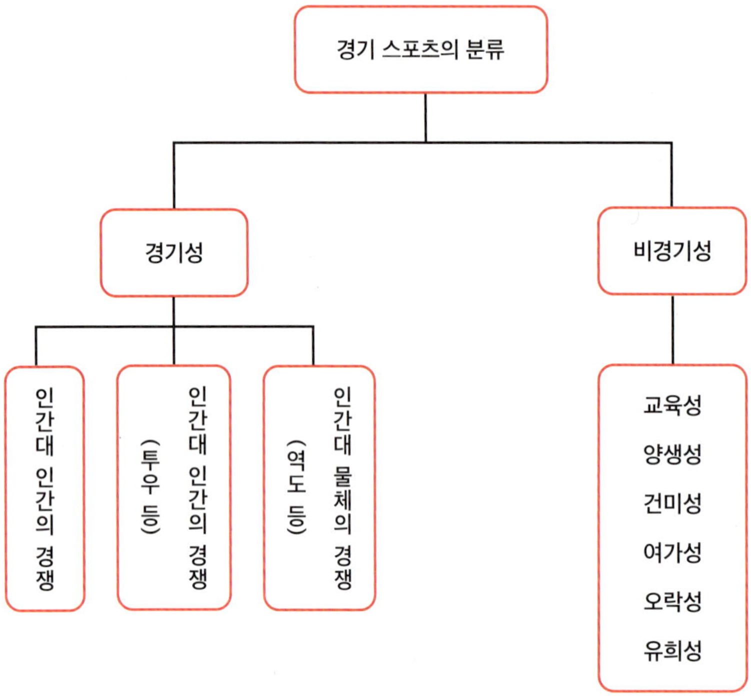

1

중국의 고대 스포츠

고적과 문헌의 기록 및 고고학적 발견에 따르면 상고 시대 중국에는 이미 무용, 펜싱, 씨름, 격양(擊壤), 사냥, 궁도, 축국, 팽이, 석구(石球), 석색(石索), 투척 등 게임이 발단했다.

주나라 시기에 이르러 사(射)와 어(御)는 '육예(六藝)' 즉 교육의 내용에 포함되었고 궁도의 예법도 규정되었다. 투호(投壺), 농환(弄丸), 농검(弄劍), 줄다리기, 그네, 경도(競渡) 등 기타 게임도 잇따라 유행하였다. 진나라, 한나라, 위진남북조 시기에는 투석(投石), 초구(超矩), 닭싸움, 탄기(彈棋), 백희(百戲), 검술, 오금희(五禽戲), 역도, 권술, 육박(六博), 쌍륙(雙六), 줄넘기 등이 있었고 수나라, 당나라, 오대 시기 스포츠는 비약적인 발전을 이루어 성숙한 단계로 나아가기 시작했다. 그리고 호선무(胡旋舞), 척지무(拓枝舞), 검기, 격구, 여국(驢鞠), 스모, 바둑, 연날리기 등이 성행하였다. 송나라, 원나라, 명나라, 청나라 시기에는 도인(導引), 기공(氣功), 무술, 축국, 얼음지치기, 씨름, 추환(捶丸), 수영, 경조, 바둑, 투우, 사자춤, 용춤, 죽마(竹馬), 죽방울, 병차기, 그네, 줄다리기 등은 이미 백성들의 중요한 게임과 경기 스포츠 종목이 되었는데 이는 중국 고대 스포츠가 현대 스포츠로 발전하는데 토대를 마련해 주었다. 양한 시기부터 중국 고대 경기 스포츠는 줄곧 실크로드에서 상호교류를 이어 나갔다.

(1) 궁도(射術)

실크로드 지역의 각 민족은 사냥, 궁도, 무예, 전쟁, 오락 및 교육 활동 과정에서 특유의 궁도 문화를 형성하였다. 이와 같은 고대의 문화형태는 이미 암각화, 벽화, 벽돌화, 비단화, 채문도기, 서간 등 매개체에 고정되었다. 사냥꾼이나 권력자들이 사냥을 하는 모습, 군사 훈련 과정에서의 활쏘기 대회, 전쟁에서 화살로 적을 쏘는 모습, 무예를 익힐 때의 갖가지 활쏘기 자세와 방법, 그리고 활, 화살, 석궁 등의 사냥도구나 무기를 그린 그림들이 매우 많았다.

2011년 중국 함양(咸陽)시 한양(漢陽)능에서 말을 타고 사냥하는 인형과 궁수 인형이 출토되었다. 이외 함양시 한가만(韓家灣) 낭가구(狼家溝)촌에서 출토된 직립의 채색 도자기 궁수 인형; 신목(神木)현 대보당(大保當) 23호 동한 고분에서 출토, 현재 섬서(陝西)성 박물관에 소장된 수렵도; 미지(米脂)현 당가구(黨家溝)에서 출토, 현재 섬서성 미지박물관에 소장된 기마 및 궁도 그림 벽돌; 서안(西安)시 곽가(郭家)촌 출토, 현재 국가 박물관에서 소장하고 있는 수렵도가 그려진 도자기 주전자; 서안이공(西安理工)대학교 서한 벽화묘실의 멧돼지 수렵도 등이 있다.

1960년 섬서성 건(乾)현 영태(永泰)공주 능에서는 당나라 시기의 말을 타고 개와 범을 데리고 사냥하는 높이가 30-33cm, 길이는 27-35cm의 인형이 출토되었다. 1971년 건현 의덕(懿德) 황태자 능에서는 말을 타는 인형과 독수리를 데리고 사냥하는 인형이 출토되었는데 높이는 35cm, 길이는 28cm였다. 1991년 서안시 파교(灞橋)구 당금향(唐金鄕)현 고분에서는 일련의 말을 타고 사냥하는 인형들이 출토되었다. 1972년 예천(禮泉)현에서 삼색 도자기로 만들어진 말을 타고 사냥하는 인형이 출토되었다. 1957년 임동(臨潼) 진나라 고분에서 출토된 사냥하는 모습이 그려진 벽돌에는 사냥꾼이 말을 타고 달리면서 활로 사슴을 쏘고 네 마리의 사냥개가 뒤를 이어 사슴을 쫓는 수렵도가 그려져 있었다. 1979년 함양(咸陽) 3호 궁전 유적지의 벽화에서 수렵도가 발견되었다. 신목(神木)현에서 출토된 16폭의 동한 시기 초상화에도 한 사람 또는 여러 사람이 함께 말을 타거나 활을 쏘며 사냥하는 모습이 생생하게 그려져 있는데 이 또한 소중한 자료로 보관되고 있다.

1955년 서안시 동쪽 교외의 당나라 고분에서 활을 쏘며 사냥하는 무늬의 구리거울이 출토되었다. 직경이 15cm 되는 거울에는 말을 타고 활을 쏘며 사냥하는 모습이 생생하게 그려져 있었다. 또 하나의 거울은 현재 국립 프랑스 기메 아시아 예술 박물관에 소장되어 있다. 1973년 삼원(三原)현 이수(李壽)의 고분 묘도(墓道) 양측 벽에서 발견된 수렵도에는 산과 계곡 사이에서 수십 명의 사냥꾼이 두 팀으로 나누어 독수리를 사냥하고 멧돼지와 토끼, 사슴을 쫓는 장면이 묘사되어 있다. 화면의 왼쪽 부분에는 독수리를 팔에 앉힌 채 말을 타고 지켜보는 사람도 있었다. 1971년 건(乾)현 장회(章懷) 황태자 능의 묘도에서는 수렵출행도가 발견되었는데 말을 타고 있는 인물이 40명이 넘었다. 1971년 건현 한가보(韓家堡)촌 의덕(懿德) 황태자 묘도의 첫 동굴에는 동서 양측으로 모자와 황포 차림에 검은색 허리띠를 두르고 장화를 신은 남자 시종이 왼손으로 범을 잡고 오른손에 범을 길들이는 도구를 들고 있는 벽화가 있다. 그림 속의 남쪽으로 두 번째와 네 번째 인물 역시 왼손으로 동물을 잡고 있었다. 두 번째 동굴의 동서 양측에는 독수리를 팔에 앉힌 모습을 그린 그림이 세 폭 그려져 있었는데 높이 201cm, 너비는 363cm였다. 독수리를 팔에 앉히는 것은 당나라 황실과 관료 귀족들의 취미였다. 《조야첨재(朝野僉載)》에는 '태종이 흰 독수리를 키우는데 비장군(飛將軍)이라 부른다'[10]라고 기재되어 있다. 따라서 독수리를 팔에 앉힌 모습은 당나라 벽화에서 자주 볼 수 있는 소재가 되었다. 1953년 함양시 저장(底張)만 만천(萬泉)현의 설(薛)씨 고분의 복도에도 독수리를 팔에 앉힌 그림이 그려져 있었다. 당나라 시기에는 주로 호인들이 범을 길들였다. 소그드인들이 공물로 바친 것이다. 고대 중국에서 언제부터 범으로 사냥을 했는지 문헌에는 정확하게 기재되지 않았으나 벽화의 발견으로 실물 자료를 얻게 되었다. 1972년 소릉(昭陵)[11] 아사나충(阿史那忠)의 고분에서 화살통을 안고 있는 시녀 벽화가 발견되었다. 1970년 섬서성의 고고학자들은 서안시 남쪽 교외의 하가(何家)촌에서 당나라 시기의 사냥 무늬 은술잔을 출토하였다. 높이는 7.3cm, 직경 6cm, 하단 직경이 3.4cm이고 네 명의 말을 탄 사냥꾼이 그려져 있었다. 1974년에 또 궁녀가 사냥을 하는 모습이 담겨 있는 팔반(八瓣) 은술잔을 출토하였는데 높이는 5.1cm, 직경은 9.14cm이다. 1963년 서안시 사파(沙坡)촌에서도 당나라 시기의 사냥 무늬 은술잔이 출토되었는데 높이는 7.4cm, 직경은 6.3cm이며 현재 프랑스 기메 국립 아시아 예술 박물관에 소장되어 있다.

수렵도(狩獵圖)

섬서성 고고연구원 소장(陝西省考古研究院藏)
북주(北周)
Hunting

감숙(甘肅)성 천수(天水)시 동남 방향으로 45km 떨어진 곳에는 세계적으로 저명한 맥적산(麥積山) 석굴이 있다. 일찌기 진나라 후기때 뚫은 맥적산 석굴은 인류문명의 기적으로 일컬어질 만큼 풍부한 인문학적 가치를 보유하고 있을 뿐만 아니라 1,500여 년 동안 고대 백성들의 사냥, 활쏘기와 스포츠에 관련된 벽화도 그려져 있다. 북위(北魏) 127호 굴만 봐도 석굴 꼭대기의《섬자본생(睒子本生)》,《살타나태자사신사호(薩埵那太子舍身飼虎)》, 정면 우측의《팔왕쟁사리(八王爭舍利)》, 석굴 대문 왼쪽부분의《전기도(戰騎圖)》등 그림들이 모두 사냥하거나 말을 타고 활을 쏘는 광경을 묘사하고 있다. 135호 굴의 정면 윗부분의《열반경변화(涅槃經變畫)》에는 활을 쏘면서 격전을 벌이는 모습을 그렸고 133호 굴의《항마성도(降魔成道)》에서는 무릎을 꿇고 화를 쏘는 모습을 볼 수 있다. 송나라 12호 굴 꼭대기의《지옥변(地獄變)》에도 창을 들고 활을 쏘는 모습이 그려져 있다. 맥적산에는 고대 고분에서 출토된 15폭의 초상화도 보관되어 있는데 그중에는 물론 고분의 주인이 사냥을 하던 모습을 그린 그림도 포함되어 있었다.

수렵도(狩獵圖)

섬서 신목대보당23호능채색화상석(陝西神木大保當23墓彩繪畫像石)
동한(東漢)
Hunting

수렵도(狩獵圖)

섬서 서안이공대학교 한대 벽화능 묘실 동쪽벽 벽화(陝西西安理工大學西漢壁畫墓墓室東壁壁畫)

Hunting

수렵도(狩獵圖)

섬서 삼원 이수능 벽화(陝西三原李壽墓壁畫)

당대(唐代)

Hunting

기사문은컵(騎射紋銀杯)

파리 국립 기메 아시아 예술 박물관 소장
당대(唐代)
A Silver Cup with Shooting Scene

감숙성 가욕관(嘉峪關)시 주변의 고비사막에는 수만 개의 위진 시기 고분이 널려 있다. 1972년에서 1973년까지 가욕관시 정부의 문화부처는 감숙성 박물관과 함께 위진 고분군을 정리하였다. 이러한 고분에는 궁도 문화를 반영하는 시각적 형상이 대량으로 보존되어 있었고 주로 채색 고분 벽돌화를 통해 나타났다. 사냥하는 장면 역시 활을 쏘는 방법, 독수리를 이용한 사냥, 개를 이용한 사냥 등 다양한 형식으로 이루어졌고 특히 독수리를 이용한 사냥이 당시 하서(河西) 지역에서 꽤 유행하였음을 알 수 있다.

문헌의 기록과 갑골문 문자에 대한 분석에 의하면 중국에서는 적어도 은나라, 상나라 시기에는 이미 간독(簡牘)을 사용하기 시작하였다. 감숙성의 돈황, 주천, 무위(武威), 장액(張掖), 감곡(甘谷), 천수 등 지역의 한나라 유적지와 고분에서는 수 만 장의 간독이 출토되었다. 간독의 내용을 보면 정치, 경제, 군사, 과학, 문화, 농업, 의학, 역법, 형사, 교육, 체육 등 다양한 내용을 포괄하고 있다. 본고에서는 주로 상기 거연한간(居延漢簡)[12]에서의 가을철 활쏘기 경기 즉 추사(秋射)에 대해서만 서술하고자 한다.

거연한간에서 논한 추사규칙에 대한 기록에 따르면 경기에서는 모두 쇠뇌[13]를 사용한다. 쇠뇌의 사정거리와 힘을 계산하는 단위를 '석(石)'이라 하고 1, 3, 4, 5, 6, 7, 8, 10 총 8개 등급으로 나누며 6석 쇠뇌가 기준이다. 화살이 날아간 거리는 보(步)로 계산하되 쇠뇌의 사거리는 120보이다. 화살은 단시(短矢)와 장시(長矢)가 있고 성적은 따로 기록한다. 참가선수들은 12개의 화살을 쏠 수 있고 6개를 맞추면 합격, 6개 이상을 맞추면 상을 주는데 한간의 기록에 따르면 액수는 15일 동안 수고한 대가에 해당한다. 이 외에도 추사 경기에는 활쏘기, 요망(瞭望), 신호 판별, 도검기기(刀劍騎技)등 다양한 종목이 있다.

수렵도(狩獵圖)

감숙 가욕관 위진7호 고분 채색 회화 벽돌(甘肅嘉峪關魏晉7號墓彩繪甎畵)
Hunting

이광[14] 사렵 벽돌화(李廣射獵磚畫)

감숙 돈황 불당만(甘肅敦煌佛爺廟灣) 출토
전량(前涼)
The Brick Painting of General Li Guang Shooting

사파도(射靶圖)

감숙 돈황 막고굴 제428호 굴 동쪽 벽 남측 벽화
(甘肅敦煌莫高窟第428窟東壁南側壁畫)
북주(北周)

수렵도(狩獵圖)

감숙 돈황 막고굴 제61호 굴 배병벽화
(甘肅敦煌莫高窟第61窟背屏壁畫)
5대(五代)
Hunting

신강은 실크로드의 서부에 자리 잡고 있고 풍부한 고대 문화 유적지를 보유하고 있다. 궁도 문화와 관련된 내용은 극히 순박하고 농후하며 호방하고 활달하다. 문헌의 기재에 따르면 신강 지역의 시버(錫伯)족과 다우르(達斡爾)족은 모두 활을 쏘는 풍습이 있고 각종 활쏘기 대회도 자주 열린다. 1975년 신강 목루(木壘)현 2호 고분에는 채색 사냥 무늬의 관이 출토되었는데 인물은 없고 화살과 큰뿔양만 그려져 있었다. 1958년 신강박물관의 고고학자들은 민풍현 동한 고분의 관에서 부부가 합장된 미라를 발견하였다. 그중 남자의 몸에는 긴 활 하나와 화살 4개가 담긴 화살통 하나가 놓여 있었다. 활의 길이는 123cm, 화살통의 길이는 90cm, 직경은 8.5cm이며 밖은 가죽 장식으로 되어 있었다. 화살의 길이는 81cm이고 모두 나무로 만들어졌으며 끝은 복숭아 모양이다. 1975년 카라호자(哈拉和卓)현 97호 고분에는 활과 화살 그림이 그려져 있다. 총 6개 장면으로 이루어졌는데 두 번째 장면에는 활 하나와 화살통에 담긴 화살이 그려져 있었다. 세 번째 장면은 긴 도포를 입고 바닥에 앉아 있는 남자와 그 옆에 여자가 있었으며 벽에 활이 걸려 있는 모습이다.

1964년 투판 아스타나(阿斯塔那) 13호 당나라 고분에서 발견된 종이 그림은 길이가 1.05m이고 너비가 0.462m이며 6장의 작은 종이를 이어 붙인 것이다. 가로로 펼치는 이 수묵화는 부채를 든 남자 주인이 마루에 앉아 있고 시녀를 두었으며 나무걸이에 활과 옷을 걸어 놓은 모습을 묘사했다. 고분 주인 생전의 생활 환경을 현실적으로 나타낸 그림이다. 1966년 투루판 아스타나(阿斯塔那) 44호 고분에서 출토된 655년의 '왕' 자 모양의 귀갑(龜甲) 비단에는 말을 타고 활을 쏘는 모습이 수놓여 있다. 1972년 아스타나 191호 고분에서 출토된 사냥 무늬의 수건은 길이가 43.5cm, 너비 31.3cm로 말을 탄 채 뒤돌아 활로 사자를 쏘는 모습이 묘사되어 있다. 1968년 아스타나 105호 고분에서 출토된 당나라 시기의 사냥 사포에는 기사가 말을 타고 달리면서 동물을 쏘고 사슴과 토끼가 황급히 도망가는 모습을 생동감 있게 나타냈다.

1968년 아스타나 고분에서는 또 말을 타고 사냥하는 무늬의 비단이 출토되었고 길이는 56cm, 너비는 31cm이다. 그 속에서 꽃, 풀, 나무, 말을 타고 사냥하는 사람 그리고 사람과 토끼를 볼 수 있었다. 1985년 선선(鄯善)현 루커친(魯克沁) 고분에서 8세기의 비단이 출토되었는데 길이가 71.5cm이고 사냥하는 모습을 정교하게 잘 보여 주었다. 이외 쿠무툴라 천불동(庫木吐拉千佛洞), 시므시므(森木塞姆)석굴, 바이쯔커리커(柏孜克里克)석굴의 벽화에서도 사냥하거나 활을 쏘는 무사의 모습을 대량으로 찾아볼 수 있다. 이는 모두 중국 궁도 문화의 발단과 변천을 연구하는 데 새로운 시각을 넓혀 주었고 풍부한 정보를 제공해 주었다.

(2) 각저(角抵)[15]와 백희(百戲)[16]

양한은 각저가 번영으로 나아간 시기이다. 서한의 선(宣)제와 성(成)제, 동한 명(明)제와 순(順)제는 모두 각저를 유난히 즐겼다. 각저는 위진남북조 시기를 걸쳐 당, 송, 명, 청나라까지 전해졌고 '각저(角觝)', '각저(角牴)', '각저(角氐)', '각희(角戲)', '저각희(觝角戲)', '각력(角力)' 등 다양한 이름이 존재한다.

사고도(射鼓圖)

감숙 돈황 막고굴 제290호 굴 굴정벽화(甘肅敦煌莫高窟第290窟窟頂壁畫)
북주(北周)
Shooting the Drums

사록도(射鹿圖)

감숙 돈황 막고굴 제301호 굴 굴정벽화(甘肅敦煌莫高窟第301窟窟頂壁畫)
북주(北周)
Shooting Deers

사녹도(射鹿圖)

감숙 돈황 막고굴 제299호 굴 굴정벽화(甘肅敦煌莫高窟第299窟窟頂壁畫)
북주(北周)
Shooting Deers

수렵도(狩獵圖)

감숙 돈황 막고굴 제296호 굴 굴정벽화
(甘肅敦煌莫高窟第296窟窟頂壁畫)
북주(北周)
Hunting

사전도(射箭圖)
감숙 돈황 막고굴 제130호 굴 동쪽 벽 북측 벽화
(甘肅敦煌莫高窟第130窟東壁北側壁畫)
당대(唐代)
Shooting

사철저(射鐵豬)
감숙 돈황 막고굴 제61호 굴 서쪽 벽 벽화
(甘肅敦煌莫高窟第61窟西壁壁畫)
오대(五代)
Shooting the Pigs

사고도(射鼓圖)
감숙 돈황 막고굴 제61호 굴 서쪽 벽 벽화
(甘肅敦煌莫高窟第61窟西壁壁畫)
오대(五代)
Shooting Drums

목제 과녁(木靶)

신강 툴판아스타나(新疆吐魯番阿斯塔納) 출토
신강위구르족자치구(新疆維吾爾自治區)박물관 소장
당대(唐代)
MuBa

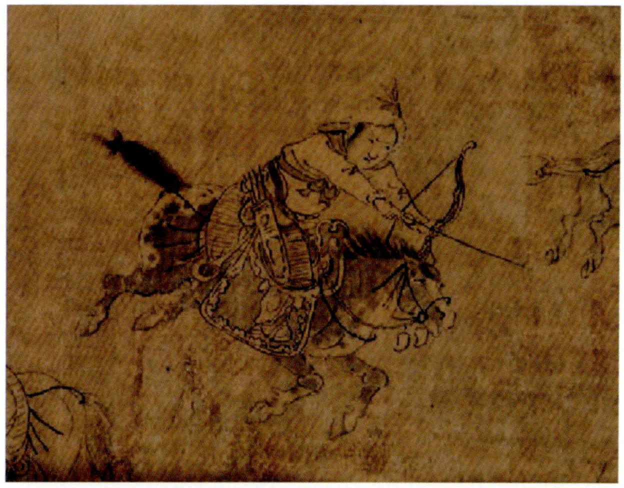

기사도(騎射圖)

내몽고(内蒙古) 박물관 소장
명대(明代)
Hunting

사렵도(射獵圖)

현 대도회박물관 소장
Hunting

직금금(織金錦)

톨판(吐魯番) 박물관 소장
8-10세기
Gold-wefted Brocade

사웅도(射熊圖)

신강 키질(新疆克孜爾)석굴 제188호 굴 주실권정(券頂) 벽화
7세기
Shooting a Bear

원 세조 출렵도(元世祖出獵圖)

중국 대만(臺灣)고궁박물원 소장
원대(元代)
Hunting

수렵도금방기(狩獵圖金方棋)

영하 염지청산향고봉장(寧夏鹽池青山鄉古峰莊)
수대(隋代)
Gold-made Handicraft with Hunting Scene

사렵판화(射獵板畫)

청해 궈림 토번묘(青海郭里木吐蕃墓) 출토
당대(唐代)
A Relief Printing of Hunting

수렵문양견화(狩獵紋樣絹畫)

신강 투르판 아스타나 고분(新疆吐魯番阿斯塔納古墓) 출토
7-10세기
The Silk Painting of Hunting

사렵도(射獵圖)

내몽고 마니한향 칠가촌 1호 고분 벽화(內蒙古瑪尼罕鄉七家村1號墓壁畫)
요대(辽代)
Hunting

활쏘기(弓射)

현 옥스퍼드대학교 애슈몰린박물관 소장
Bow shot

활과 화살(弓箭)

현 상트페테르부르크 예르미타시박물관 소장
서하(西夏)
Bow and arrow

사구중철고(射九重鐵鼓)

산서 번사암산사 문수전 서벽 벽화(山西繁峙岩山寺文殊殿西壁壁畫)
금대(金代)
Shooting on the Horse

수렵문능화거울(狩獵紋菱花鏡)

하남(河南)박물원 소장
당대(唐代)
A Mirror with Hunting Scene

착금은수렵문거울(錯金銀狩獵紋鏡)

일본 에세문고 소장
전국(戰國)
A Mirror with Hunting Scene

착금은수렵문거울(錯金銀狩獵紋鏡)

일본 에세문고 소장
전국(戰國)
A Mirror with Hunting Scene

각저문투조동(角抵紋透雕銅)

섬서 장안객성장(山西長安客省莊) 출토
전국(戰國)
A Clay Figure of Wrestlers

황자유씨름용(黃瓷釉摔跤俑)
Wrestling

백희는 최초로 《후한서·효안제기(後漢書·孝安帝紀)》에서 언급되었는데, '을유, 파어룡만연백희(乙酉, 罷魚龍曼延百戲)'라고 적혀 있었다. 따라서 '어룡만연백희'의 '만연'은 용춤과 같은 거대한 동물의 공연이다. 동한과 서한을 불문하고 백희는 곧 각저이다.

동한 시기에 '백희'라는 단어가 나타나긴 하였지만 각저희처럼 보편적으로 사용되지 않았고 '어룡만연'이나 '각저'와 함께 쓰였지 따로 사용되지 않았다. 이와 같이 내용이 풍부한 공연을 대부분의 경우에는 '각저희'라 불렀다. 위진 시기에 이르러서야 '백희'라는 단어가 점차 보편화되었는데 이는 각종 예술형식의 축적과 증가와 관련된 것이라고 본다.

공연 종목이 풍부해지고 많은 변화가 나타난 의미에서는 '백희'라 부를 수 있다. 공연 형식과 내용에서 무예를 숭상하는 정신을 보면 '각저'라 칭해야 한다. 보다 늦게 나타난 '백희'에 비해 '각저'가 중국 고대 스포츠의 변화 발전을 더욱 잘 나타낼 수 있다. 진나라 시기부터 동서 양한에 이르기까지 각저는 중국 고대 스포츠의 대표적 총칭이다. 즉 각저는 활쏘기, 역도, 스모, 씨름, 무술과 가무 등 공연의 총칭이라고 볼 수 있다.

1) 각저희(씨름)

《한서·무기제(漢書·武帝紀)》, 《고금도서집성·군례부(古今圖書集成·軍禮部)》, 《문헌통고(文獻通考)》, 《각력기·고고(角力記·考古)》, 《당어림(唐語林)》 등 고적에는 한나라, 당나라 시기 장안에서 각저의 흥행을 기록하였다. 1955년 섬서성 서안시 장안(長安)구 객성장(客省莊)에서는 전국시기 각력도가 그려진 구리 악세사리가 출토되었다. 숲 속에서 진행된 각저 경기를 그렸는데 두 명의 선수가 상의을 벗고 반바지만 입은 채 상대의 허리나 다리를 안아 넘어뜨리려는 상황을 생동감 있게 나타냈다. 1986년 섬서성 위남(渭南)시에서는 금나라 시기의 스모 인형이 출토되었는데 두 명의 선수가 상의를 벗고 반바지만 입은 채 두 눈을 부릅뜨고 경기를 준비하는 모습이다.

감숙(甘肅)성 돈황(敦煌) 지역의 석굴 벽화, 번견(幡絹)화에서도 스모나 씨름이 홍행한 모습을 볼 수 있었다. 돈황 막고굴 북위(北魏), 서위(西魏) 시기의 동굴에도, 불단과 벽화에도 여러 폭의 금강(金剛), 약차(藥叉) 및 장사가 씨름하는 모습이 그려져 있었다.

신강 위구르족은 씨름을 '체리서(切里西)'라 불렀다. 7세기 때부터 대중적으로 인기를 얻었는바 《돌궐(突厥)대사전》에도 씨름에 관한 용어가 많이 수록되어 있었다. 원나라 시기에 서부 지역에는 '교서(校署)'를 설치하여 각 민족 촌락의 씨름 활동을 관리하도록 하였다. 위구르족의 씨름은 지역에 따라 차이가 크다. 일반 씨름과 명절의 씨름 경기로 나눌 수 있는바, 농촌 시장이나 결혼식, 할례에 진행되는 일반 씨름은 보통 '바자(巴扎)'라 부른다. 명절에 진행되는 경기는 흔히 향, 촌을 단위로 씨름 선수들을 출전시킨다.

신강 쿠무툴라(庫木吐拉) 석굴 73호 굴에는 8세기 때의 격투 벽화가 그려져 있고 신강박물관에는 씨름을 하고 있는 무사 인형이 소장되어 있다.

삼채씨름용(三彩相撲俑)
섬서 서안 서교 열발전소 출토
Clay Figures of Sumo Wrestlers

각저도(角抵圖)

감숙 돈황 막고굴 제175호 굴 남벽 벽화(甘肅敦煌莫高窟第175窟南壁壁畫)
당대(唐代)
Wrestling

2) 백희

'백희'의 '백'은 많다는 의미로 내용이 풍부함을 뜻한다. 백희는 중국 고대의 전통 기예를 계승하고 발전시켰을 뿐 아니라 다른 민족과 외국의 곡예, 마술도 받아들였다 . 서역 나라들의 영향이 가장 뚜렷한 바 예를 들어 '안식오안(安息五案)'의 '안식'은 오늘날의 이란이고 '오안'은 도로국의 솟대타기, 그리고 또 대진(大秦)의 토화(吐火), 농환(弄丸), 조도(跳刀), 인도의 수상심사(水上尋蛇) 등 곡예와 마술을 포함한다. 도로는 오늘의 미얀마 지역이고 대진은 로마인데, 서역 각국의 곡예가 동쪽으로 전파되고 이를 또 중국인들이 폭넓게 받아들여 융합함으로써 백희가 날로 풍부해지고 스스로의 완전한 체계를 구축하게 되었음을 알 수 있다.

실크로드가 남긴 백희 문물과 사료는 비교적 풍부하며 동기(橦技). 도식(倒植, 물구나무서기와 비슷한 땅재주의 일종), 근두(筋斗, 몸을 번드쳐 갑자기 거꾸로 내리박히는 일), 말춤, 사자춤, 기마술, 농환, 사자춤, 말춤, 사자춤, 마술,농환, 줄타기, 텀블링, 환술 등이 있었다.

씨름도(相撲圖)

감숙 돈황 막고굴 제17호 굴(甘肅敦煌莫高窟第17窟) 출토
프랑스 국가도서관 소장
당대(唐代)
Sumo Wrestling

각저도(角抵圖)

감숙 돈황 막고굴 제61호 굴 서벽 벽화(甘肅敦煌莫高窟第61窟西壁壁畫)
5대(五代)
Wrestling

씨름도(摔跤圖)
서장 대소사(大昭寺) 소장
Wrestling

씨름도(摔跤圖)
고궁박물원(故宮博物院) 소장
Wrestling

씨름도(摔跤圖)
고궁박물원(故宮博物院) 소장
Wrestling

씨름도(摔跤圖)

감숙 돈황 막고굴 제290호 굴 굴정벽화(甘肅敦煌莫高窟第290窟窟頂壁畫)
북주(北周)
Wrestling

씨름도(相撲圖)

감숙 돈황 막고굴 제17호 굴(甘肅敦煌莫高窟第17窟) 출토
대영박물관 소장
당대(唐代)
Sumo Wrestling

겨룸도(較量圖)

서장 부다라궁(西藏布達拉宮) 벽화
청대(淸代)
Wrestling

각저용(角抵俑)

섬서성(陝西)박물관 소장
당대(唐代)
Wrestling

각저용(角抵俑)

섬서성(陝西)박물관 소장
당대(唐代)
Wrestling

청동각저(青銅角抵)

영국 대영박물관 소장
Wrestling

동지(橦技) — 한(漢)나라부터 청나라, 나아가 오늘날에 이르기까지 동지는 여전히 가장 볼거리가 있는 곡예 종목 중 하나일 뿐 아니라 세계적인 곡예 대회에서도 중국이 수차례 금상을 받았던 기예이다. 2002년 섬서성 당금향(唐金鄕)현 고분에서는 장대를 이고 있는 인형이 7개 출토되었다. 높이는 약 5.5-7cm로, 세 인형은 빨간 옷을 입고 다리를 벌리고 서서 장대를 머리 위에 세우고 있다. 나머지 인형들은 날씬하고 유연한 몸으로 장대 위에서 여러 가지 동작을 보여 주고 있다. 돈황 막고굴의 수, 당, 오대, 송 각 시기의 236, 361, 74, 9, 18, 85, 138, 156, 61, 72, 55, 454 등 석굴 및 유림(榆林)굴 서하 3호 굴의 벽화에서도 모두 생생한 동지 공연을 볼 수 있다. 신강 투판 아스타나(阿斯塔那) 336호 고분에는 장대를 이고 한쪽 팔로 물구나무 선 나무 인형이 출토되었다. 높이는 26.8cm로, 반팔, 반바지를 입고 허리에 띠를 둘렀으며 사지는 이미 파손되었고 오른팔만 복원할 수 있었다. 그것은 주춤서기 상태에서 양팔을 벌려 평형을 유지하였고 머리에 장대를 이고 있었다. 장대 위에는 어린아이가 빨간 바지만 입은 채 한쪽 팔로 물구나무를 서고 있었다. 장대를 인 자는 든든하고 힘이 있으며 아이는 가볍고 유연하여 충분히 뛰어난 실력으로 고난도 기예를 선보였다.

물구나무서기, 텀블링, 곤두박질 — 물구나무서기를 한나라 시기에는 '도식(倒植)', 동진시기에는 '역행(逆行)', 당나라 시기에는 '척도(擲倒)', 송, 원, 명, 청나라 시기에는 '수청정(竪蜻蜓)' 또는 '나대정(拿大頂)'이라 불렀다. 현대 스포츠 용어는 '수도립(手倒立)'이다. 두 팔이나 한 팔로 머리가 땅을 향하도록 거꾸로 선 평형 기술이다. 선후하여 산동, 사천, 감숙, 신강과 섬서 지역에서 출토한 한나라부터 청나라 시기까지의 도식 벽화, 초상화, 도자기 인형 등은 중국 고대 도식 발전 역사를 생생하게 보여 준다.

장기도(橦技圖)**(모본)**
감숙 돈황 막고굴 제72호 굴 남벽 벽화(甘肅敦煌莫高窟第72窟南壁壁畫)
5대(五代)
A Balancing Act

정간도(頂杆圖)

감숙 돈황 막고굴 제156호 굴
(甘肅敦煌莫高窟第156窟)
송국부인출행도(宋國夫人出行圖) 발췌
북송(北宋)
A Balancing Act

텀블링은 두 사람 또는 여러 사람이 가장 건장한 사람을 기반으로 나머지 사람들이 그 머리, 어깨, 등, 다리와 같은 다양한 위치에 서 있거나 물구나무를 서거나 수평상태를 유지하는 공연인데, 그 기예를 보여 주는 문물은 의외로 많은 편이 아니다. 2002년 섬서성 서안시 남쪽 교외의 곽사진에서는 삼채 백희 인형이 출토되었다. 한 명의 장사가 머리 위에 6명의 어린아이를 이고 아슬아슬한 동작을 하고 있었다. 가장 꼭대기의 아이는 개구멍바지를 입고 오줌을 싸고 있는 모습이다. 인형은 높이가 40.8cm이고 흰색, 녹색, 노란색, 푸른색으로 칠해져 있었는데, 보존이 잘되어 있어 색깔이 선명하고 조형미가 뛰어나 절세 보물이라 할 수 있다. 이 외에도 돈황 막고굴에는 여러 폭의 텀블링 벽화가 존재한다.

장기도(橦技圖)

감숙 돈황 막고굴 제85호 굴 굴정벽화(甘肅敦煌莫高窟第85窟窟頂壁畫)
당대(唐代)
A Balancing Act

도립도(倒立圖)

감숙 돈황 막고굴 제361호 굴 남벽 벽화(甘肅敦煌莫高窟第361窟南壁壁畫)
만당(晩唐)
Handstanding

신강의 키질 석굴에도 텀블링을 그린 벽화가 있다. 그림 속의 다채로운 동작들은 일정한 난이도를 유지할 뿐 아니라 나날이 발전되고 풍부해지는 물구나무서기와 텀블링의 기예를 보여 주기도 한다.

'근두(筋斗)'는 이란어에서 온 외래어이다. 근두는 호등춤(胡騰舞), 호선춤(胡旋舞)의 용어이기도 하다. 근두는 주로 백희 공연에서 나타났고 기술적인 난이도와 긴장감으로 독특한 심미적 분위기를 만들어, 기예과 스포츠가 융합된 느낌을 강하게 드러내는 효과가 있다. 근두는 중국인의 지혜이자, 1천여 년 역사의 절묘한 창조적 결정체인 것이다.

1973년 감숙성 주천(酒泉)시 정가갑(丁家閘)의 동진 십륙국 5호 고분에서는 길이가 250cm이고 너비가 80cm인 《묘주연거행낙도(墓主燕居行樂圖)》가 출토되었다. 여러 개의 채색 벽돌화로 이루어졌고 화면의 오른쪽 부분이 묘 주인의 연나라(燕国) 거주 생활을 보여 주고 있다. 그는 화려한 옷을 입고 마루에 앉아 백희 공연을 감상하고 있는데, 왼쪽에는 가무를 하고 풍악을 울리는 모습이 그려져 있고 윗부분에는 무릎을 꿇고 연주를 하고 있는 악단이 있으며, 아래에는 근두 공연을 하고 있는 모습이 있다.

신강 투르판 아스타나 고분에서도 동자근두용(童子筋斗俑)을 출토하였는데 그 왼손은 바닥을 짚고 오른손은 바닥을 밀면서 두 발을 모은 채로 텀블링을 하고 있다. 당나라의 서역에서는 이러한 연출을 '도무기(倒舞技)'라고 불렀는데, 《구당서(舊唐書)》 제4권에서 기록하기를 '일찍이 부견에서 서역의 춤을 보았기를, 춤추는 이는 거꾸로 다녔다'라고 하였다. 당대의 교방에도 '독차자(篤叉子)'라는 공연종목이 있는데, 이는 바로 도무기를 지칭하는 것이다. 즉 '발은 하늘을, 머리는 바닥을 밟(足以蹈天, 頭以履地)'는 덤블링을 말한다. 《교방기(教坊記)》에서는 또 '근두에 능한 배승은이라는 자가 있는데, 누이 대랑(大娘)은 노래에 능하고, 오라비는 간술(竿術)에 능하다(筋斗裴承恩, 妹大娘善歌, 兄以配竿術。).'라 하였는데, 배씨 오누이는 바로 서역 소륵(疏勒) 출신으로 가창을 동반한 '도무기(倒舞技)'의 '연간(緣竿)' 술을 장안으로 전파한 사람이다.

백회도(百戲圖)

섬서 당무혜비능(陝西唐武惠妃墓) 출토
A Balancing Act

근두도(筋斗圖)

감숙 주천정가갑5호묘 채회벽돌화(甘肅酒泉丁家閘5號墓彩繪磚畫)
십육국(十六國)
Turning Somersault

'연장(緣橦)**' 잡기용**(雜戲俑)

섬서 서안 당금향현 고분주분(陝西西安唐金鄉古墓主墓) 출토
당대(唐代)
Clay Figures of Balancing Actors

삼채첩나한용(三彩疊羅漢俑)

섬서 서안 장안구 관사진(陝西西安長安區郭社鎮) 출토
당대(唐代)
Colored Clay Figures of Actrobatics

장기용(橦技俑)

서안시 장안구 관사진(西安市長安區郭社鎮) 출토
당대(唐代)
Handstanding

녹유기구잡기도용(綠釉器口雜耍陶俑)

하남성(河南)박물관 소장
동한(東漢)
Handstanding

첩나한도(疊羅漢圖)

감숙 돈황 막고굴 제217호 굴 벽화(甘肅敦煌莫高窟第217窟壁畫)
당대(唐代)
Handstanding

정간단비도립목용(頂竿單臂倒立木俑)

신강 툴판 아스타나 고분(新疆吐魯番阿斯塔那古墓) 출토
당대(唐代)
A Balancing Act

도립도(倒立圖)

감숙 돈황 막고굴 제79호 굴 굴정벽화(甘肅敦煌莫高窟第79窟窟頂壁畫)
당대(唐代)
Handstanding

도립도(倒立圖)

신강 카질석굴 제77호 굴 벽화(新疆克孜爾石窟第77窟壁畫)
4세기
Handstanding

리삭연출(履索表演)

《청인풍속도(清人風俗圖)》에서 발췌
Walking on the Rope

곡마(馬戲) ─ 곡마는 말을 길들이거나 공연을 하게끔 훈련하는 기예이며 현대 스포츠에서는 '승마'라 부른다. 사람과 말이 함께 하는 공연 종목으로, 사람이 말을 타고 평형 유지, 장애물 넘기 등 복잡하고 아찔한 고난도 동작을 하는 것이다. 오늘날 승마는 올림픽 경기 종목으로 선정되어 있다.

섬서 유림(陝西榆林)의 고분에는 승마조각도가 있다. 1966년 서안시에서 질주하는 말을 그린 삼채도가 출토되었는데, 높이는 38cm, 길이는 52cm이다. 당나라 시기에 영향력이 가장 큰 곡마는 말춤이다. 《신당서·예악지(新唐書·禮樂誌)》에 따르면 현종시기에 말춤이 크게 각광을 받았고, 이융기(李隆基)[17]의 생일이면 흥경궁(興慶宮)과 근정궁(勤政宮)의 대전 앞에서 관료들을 초대했고 말춤으로 흥을 돋우었다. 단안절(段安節)의 《악부잡록·무공(樂府襍錄·舞工)》에 기재하길, '말춤을 추는 자가 있는데, 말을 모는 사람이 채색 옷을 입고 채찍을 들어 상우에서 이리저리 춤을 추니 말발굽이 절주에 따라 움직이더라(馬舞者, 攏馬人著彩衣, 執鞭, 於床上舞蹀躞, 蹄皆應節奏也)'. 당나라 시가에도 말춤을 노래하는 부분이 허다하다. 이융기의 재상인 장설(張說)에게 1만 십여 편이 있는데《무마천추만세화부(舞馬千秋萬歲禾府)》가 대표작으로 꼽힌다. 설요(薛曜)의 《무마편(舞馬篇)》에서 말하기를, '완곡히 휘청거리기를 끝내지 않다가(婉轉盤跚殊未已, 懸空步驟紅塵起)', 육귀몽(陸龜懞)의 《우마(舞馬)》에서는 '곡이 끝나니 임금의 총애를 부르는듯 하더니 붉은 누각을 돌아보며 울지 못하네(曲終似要君王寵, 回望紅樓不敢嘶)'라고 하였다. 서안시 남쪽 교외의 하가(何家)촌에서는 1970년에 말춤 무늬를 그린 은주전자가 출토되었는데, 높이는 18.5cm, 직경 2.2cm, 하단 직경은 7.2cm인 당나라 문물이다. 주전자의 양면에 금색으로 칠해진 말이 한 마리씩 있는데, 목에는 띠를 매고 입에는 잔을 물고 있었으며 머리를 들고 꼬리를 흔들며 춤을 추는 동작을 하고 있다. 그리고 영하(寧夏) 박물관에도 이와 비슷한 모양을 한 서하(西夏) 시기의 말춤 무늬 은잔이 소장되어 있다.

마술도관(馬術圖罐)
영하(寧夏)박물관 소장
Horsemanship

무마함배문은호(舞馬銜杯紋銀壺)
섬서 서안남교하가촌(陝西西安南郊何家村) 출토
A Silver Kettle

유금마함배은호(鎏金舞馬銜杯銀壺)
영하(寧夏)박물관 소장
A Silver Kettle

마술도(馬術圖)

감숙 돈황 막고굴 제61호 굴 서벽 벽화(甘肅敦煌莫高窟第61窟西壁壁畫)
5대(五代)
Horsemanship

마술도(馬術圖)

감숙 돈황 막고굴 제61호 굴 서벽 벽화(甘肅敦煌莫高窟第61窟西壁壁畫)
5대(五代)
Horsemanship

마술도(馬術圖)

감숙 돈황 막고굴 제61호 굴 서벽 벽화(甘肅敦煌莫高窟第61窟西壁壁畫)
5대(五代)
Horsemanship

채회도마와 호인 조마용(彩繪陶馬與胡人馴馬俑)

낙양(洛陽)박물관 소장
당대(唐代)
Colored Pottery Figures of Horse and Rider

마술(馬技)

산동 임기(山東臨沂)출토
한서상석(漢書象石)
동한(东漢)
Horsemanship

1972년 신강 툴판 아스타나(阿斯塔那) 188호 고분에는 병풍 8점이 출토되었는데, 매 한 점마다 말 한 마리와 말을 방목하는 목민 한 명이 그려져 있다. 아사탑나 366호 고분에서는 말춤 흙인형을 출토하였는 바, 높이는 12.8cm이고 길이는 13.6cm이다. 말은 흰색으로 되어 있고 사람은 검은색 모자를 쓰고 있었다. 말춤 공연에서 말의 역할 역시 사람이 맡았는데 말의 네 다리는 배우 두 명의 다리로 분장된다. 기록에 따르면 구자국(龜茲國)[18]에서는 해마다 정월에 소, 말과 낙타가 싸우는 공연을 일주일 동안 지속하면서 승부를 지켜본다고 한다. 그 외에 돈황과 툴판지역에서 출토된 문헌에서도 말을 훈련시키고 길들이며 치료하는 경험을 적은 내용을 더 찾아볼 수 있다.

투수(鬪獸) ― 진, 한나라 시기에 위하(渭河)의 남쪽 기슭에는 상림원(上林苑)이라는 황실 공원이 지어졌다. 공원에는 중국 국내의 동물 또는 타조나 코뿔소 등 외국으로부터 전해 받은 공물을 포함한 여러 가지 희귀한 동물들이 많았다. 투수장도 설치되어 있었는바 전담하는 관원도 있었고 규모는 세계적으로 이름난 로마 콜로세움에 비해도 전혀 손색이 없었다. 전문적인 투수 용사들은 황실이나 귀족들을 위해 호랑이, 곰, 멧돼지와 싸우는 공연을 진행했다.

투우(鬪牛) ― 인간과 소의 싸움은 일찍 문헌에서도 볼 수 있다. 고승(高承)의 《사물원시(事物原始)》에서 투우는 진나라가 세워졌을 무렵에 시작되었다고 적혀 있고, 《제왕세기(帝王世紀)》에서는 또 상(商)왕조의 주(紂)왕이 소 아홉 마리를 쓰러뜨릴 수 있다고 했다. 《삼국지(三國誌)》 제18권 《위서·허저전(魏書·許褚傳)》에서는 위진 시기의 유능한 투우사 허저(許褚)의 이야기가 쓰여 있는데, 허저는 외모가 우람하고 힘이 굉장했으며 갑자기 미친듯이 달리는 소도 한 손으로 꼬리를 잡고 백걸음을 걸어 모두를 겁에 질리게 했다고 한다. 《태평어람(太平御覽)》 제436권, 《조야첨재(朝野僉載)》 제6권, 《동성노부전(東城老父傳)》, 《유양잡조(酉陽雜俎)》 속편 제2권에도 인간과 소가 싸우는 모습을 적은 기록이 존재한다. 영하박물관에 소장된 서하국의 목판화에는 투우사가 상의를 벗은 채 붉은 천을 흔들면서 소를 놀리는 광경이 그려져 있는데, 이는 중국의 투우 공연이 스페인의 투우 공연보다 200여 년 앞섰다는 사실을 증명해 줄 가장 유력한 증거라고 할 수 있다.

투우도(鬪牛圖)

영하 만보(寧夏萬寶) 박물관 소장

Bullfighting

(3) 거정(擧鼎)과 척관(拓關)

주나라의 국력이 쇠약해지면서 구정(九鼎)[19] 역시 열강들이 노리는 목표가 되었다. 따라서 '문정(問鼎)'하는 사람과 '강정(扛鼎)'이라는 표현이 나타났다. 《오자·요적편(吳子·料敵篇)》에서는 군대에는 반드시 가마를 손쉽게 들어 올릴 수 있는 힘센 장사가 있어야 한다고 적혀 있는데, 춘추전국시기에는 구리로 주조한 무거운 가마를 들어 올리는 것으로 힘을 키웠을 뿐 아니라 이 것을 겨루기의 한 가지 방법으로 진행하기도 했다. 하여 맹설(孟說), 오획(烏獲), 임비(任鄙)와 같은 역도 장사도 다수 나타났다.

'척관(拓關)'은 '거관(擧關)' 또는 '교관(翹關)'이라고도 한다. 한 손으로 성문의 빗장을 들어 올리고 무게와 횟수에 따라 승부를 가르는 규칙을 따르고 있는데, 이는 마치 현대 역도 운동과 흡사하다.

1985년 섬서성 보계(寶雞)시에서 구리 향로가 출토되었는데 구리 인형이 향로를 들어 올리는 모습을 볼 수 있다.

감숙성 천수시 맥적산 석굴 북위(北魏) 133호 굴의 10호 조상비(造像碑)[20]에는 두 사람이 함께 돌조각을 들어 올리면서 경기를 하고 있는 모습이 새겨져 있는데, 좌우로 서서 동시에 두 손으로 돌을 들어 올렸다. 그러나 오른쪽 사람은 성공 했으나 왼쪽 사람은 머리 위로 들어 올리지 못했음을 볼 수 있다. 이러한 동작들은 현대 역도 운동과 매우 유사하다. 현재 감숙성 예(禮)현 박물관에 소장된 춘추시기의 편종에도 두 사람이 양측에 서서 편종을 들어 올리는 무늬가 조각되어 있다.

돈황 막고굴 북주 290호 굴 꼭대기의 동서 양면에는 길이가 20m를 넘은 6개의 연속된 불전 그림이 있다. 실달(悉達) 황태자[21]와 복타(伏陀), 난타(難陀), 조달(調達) 등이 500여 명의

회도귀의관(灰陶皈依罐)

영하 고원북문밖 기전공장 송대고분(寧夏固原北門外機磚廠宋古墓) 출토
송대(宋代)
Weightlifting

교관도(翹關圖)

감숙 돈황 막고굴 제17호 굴 출토
당대(唐代)
Weightlifting

기마거철판도(騎馬擧鐵板圖)

감숙 돈황 막고굴 제61호 굴서벽 벽화
오대(五代)
Lifting Weight on the Horse-back

부하를 거느리고 무예를 겨루러 온 모습을 표현한 것이다. 성문 앞에 이르러 코끼리 한 마리가 갈길을 가로 막자 조달이 주먹으로 코끼리를 때려 죽였고 난타는 죽은 코끼리를 들어 길옆에 버렸다. 죽은 코끼리를 보자 황태자는 말에서 내려 코끼리를 어루만지면서 성 밖으로 들어 옮겼는데, 코끼리는 이내 되살아났다. 벽화 속의 실달 황태자는 두 다리를 벌리고 바로 서서 오른팔로 코끼리를 들어 올리고 있는 모습을 하고 있다. 북위와 서위 동굴에도 금강(金剛) 장사와 약차가 돌을 들어 올리는 초상화가 있다. 막고굴의 장경동(藏經洞)에서 230개의 당번(幢幡)[22]이 출토되었는데 그중 현재 영국 대영박물관에 소장되어 있는 한 불전 이야기에는 실달 황태자가 어린 시절에 무예를 익히던 모습을 표현하였다. 문장 짓기, 씨름, 역도 세 부분으로 기량을 겨루는데, 실달 황태자가 오른손으로 검은 철종을 들어 올리려고 준비하는 동작이 역도를 나타내고 있고 그 오른쪽에는 한 사람이 허리에 띠만 두른 체 알몸으로 누워 겨드랑이에 나무 빗장을 끼고 있는 교관(翹關)도가 있다.

돈황의 현존 벽화와 번화(幡畫)는 현대인들로 하여금 십육국과 오대 시기의 역도 상황을 직접 확인할 수 있게 하였다. 현재 중국에서 출토된 문물에서는 이와 같이 사실적이고 생동감 있는 역도 장면을 찾아보기 어렵기 때문에 이는 중국 스포츠 문화 역사상 가장 소중한 자료로 주목받고 있다.

거중도(擧重圖)

감숙 영정현 병영사 제132호 굴 벽화(甘肅省永靖縣炳靈寺第132窟壁畫)
북위(北魏)
Weightlifting

거상도(擧象圖)

감숙 돈황 막고굴 제290호 굴 굴정벽화(甘肅敦煌莫高窟第290窟窟頂壁畫)
북주(北周)
Elephant Lifting

거상도(擧象圖)

유금칠보 아소카왕탑도식(鎏金七寶阿育王塔圖飾)
남경 장간사 지하궁전(南京長干寺地宮) 출토
Elephant Lifting

거종도(擧鐘圖)

감숙 돈황 막고굴 제61호 굴 서벽 벽화(甘肅敦煌莫高窟第61窟西壁壁畫)
오대(五代)
Bell Lifting

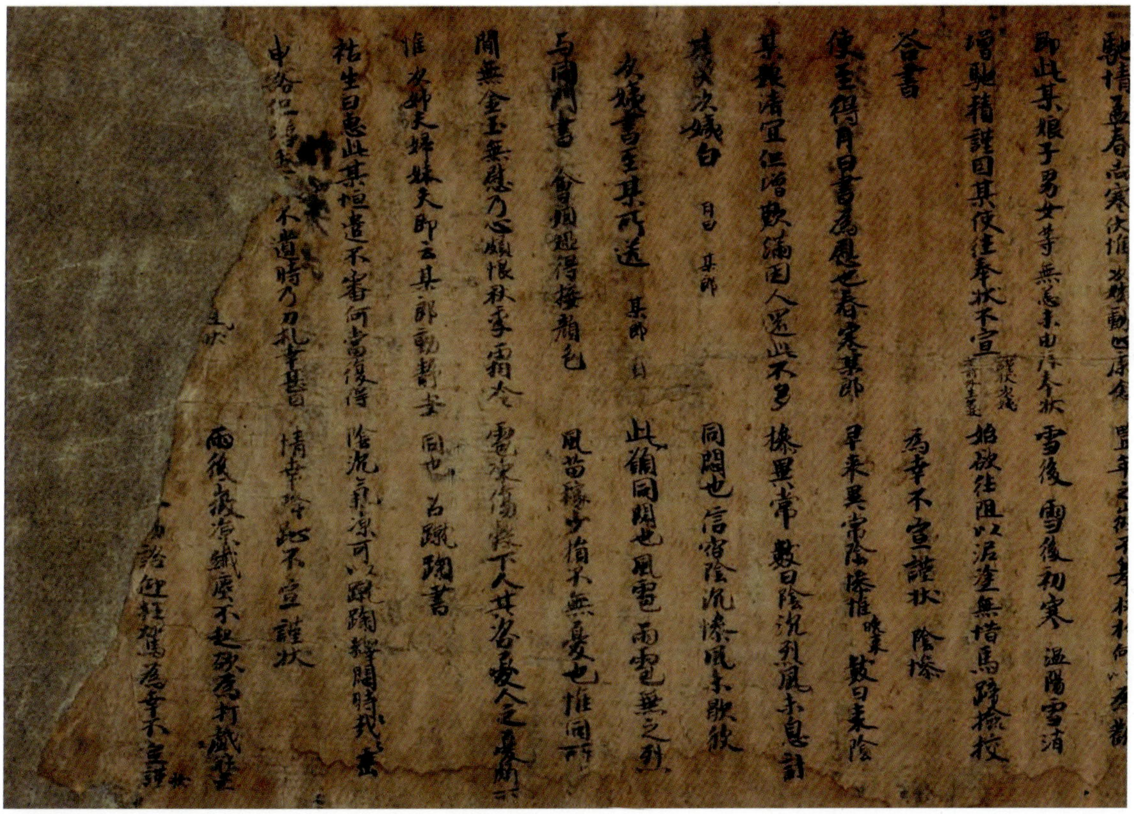

축국(蹴鞠)
돈황(敦煌)문헌 P.2619
프랑스 국가도서관 소장
Description of Cuju

(4) 축국(蹴鞠)[23]

중국에서 구기 유희는 일찌기 운남(雲南)성 창원(滄源)의 암벽화에서 3,000여 년 전 상(商)나라 시기의 와족(佤族)[24] 선조들이 제사 과정에 공놀이 하는 모습을 통해 볼 수 있다. 은상(殷商) 시기 갑골문에도 공을 찬 기록이 있는데, 고대에는 공을 '국(鞠)'이라 불렀다. 기원전 2세기의 《사기(史記)》에서도 찾아볼 수 있는 것이다. 《헌원황제기(軒轅黃帝記)》에도 황제가 축국으로 병사를 훈련시켰다는 기록이 있는데, 춘추, 전국 시기에 이미 축국은 광범위하게 유행되었다. 중국 축국은 기나긴 역사 발전 과정에서 헤아릴 수 없을 만큼의 눈부신 발전과 수 차례 흥망성쇠를 겪으면서 사람들로 하여금 추억의 감정을 갖도록 했다. 일반 백성 뿐 아니라 역대 집권자와 정치가들도 축국 운동에 많은 열정을 쏟았다. 축국은 중국 고대 스포츠 문화의 집약일 뿐 아니라 수천 수백 년 동안 중화민족의 삶의 기쁨, 생존의 지혜와 도덕적 이상, 그리고 가치 규범이 깃들어있기도 한 것이다. 오랫동안 축국은 자연스럽게 중국인의 대표적인 오락 종목이었다.

한나라, 당나라 이래로, 축국은 자체로 발전했을 뿐 아니라 사람들의 생리적, 심리적인 수요에 따라 격국(擊鞠)(폴로), 목사(木射)(땅볼), 보타구(步打球), 추환(捶丸)(골프), 접(蹀)과 같은 다양하면서도 새로운 구기 게임과 유희로 변천했다. 실크로드에서의 축국은 단순한 군사훈련과 여가 오락의 수단을 넘어 실크로드 지역의 종교, 문화, 정치, 경제, 생산기술, 생활방식 등과도 밀접하게 관련이 있는 것이다.

축국도(蹴鞠圖)

상해(上海)박물관 소장
송대(宋代)
Cuju

〈종규축국도(鐘馗蹴鞠圖)**〉**

고궁박물원 소장
청대(清代)
Zhong Kui Playing Cuju

축국도(蹴鞠圖)

고궁박물원 소장
cuju

축국도(蹴鞠圖)

《중국미술전집(中國美術全集)》 발췌
Cuju

송태조축국도(宋太祖蹴鞠圖)

《중국미술전집(中國美術全集)》 발췌
호정휘(胡廷輝)
원대(元代)
The First Emperor of Song Dynasty Playing Cuju

축구도용(足球俑)

민간 수집
명대(明代)
Football figurines

축국도(蹴鞠圖)

미국 클리블랜드미술박물관 소장
Cuju

당나라때 장안에서 축국의 인기는 그야말로 대단했는데, 사서에서도 당나라 시기의 황제와 귀족들이 축국놀이를 한 것에 대한 기록을 쉽게 찾아볼 수 있다.《신당서·삼종제자·중준전(新唐書·三宗諸子·重俊傳)》[27]에서는 양무종(楊武宗)이 학업에 몰두하지 않고 축국놀이에만 빠졌다[28]고 했고,《문종본기(文宗本紀)》에서도 839년 2월 근정루(勤政樓)에서 각저와 축국 경기를 보았다는 기록[29]이 있다.《자치통감·희종전(資治通鑒·僖宗傳)》[30]에는 당 희종(唐僖宗)이 축국을 즐겼다는 기록[31]이 있으며, 당나라 시기에는 한식(寒食)과 같은 명절에 축국을 하는 것이 널리 알려진 풍습으로 고정되기도 하였다.

축국은 석구를 이용한 사냥으로 부터 발단할 때 이미 스포츠 활동의 형식과 기초를 지녔다. 군사 훈련, 백희, 악무(樂舞)와 오락 등 다양한 예술형태에서 풍부한 표현 요소를 받아들여 완전한 축국 활동의 체계를 점차 형성하였다. 축국의 체계에는 자체의 성장, 발전 및 변화의 과정이 내포되어 있다. 아울러 이러한 체계가 있었으므로 광범위한 지역과 오랜 시간의 흐름 앞에서도 축국은 흐트러짐 없이 여전히 대체적으로 일치한 모습을 유지할 수 있는 것이다. 이것이 축국의 발전이 거대하고 강한 역사적 관성을 띠는 이유이다.

(5) 격국(擊鞠)(마구馬球, 폴로)[32]

현재는 '폴로'라 부르고 있지만 고대에는 마구라고 했던 '격구'의 기원에 관한 정설은 아직 없는 실정이다. 20세기 초 부터 국내외 수많은 학자들은 폴로가 페르시아, 인도, 중국의 서장 등 지역에서 기원했다고 주장하고 있다. 현대 고고학 연구와 문헌의 기록에 따르면 고대 실크로드 지역의 기련산맥, 히말라야산맥, 곤륜산맥 및 힌두쿠시산맥 연선에는 광활한 초원이 있어, 각 민족만의 말을 사육하고 길들이며 말의 상태를 점검하는 유구한 역사 및 승마술과 폴로 등 전통적인 활동이 있었다. 이러한 활동을 통해 말을 길들이고 상태를 점검하는 경험을 축적할 수 있었을 뿐만 아니라 우량종의 말을 양육하고 승마술 공연과 폴로(마구) 운동을 만들어 냈으며 장병의 승마술도 향상시켰다. 이는 중국 및 인도, 파키스탄, 이집트, 터키 등 나라의 고대 문헌 및 고고학 자료에서 발견된 폴로경기장, 고분 벽화, 석굴 벽화, 흙 또는 나무로 만든 인형, 당시와 송사 등의 고전 시가 작품에서 검증을 받을 수 있었다. 따라서 말의 사육, 승마술, 폴로(마구) 운동은 실크로드 역사 문화의 중요한 구성 요소라고 할 수 있다.

1) 중국 고대 폴로의 번창과 발전

동한 말기, 조식(曹植)의 시《명도편(名都篇)》[33] 중에 '격국과 격양 놀이가 연달아 펼쳐지니, 그 기술이 교묘하고 민첩하여 천태만상이다(連翩擊鞠壤, 巧捷惟萬端)'라는 시구가 있는데, 그 중 '연편'은 곧 '격구'를 하는 모습을 나타내고 있다. 당나라 시인 채부(蔡孚)는 당시 아직 유실되지 않은 한나라 문헌을 바탕으로《타구편(打毬篇)》[34]을 썼다. 시에서는 동한 시기 낙양(洛陽)의 덕양궁 북원 동두(德陽宮北苑東頭)에서 진행된 폴로 경기 장면을 생생하게 묘사하였다. 게다가 시에 등장한 두 명의 환관인 두융(竇融)과 양기(梁冀)는 모두 폴로에 아주 능한 명수였다. 그러나 이것만으로 동한 시기에 폴로가 존재했었다는 것을 입증하기에는 아직 설득력이 부족했다.

그러던 2011년 초, 북경우전대학교(北京郵電大學)의 창완(唱婉) 교수와 중국문물학회의 진난(陳楠) 교수는 1970-1980년대에 강소(江蘇)성의 서주(徐州) 지역에서 수집한 수백 개의 한나라 화상석, 벽돌들 중 적잖은 화상석과 벽돌에 그려진 그림이 백희, 바둑 두기, 악병단, 씨름, 승마술 등 회화 및 스포츠와 관련된 내용임을 발견하였다. 더 놀라운 것은 수녕(睢寧)의 고분에서 출토된 여섯 조각의 화상석이었는데, 이를 연구대상으로 한 창완, 진난 교수의 논문인〈새로 발굴된 동한타마구화상벽돌에 대한 분석(新見東漢打馬球畫像磚分析)〉은 2012년에 제12기《사회과학전선(社會科學戰線)》에 등재되었다. 해당 논문에서는 화상석의 출처, 시대, 특징, 내용 및 모양과 크기 등을 자세히 서술했는데, 이는 결국 동한 시기에 벌써 폴로가 존재했음을 뒷받침하는 유력한 물증이 되었다.

20세기 초 돈황 장경동(藏經洞)에서 발견된 문헌 중, 변문(變文)의 고서가 적지 않았다. 그 중에《착계포전문(捉季布傳文)》[35]이라는 변문집이 있는데, 현존하는 사본은 10권이고 각 고서의 번호는 S.1156, S.2056, S.5439, S.5440, S.5441, P.2648, P.2747, P.3197, P.3386, P.3697 등이다.《착계포전문(捉季布傳文)》은《한서(漢書)》[36] 37권《계포난포전숙전(季布欒布田叔傳) 제7》[37]에 의해 창작된 이야기로,《사기(史記)》제100권에도 기재된 바 있다. 변문에는 계포가 폴로를 하고 말을 탄 채 활을 쏘며 총과 검을 다루는 동작과 무예를 묘사한 문단이 있다.

교태마구(膠胎馬球)

섬서성(陝西) 박물관 소장
당대(唐代)
Gummer Polo

장안성 대명궁 함관전 석지 척본(長安城大明宮含光殿石志(拓本))

섬서성 대명궁 유적(陝西西安大明宮遺址) 출토
당대(唐代)
Chinses Historical Records about Playing Polo

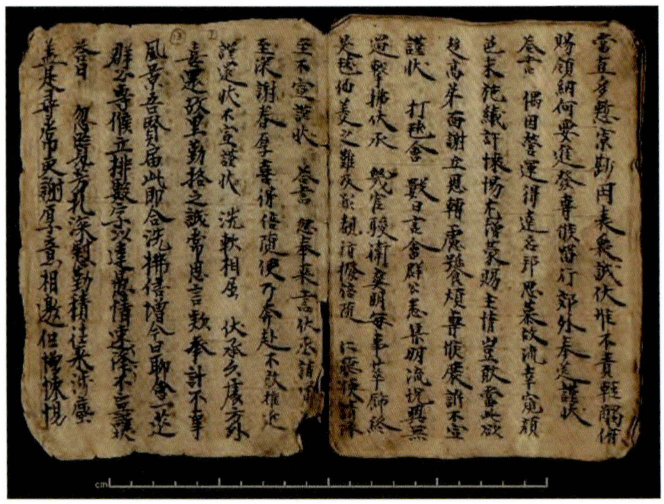

타마구 서의(打馬球(書儀))

돈황(敦煌) 문헌 S.5636
대영박물관 소장
Chineses Historical Records about Playing Polo

채회기마격구도용군(彩繪騎馬擊球陶俑群)

섬서(陝西) 역사박물관 소장
당대(唐代)
Colored Pottery Figures of Polo Players

마구도용(陶打馬球俑)

섬서임동관산고분(陝西臨潼關山古墓) 출토
당대(唐代)
Pottery Figures of Polo Players

마구용(馬球俑)

미국 캔자스시 닐슨-아킨스 미술박물관 소장
Colored Pottery Figures of Polo Players

마구도 국부(馬球圖(局部))

섬서 건현 장회태자[38] 능 묘도 서벽 벽화(陝西乾縣章懷太子墓墓道西壁壁畫)

당대(唐代)

Playing Polo

마구도 국부(馬球圖(局部))
섬서 부평이옹[39] 묘전길 서벽 벽화(陝西富平李邕墓前甬道西壁壁畫)
당대(唐代)
Playing Polo

목제가구마구도(木制傢俱馬球圖)
요녕성(遼寧) 박물관 소장
요대(遼代)
Playing Polo

타마구한전(打馬球漢磚)
민간 수집
Brick with the Scene of Playing Polo

타마구한전(打馬球漢磚)
민간 수집
Brick with the Scene of Playing Polo

따라서《착계포전문(捉季布傳文)》에서 묘사한 서한 시기 대장군 계포가 폴로를 하는 모습을 표현한 것은 어느 정도 역사적 신빙성이 있다고 할 수 있겠다. 또한 서주 수녕의 고분에서 출토된 동한 시기 폴로 장면이 그려진 벽돌도 역시 한나라 시기에 폴로가 존재하였다는 새로운 증거를 제시해 주었다.

당 태종 시기에는 당의 폴로 운동이 유행하기 시작하였다.《봉씨문견기(封氏聞見記)》[40]제6권에 기록되어 있는 내용에 따르면, 태종은 늘 안복문에 신하를 거느리고 가서 말하기를, "서번 사람들은 공을 잘 찬다 하여, 한 때 선루에 올라 공놀이를 하는 모습을 보았는데, 짐이 이를 즐기는 줄 알고 거리에서 질주를 했도다. 사후, 생각해보니 황제로서 늘 체통을 지켜야 하니 필히 경솔함을 가져서는 아니 될 것이다. 하여 짐은 이미 이 공을 태워서 스스로 경계하였도다."[41]

하지만 당나라 황제가 폴로를 즐기는 것은 줄곧 전통으로 이어졌고 당 목종, 경종, 선종, 희종, 소종 등 황제도 폴로 운동에 적극적으로 참여하였다. 당시 황궁에는 전문적인 폴로 선수도 있었는데, 폴로라는 운동이 당나라 황실에서 각별한 사랑을 받고 유행을 하면서 그 자체의 발전에 매우 큰 영향을 가져다 주었다.

문헌의 기록과 고고학적 연구에 따르면 당나라 황궁에는 대부분 폴로 경기장이 설치되어 있는데, 대명궁(大明宮) 안에만 해도 여러 개의 폴로 경기장이 있었을 뿐 아니라 각 대전(大殿)마다 하나씩 있을 정도였다. 1956년 12월 대명궁 함광전(含光殿)유적지에서 출토된 비석에는 '함광전 및 구장(含光殿及球場)' 이라는 문구와 '대당 대화 신해년 을미월 건(大唐大和辛亥歲乙未月建)' 이라는 시간이 새겨져 있었다. 이는 당 문종 재위 기간인 대화 5년(831년) 11월에 대명궁에서 함광전 및 구장을 건설했음을 의미한다.

《태평어람(太平御覽)》,[42]《태평광기(太平廣記)》,[43]《책부원귀(冊府元龜)》,[44]《전당문(全唐文)》,[45]《전당시(全唐詩)》[46]의 기록에 따르면 당나라 시기 장안에는 폴로구장이 10여 개나 있었고 대명궁의 함광전구장 외에 인덕전(麟德殿)구장, 태극궁(太極宮)구장, 동내원 어마방(東內苑禦馬坊)구장, 동내원 용수지(東內苑龍首池)구장, 이원(梨園)구장, 광복방 영태(光福坊永泰)구장, 공주부(公

主府)구장, 평강방 장녕공주부(平康坊長寧公主府)구장, 정공방 양신교택(靖恭坊楊慎交宅)구장, 영숭방 이성택(永崇坊李晟宅)구장, 승업방 오왕택(勝業坊五王宅)구장, 우군(右軍)구장, 곡강월등각(曲江月燈閣)구장 등도 있었다.

상술한 폴로구장들의 분포를 보면 궁성(宮城), 대명궁, 황실 금원(禁苑) 및 금군 주재지의 황실 구장, 곡강(曲江)관광지의 월등각구장으로 구분되는 것 외에는 모두 도시의 동부 지역에 위치해 있고 주작(朱雀)거리 서쪽의 민가에는 분포되어 있지 않았다. 이는 당나라 장안에서 폴로는 결국 상류사회의 운동이었음을 나타내는 것이다.

돈황 유서에도 해당 지역에서 폴로 운동이 전개되는 모습을 담은 내용이 많이 알려져 있는데, S.2049, P.2544의 《장전비·마구(杖前飛·馬球)》[47] 사본(寫本)에서는 이를 생생하게 보여주고 있다.

봄이 한창인 때, 초목에 새잎이 돋아나고, 첫 비가 갠 뒤, 길에는 먼지조차 없네. 숲에는 늘 꽃과 새가 보이고, 누각에는 항상 미인들이 모습을 드러내네.

만나보니 서로 뜻이 맞아, 소일거리로 격구장에 모였네. 시중(侍中)은 백옥 채찍을 잡고 공을 넘기니, 도사(都史)는 자류마(紫騮馬)에 올라 달려가네.

청마(青馬)탄 이들과 홍마(紅馬) 탄 이들로 편을 가르고 공을 치니, 말에 달린 영롱한 장식들이 서로 부딪쳐 내는 소리에 흥이 나네. 지난번은 비겼으나, 이번에 승부가 난다면, 더 이상 경기할 필요는 없겠네.

관복(官服)을 벗어 격구복으로 갈아입고, 은제 등자에 발 디뎌, 금제 안장에 앉으니, 햇빛 받아 찬란하게 빛나네. 공을 둘러싸는 선수들 뒤에 먼지가 날리네. 채찍을 휘두르니, 허공에 공이 이리저리 날아가네.

공은 유성같이 날아가고, 휘둘리는 격구채는 현월(弦月) 같네. 말을 탄 선수들은 골문 향해 쏜살같이 돌진하네. □□□□□, □□□□□□□[결락 부분].

땀에 젖은 선수들과 말들은, 들려오는 신호에 따라 경기를 멈추어 잠깐 쉬어가네. 모두가 심히 지쳤어도, 결과는 그날 밤으로 꼭 내야 한다네.

해당 시가 작품에서는 폴로 경기의 시간, 장소, 관객, 마필, 장비, 복장, 팀 그리고 치열하게 공격하는 장면, 높은 운동 강도 등을 진실하면서도 현장감 있게 표현했다.

이 시는 경기 시간(음력 2월(仲春)), 경기 지역 임하(林下(경기장)), 관중(귀족 여인), 말(은 발걸이와 금 안장을 채운 자류마(紫騮马, 밤색 털이 난 말)), 폴로 막대(달 모양의 스틱), 복식(관복을 탈의하고 금의(錦衣)를 입는다), 선수(청 팀, 홍 팀 두 팀)는 물론 경기에서 공세를 펼치며 공을 넣는 격렬하고 다채로운 장면과 '인의습, 마한유'(人衣濕, 馬汗流, 사람들의 옷이 젖고 말이 땀을 흘리는)의 강도 높은 운동량을 묘사했다.

20세기 70년대 초 신강 투르판 지역의 아스타나(阿斯塔那) 묘지에서 폴로를 하는 흙 인형이 출토된 바 있는데, 높이는 26.5cm이고, 오른팔로 스틱을 휘두르고 있는데 흰 말을 타고 달리는 모습은 아주 생동했다. 파미르 고원에 위치한 타스쿠얼간(塔什庫爾幹) 자치현에서 북쪽으로 1km 떨어진 곳에는 길이가 150m, 너비가 60m인 '석두성 구장(石頭城球場)'이 추가로 발견되었는데, 현재까지도 구체적인 건축 연대는 여전히 고증이 필요한 상황이다.

마구 치는 시녀용(打馬球的侍女俑)

파리 국립 기메 아시아 예술 박물관 소장

Colored Pottery Figures of Female Polo Players

대명전회국도(大名殿會鞠)

《중국미술전집(中國美術全集)》 발췌

Playing Polo

툴판금칠채회마구칠기쟁반(吐魯番金漆彩繪馬球漆器托盤)

산동 임치(山東臨淄) 축국(蹴鞠) 박물관 소장
Tibetan Tray with the Scene of Playing Polo

동자격구도(擊球圖)**화전**(畫氈)

일본 나라 쇼소인 소장
당대(唐代)
Kids Playing Polo on Foot

부채타마구용(賦彩打馬球俑)

대만(臺灣) 고궁박물원 소장
Bronze Mirror with Scene of Playing Polo on the Back

타마구구리거울(打馬球銅鏡)

고궁박물원 소장
당나라(唐)
Bronze Mirror with Scene of Playing Polo on the Back

타마구구리거울(打馬球銅鏡)

고궁박물원 소장
Bronze Mirror with Scene of Playing Polo on the Back

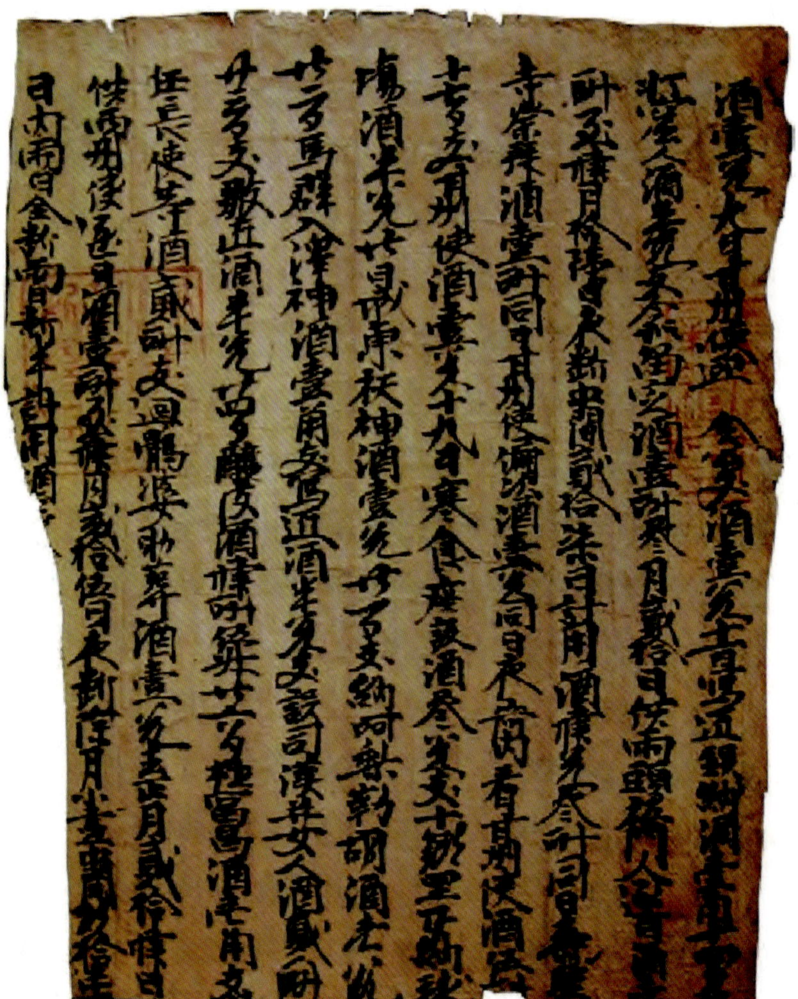

건덕[48]2년 귀의군 아내 주파력

(乾德2年(964年)歸義軍衙內酒破歷)[49]

돈황연구원(敦煌研究院) 소장
Chinses Historical Records about Playing Polo

2) 실크로드 동서양 폴로의 전파와 교류

문헌의 기록에서 요해할 수 있듯이 600년경 페르시아에서 폴로 경기가 열린 적이 있다. 마침 당시 돌궐족이 동쪽 알타이산맥부터 서쪽 아랄해까지 강대한 제국을 세웠는데, 그들이 즐겨 하는 폴로 운동 또한 자연스럽게 피 통치 지역과 주변 지역에 전파되어 영향을 미쳤다.

또한, 수백 년 동안 인도를 침공한 돌궐족은 그 과정에서 폴로 운동을 전파시켰는데, 오늘까지지도 인도 황실 사무서의 엠블럼은 폴로 스틱과 금색의 폴로공이다. 파키스탄 지역 힌두쿠시산맥의 깊은 산 속, 질라스에서 발견된 고대 암각화에서는 말을 탄 세 사람이 폴로 스틱을 들고 공을 치는 모습이 새겨져 있다. 북부 지역에서 발견된 고대 폴로구장은 폴로가 현지 고대 문화의 중요한 구성 부분임을 입증한다. 이외에도 파키스탄 북부 지역의 파루로 왕국은 많은 장족 후손들이 거주했던 지역인데, 그들은 축제날과 휴일에는 폴로 경기를 하며 지냈다. 이집트에서도 폴로 운동이 성행했던 시기가 있었다. 대영박물관에는 8명의 폴로 선수가 말을 타고 공을 치는 고대 이집트인들의 폴로 경기를 묘사한 부조(浮雕) 작품이 소장되어 있다. 이어서 폴로 운동은 중앙아시아 지역의 아르메니아(Armenia) 민족 촌락으로도 퍼져 나갔는데, 아르메니아인들은 폴로가 승마술을 향상시킬 수 있는 효과적인 방법이라 여겼고 귀족은 페르시아 국왕 샤푸르 2세(沙布霍)[50]과 역사적으로 유명했던 폴로 경기를 진행하기에 이른다. 8세기 무렵 당나라 사람 두환(杜環)이 중앙아시아에 체류하면서 대완국(大宛國)에 "수림이 무성하고 나무 아래에는 폴로구장이 있다", "말록국(末祿國)은 5월부터 새해인데 새해마다 그림이 그려진 항아리를 서로 선물했고 폴로절, 그네절이 있다"라고 했다. 특히 무굴 제국 시기에 폴로는 황궁에서 가장 중요한 게임 종목 중 하나로 꼽혔고 국왕 악바르는 폴로에 빠져 자주 밤을 지새웠을 뿐 아니라 또 폴로 규칙을 새롭게 제정하곤 하였다고 한다.

일부 학자들은 폴로가 툴판지역에서 질트와 키트라엘 지역으로 나아가 마니푸르까지 전파되었다고 주장한다. 폴로 운동은 인도에서 수백 년 동안 유행하다 16세기부터 200여 년간 인기가 식었고, 1863년에 이르러서야 마니푸르에서 방글라데시성과 동파키스탄성에까지 전해졌다.

질라스에서 발견된 고대 폴로 운동 암각화와 북부 지역에 현존하는 이 고대 구장은 폴로가 현지 고대 문화의 중요한 구성 부분임을 방증한다. 툴판과 라다크 사람들은 파키스탄 북부 지역에 위치한 포루로 지역을 '바르티(Bzlti)'라고 부르는데, 720년 이후에는 이 지역을 툴판이 지배해 왔다. 해당 지역에서 91%의 거주민은 장족 후예이고 바르티어 역시 장족 언어에서 분리되어 나온 것이다. 바르티인들은 생활 습관도 토번인과 유사했는데 이들 역시 폴로 운동을 즐겼다.

4세기 이후 폴로 운동은 실크로드 지역의 여러 나라에서 유행을 얻었는데, 특히 돌궐족이 폴로 운동의 발전과 전파에 적극적인 영향을 주었다고 할 수 있다. 조사 결과에 따르면 각 나라의 폴로 시설, 장소, 규칙은 완전히 같지는 않았다. 하지만 폴로 운동은 이미 실크로드 지역의 각 민족과 어우러져 민속적인 운동과 행사로 그 내부에 깊이 스며들었고 집단화되었으며 오늘날 현대 스포츠 종목 중 하나로 계승될 수 있었다.

〈당현종격구도(唐玄宗擊球圖)**〉 모본**(摹本)

고궁박물원 소장
이용명(李龍眄)[51]
송대(宋代)
Emperor Xuanzong of Tang Dynasty Playing Polo

보타구도(步打球圖)

감숙 안서 유림굴 제15호 굴 남벽 벽화(甘肅安西榆林窟第15窟南壁壁畫)
당대(唐代)
Playing Polo on Foot

사리함동자보타구(舍利盒童子步打球)

신강(新疆)박물관 소장
Playing Polo on Foot

귀자모잔견도(鬼子母[52]殘絹圖)

국립 베를린 인도 미술관 소장
Portrait of Hariti

보타구(步打球)

산동 제남(山東濟南) 출토
금대(金代)
Playing Polo on Foot

보타구동상(步打球銅像)

《중국미술전집(中國美術全集)》 발췌
Playing Polo on Foot

시녀지구장도 모본(侍女持球杖圖(摹本))
섬서 예천현(陝西禮泉縣)
양온(楊溫)[56] 고분 벽화
당대(唐代)
The Maids Holding Polo Sticks

(6) 보타(步打)와 추환(捶丸)(하키와 골프)

《신당서·백관지삼(新唐書·百官志三)》[53]에 따르면 보타 게임은 당나라 풍습에 근거하여 매년 한식(寒食)날에 소부감(少府監)이 황궁에서 조직하는 오락 활동이다. 축국, 격구, 여국, 보국 등 각종 구기 게임을 포함하는데, 당나라 시인 왕건(王建)의 《궁사(宮詞)》[54]에서는 궁녀들이 한식날에 궁전 앞에서 보타 공연을 하여 황제의 환심을 사는 모습을 보여 주기도 하였다.

보타는 흔히 달리면서 스틱으로 공을 쳐서 골문에 넣어야 득점하지만 어린이나 자녀가 마당에서 보타를 할 때는 홀에 넣는 방법을 택하기도 한다. 보타구는 폴로만큼 격렬하지는 않지만 여전히 직접적으로 대항하는 경기이다. 보타는 당나라 시기에 광범위하게 유행하였고 자체적으로 꾸준히 발전하면서 오늘의 하키와 골프의 형성에 기초를 다졌다.

추환은 당나라 시기에 시작되었고 송나라, 금나라를 걸쳐 성숙되고 대중화되었고 원나라에 이르러 최고의 전성기를 맞이했다. 추환은 폴로와 보타의 발전에 힘입어 유행하기 시작하였는데 폴로나 보타의 직접적인 대항 형식을 간접적인 대항 경기로 바꾸고 공을 골문에 넣던 경기 진행 방식을 홀에 넣는 것으로 대체하기 시작하였다. 문헌 기록에 따르면 폴로 경기에서도 공을 홀에 넣어 득점하는 경우도 있었는데, 돈황 문헌 S.2049,

P.2544의《장전비·마구(杖前飛·馬球)》[55]에서는 "공이 별인 듯 하고, 장은 달인 듯 하야, 달리는 말 따라 질풍같이 구멍을 찌르네"라는 시구로 그 모습을 생동하게 전해주었다.

당나라 이후 전해진 문물 중에서 송나라 시기 〈동자추환도(童子捶丸圖)〉가 그려진 도자기 베개가 있는데, 어린아이는 스틱을 잡고 한창 공을 치고 있는 모습을 하고 있다. 2002년 4월, 산동성 태산(泰山)시 박물관의 전문가들은 대묘(岱廟) 성벽의 유적지를 보수하면서 지하에서 14폭으로 이루어진 송나라 〈일각도(日刻圖)〉를 발견하였다. 그중 가장 주목을 받은 추환도는 오른손에 공을 쥐고 왼손에는 스틱을 높이 든 어린아이가 그려져 있었다. 스틱의 끝은 일정하게 구부러져 있고 아래로 가면서 점차 가늘어지는데, 전체적으로는 영어 알파벳 'L'자 모양을 하고 있다. 이는 현재 중국에서 발견된 추환 게임에 대한 가장 최초의 도상자료이다. 그리고 돈황 유림굴의 제15호 굴 남측 벽에서도 어린아이가 공을 치는 모습이 그려져있고 또 송나라 시기 회화작품에서도 이와 비슷한 내용을 한 작자가 미상인 〈초음격구도(蕉蔭擊球圖)〉가 존재한다.

원나라는 그 어느 때보다 추환 게임이 더욱 성행한 시기이다. 우선 1282년에 최초로 추환에 관한 전문서적인 영지노인(寧志老人)의《환경(丸經)》[57]이 편찬되었다. 총 32장으로 구성된 이 저서는 추환의 기원으로부터 시작하여 그 의미, 내용과 방법을 소개했을 뿐 아니라 추환의 규칙도 제시하고 있다. 〈환경〉은 중국에서 추환의 규칙을 체계적으로 다룬 첫 번째 저서라는 것에서 가장 큰 의미를 갖고 있을뿐더러 오늘날 우리가 추환에 대한 요해와 지식을 얻는 데에 더없이 소중한 사료로 남겨졌다.

고대 추환의 유행은 중국 고대인들도 '골프' 게임을 즐겼고 귀족만의 전유물이 아닌 전국민 누구나 참여할 수 있는 건강한 활동이었음을 의미한다. 이는 중국에서 10세기 중엽부터 이미 추환이 널리 유행하였음을 뜻할 뿐 아니라, 출토된 문물과 문헌 기록들을 통해 오늘의 골프와 비교해 보았을 때 여러 면에 있어서 중국의 추환이 골프의 발단임을 충분히 입증할 수 있는 것이다.

(7) 희수(嬉水)(수영)

한(漢)나라와 위(魏)나라 시기에 가장 처음으로 수영 경기가 출현했고 그때 이미 단오절이 되면 수영을 하는 민속 풍습도 존재했다. 수영 경기를 진행할 때마다 언제나 전례 없는 성황을 이루었고 수많은 사람들이 이러한 행사에 적극 참여했다. 당으로부터 송나라에 이르기까지 단오절이면 전당강(钱塘江)에서 대규모적인 수영 경기를 진행했다.《통유기(通幽記)》[58]에는 당 덕종[59] 시기에 한 사람이 '수정(水精)'이라고 불릴 정도로 뛰어난 수영실력을 갖고 있음을 적었다. 그리고《오대사·뢰만전(五代史·雷滿傳)》,《동경몽화록(東京夢華錄)》[60]에는 민간뿐 아닌 군대 내부에서 수영 경기를 펼친 상황도 기록되어 있다.

감숙성 영정(永靖)현 병령사(炳靈寺) 석굴의 왼쪽 벽에는 고대 수영에 관한 벽화가 그려져 있고 또 돈황 막고굴의 벽화에도 고대 수영에 관한 내용을 다룬 것이 있는데, 과거 수영을 하는 사람들의 모습을 아주 생동하게 보여 주었다. 북위 257호 굴의 꼭대기 뒤편에는 어린아이가 수영을 하는 모습이 그려져 있고 수나라 제420호 굴의 관음변(觀音變)에는 두 사람이 수영을 하는 모습도 보인다. 당나라 중기 제200호 굴, 제23호의 첫 번째 굴의 무량경변(無量經變)[61]에는 어린아이가 물놀이를 하는 발랄한 모습을 생동감 있게 그려냈고 성당시기 제148호 굴의 약사경변(藥師經變)에는 10여 명의 어린아이들이 물놀이를 즐기고 있는 것도 있다. 당나라 말기 제196호 굴의 아미타경변(阿彌陀經變)에도 여러 명의 아이들이 물속에서 놀고 있는데, 이러한 것들을 제외하고도 과주(瓜州) 유림굴의 중당 제25호 굴의 남쪽 벽에 두 폭, 신강 키질석굴 제8호 굴 꼭대기에 한 폭, 제114호 굴 주실(主室) 꼭대기에도 비슷한 벽화 한 폭이 있다.

상술한 그림들은 모두 불교 경변 그림에서 나타난 고대 수영 활동의 모습들을 체현한 것이지만, 종교적인 부분을 떠나 여전히 현대인들이 당시 사회와 사람들의 운동과 오락을 포함한 진솔한 일상을 요해하는 데 꼭 필요한 소중한 것임을 알 수 있다.

돈황 석굴 예술 중의 비천다이빙(敦煌石窟藝術中的跳水飛天)

Flying Apsaras in Diving Posture, Mural from Dunhuang Grottoes

수영도(游泳圖)

감숙 돈황 막고굴 제420호 굴 벽화(甘肅敦煌莫高窟第420窟壁畫)
수(隋)
Swimming

수영도(游泳圖)

감숙 돈황 막고굴 제257호 굴 뒤편 평기정 벽화(甘肅敦煌莫高窟第257窟後部平棋頂壁畫)
북위(北魏)
Swimming

새영도(賽泳圖)

서장 부다라궁(布達拉宮) 벽화
청대(淸代)
A Swimming Competition

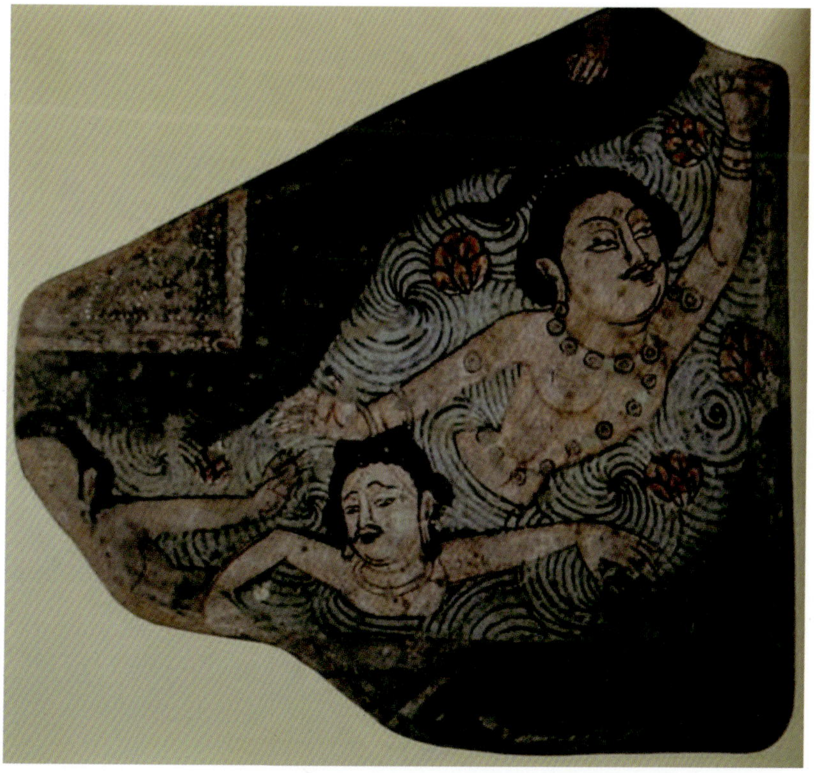

수영자(游泳者)

신강 카밀석굴 제114호 굴 주실 권정 서벽 벽화
(新疆克孜爾第114窟主室券頂西壁壁畫)
4세기
Swimmers

(8) 무용

무용은 중국 체육사 형성의 신비한 문을 여는 열쇠로서 역사적으로 실크로드의 각국은 열정으로 가득 찬 가무(歌舞)의 고향이라고 할 수 있다. 한나라 이후 인도의 가무는 물론 로마의 가무까지 이들은 실크로드를 통해 각 국가를 거치며 중국에 전해졌고 중국의 무용과 융합되며 음악, 무용, 잡기, 씨름, 무술이 어우러진 중국 고대 스포츠의 형성에 큰 역할을 했다.

1) 악무(樂舞)

실크로드의 석굴 벽화와 고분 벽화는 고대 악무의 형상을 가장 완벽하게 보존하고 있는 자료의 보고이다. 벽화에서 보이는 무용의 자태와 특징은 중국 악무 문화 발전의 생생한 증거로서 현대 스포츠 무용에도 역사적 소재를 제공한다. 실크로드 벽화에 그려진 악무의 유형을 살펴보면 답무, 독무, 대무, 동자무, 요고무(장구춤), 우인무(羽人舞), 무무(武舞), 검무, 장수무(長袖舞), 혼례무, 비파무 등이 있다. 이는 신강과 돈황에 있는 수·당·송의 석굴 벽화와 섬서성과 감숙성 가욕관(嘉峪關), 주천(酒泉) 등의 지역에 있는 한나라, 당나라의 고분 벽화에서 볼 수 있다. 또한 구자무, 호선무, 호등무, 탁지무(拓枝舞), 고창무(高昌舞) 등 서역의 악무는 한나라와 위나라 이후 신강, 돈황, 장안(오늘날 서안시) 일대에서 크게 유행했다. 특히 호선무와 호등무가 가장 훌륭하며 당대 서역 무용의 정수라고 할 수 있는데 바람과 같은 회전 동작, 비틀고 흔들기, 도약 후 공중 회전 등의 고난이도 기술은 오늘날 스포츠 무용에서도 그 흔적을 엿볼 수 있다. 서역의 악무는 춤의 자태가 우아하고 선율에 막힘이 없고 리듬이 경쾌하며 기세가 호방할 뿐만 아니라 경기적 특성도 매우 뚜렷하다. 신강, 돈황 석굴과 섬서 고분 벽화에는 생동감 넘치는 무용의 자태가 남아 있다.

상고 시대부터 무용은 줄곧 실크로드의 여러 국가와 각 민족들에게 중요한 신체적·문화적 언어였다. 이는 현존하는 암벽화와 도기를 통해 미루어 짐작할 수 있다.

2) 실크로드 동서양 무용의 교류와 융합

무용은 중국에서 유구한 역사를 지니고 있다. 원시사회에서는 수렵 생활을 반영한 무용과 '답무(踏舞)', '답가(踏歌)'('도가(跳歌)', '타가(打歌)'라고 불리기도 한다) 등의 군무(群舞)가 탄생했다. 답가와 같은 고대 유희 무용의 형식은 실크로드 국가 사람들의 정신 문화와 여가 생활에 비교적 큰 영향을 미쳤고, 지금도 여전히 여러 민족들의 전통 가무 유희 활동에서 그 흔적을 찾아볼 수 있다. 선진 시기에는 '무무(巫舞, 무당이 굿할 때 추는 춤)'와 '나무(儺舞, 악귀를 쫓는 춤)'가 출현했고 그 후 '악무(樂舞)', '대무(大武)', '중무(中舞)', '반고무(盤鼓舞)'등도 탄생한다. 위진(魏晉) 시대에는 민족의 이동에 따라 중앙아시아, 서아시아, 남아시아의 무용이 실크로드를 거쳐 돈황과 장안 등지에 전파되면서 더욱 풍부하고 다양한 무용 형식이 생겨났고, 서기 581년에는 수나라가 중국을 통일하면서 긴 전란의 시대가 끝이 났다. 수나라 시기에는 남조와 북조의 악무를 모두 계승하고 모았는데 이는 다른 민족과 지역의 악무가 서로 배우고 융합되어 함께 발전할 수 있도록 했다.

한편, 서기 618년에는 당나라의 건국으로 강력한 국력과 정치적 안정, 경제적 번영, 빈번한 문화 교류가 이루어지며 무용은 점점 중원의 한족 악무에 의해 흡수 및 융합되었고, 풍부하면서도 다채로운 새로운 형태의 당대 무용 예술을 이루었다.

중국 및 서양 민족 문화의 교류와 통치자의 제창에 따라 중앙아시아 일대의 호선무 등은 이미 기원후 2세기에 돈황, 장안에 널리 전해진다. 서기 436년, 북위의 태무제는 서역을 통해 소륵, 안국 등의 기악을 받아들였고 현무제는 호악무를 매우 좋아했다. 특히 북위 시대에는 수도 낙양에 1만여 명의 호인(이민족)들이 거주했고 그들은 민족의 호선무, 호등무 등을 가져와 중원에 전했다. 북조 시대에는 무제의 황후였던 돌궐 공주 아사나씨(阿史那氏)를 따라 중앙아시아 각지의 호무(胡舞) 예술인이 장안에 오게 되는데 그들의 공연은 장안을 뒤흔든다. 또한, 남북조 시대에도 호무는 매우 성행하였으며 당나라에 이르러서는 한때 인기가 절정에 달했다.

악무(樂舞)

섬서성 예현 이묘 묘실 동벽 벽화(陝西禮縣李勣墓墓室東壁壁畫)
당나라(唐代)
Dancing

호선무는 도약하면서 좌우로 도는데 그 빠르기가 바람과 같아 지어진 이름이다. 그 자태는 백거이(白居易)와 원진(元稹)의 시 〈호선녀(胡旋女)〉 두 수에 매우 생생하게 묘사되어 있다. 중앙아시아 일대에서 유행한 호선무는 서양 무용의 특징이 강하고 경기적 특징을 보인다. 중국에 전해진 호선무는 심미적 효과는 물론 사람들의 감각을 강렬하게 자극했기에 궁궐의 귀족부터 서민 백성들에게까지 널리 사랑을 받았고 당나라 전시대를 풍미했다. 중앙아시아 일대부터 신강, 돈황, 영하, 섬서까지 석굴 벽화와 출토된 문물에서는 호선무와 호등무의 형상이 연이어 발견되었다. 1958년, 소련의 고고학자는 사마르칸트에서 70킬로미터 떨어진 판지켄트에서 당나라 벽화 한 점을 발견했다. 그림에는 4명의 여악을 그렸는데 머리는 높이 틀어 올렸으며 하이웨이스트 치마를 입고 있다. 또 다른 무희 한 명은 오른손은 위로 왼손은 아래에 두고 호선무를 추고 있다. 벽화 외에도 형태가 매우 정교하고 아름다운 목조 무희상 몇 점이 발견되었다. 조각상은 높이 85cm에 머리 장식은 화려하고, 아름답고 정교한 목걸이에 작은 방울 장식을 차고 있으며 주름치마를 입고 복부는 드러내고 있다. 또, 엉덩이를 바깥쪽으로 흔드는데 그 폭이 크고 S자 형태를 띠니 당시 중앙아시아 지역에서 유행한 호선무가 분명하다.

1985년 영하(寧夏)의 고고학자는 염지현(鹽池縣) 소보정향(蘇步井乡) 음자량(窨子梁)에서 성당 시대의 고분 하나를 발굴했다.

무악도(舞樂圖)

섬서성 서안 소사욱묘 묘실 동벽 벽화(陝西西安蘇思勖墓墓室東壁壁畫)
당나라(唐)
Dancing

무용수 그림 석탑 부조(舞人圖石塌浮雕)

섬서성 서안 소사욱묘 묘실 동벽 벽화
북주(北周)
Relief of Dancers

호선무(이기경 모사)(胡旋舞(李其瓊臨摹))

감숙성 돈황 막고굴 제341굴 벽화(甘肅敦煌莫高窟第341窟壁畫)
당나라(唐)
Dancing

호등무 인형(胡騰舞銅俑)

감숙성 산단(甘肅山丹)에서 수집
당나라(唐)
Bronze Figure of Dancer

악무(樂舞)

신강 석굴 벽화(新疆石窟壁畫)
러시아 상트페테르부르크 예르미타시미술관 소장
Dance with Music

호선무 대무(이기경 모사)(胡旋舞對舞(李其瓊臨摹))

감숙성 돈황 막고굴 제341굴 벽화(甘肅敦煌莫高窟第341窟壁畫)
당나라(唐代)
Dancing

기악천녀(모사)(伎樂天女(摹本))

청해 탑얼사(青海塔爾寺)
명청대(明清)
Dancing with Playing musical instrument

공양하는 천녀(供養天女)

서장 찰요현 고격고성 의고동굴 동벽 벽화(西藏札達縣古格故城依佔洞東壁壁畫)
Dancing

무용수(舞人)
서장 포탈라궁전(西藏布達拉宮) 벽화
17세기
Dancer

악무도(樂舞圖)
감숙성 돈황 막고굴 제 465굴 남벽 벽화(甘肅敦煌莫高窟第465窟南壁壁畫)
원나라(元代)
Dancing

고분은 이것이 중앙아시아 '소무구성(昭武九姓)'[62] 중 하나인 하국(何国) 후손의 가족 무덤임을 밝히고 있다. 또한, 6호 무덤에서는 석문 두 짝이 출토되었는데 직사각형 모양으로 길이 89cm, 넓이 43cm, 두께 5cm이다. 문짝의 정면에는 모두 호선무를 추는 남자 한 명이 실선으로 새겨져 있다.

1952년, 서안시 동교(東郊)에서는 섬서성의 고고학자가 당나라의 소사욱묘(苏思勖墓)를 발굴했는데 그는 묘실의 동벽에서 호선무(혹은 호등무) 벽화 하나를 발견한다. 무용수는 깊은 눈매, 오똑한 코에 얼굴은 수염으로 가득하고 머리에는 하얀 두건을 두르고 있는데 긴 소매 상의에 검은색 허리띠를 차고 노란색 장화를 신고 황녹색이 엇갈린 양탄자에 서서 춤을 추고 있어 생동감이 넘친다. 그 외에도 서안시 남성(南城)에서 출토된 유명한 〈반절비(半截碑)〉는 당 개원(開元) 9년(721년)에 새긴 것으로, 원래 장안 흥복사에 위치했다. 석비의 양쪽에 새겨진 무용수 4명은 모두 호인의 형상으로 나풀나풀 춤을 추고 있다.

당대 호선무와 호등무는 특히 황실과 귀족의 많은 사랑을 받았고 민간에서도 이에 심취할 정도로 매우 좋아했다. 이러한 사회적 팬덤은 호선무와 호등무의 존속에 열렬한 분위기를 형성했고 이들이 계속 발전할 수 있게 했다. 그러므로 호선무와 호등무는 중국 고전의 심미적 체계에서 중요한 지위를 가진다고 할 수 있다. 호선무와 호등무는 널리 사회적 팬덤을 일으킨 무용으로 1천여 년 동안 번성했으며 중국 문화사에서의 지위는 굳이 말할 필요도 없다.

(9) 실크로드의 바둑 전통

바둑 문화와 실크로드의 수많은 문화는 밀접한 관계를 보이고 있다. 현존하는 벽화와 유서, 출토된 목조 육박용은 귀중한 시각적 자료와 문자 기록을 제공한다.

1) 육박

육박은 '육박(六簙)' 혹은 '육박(陸博)'이라고도 불리는데, 이는 선진 시기 매우 유행했던 박희(博戲) 문화이다. 이는 운도 중요했지만 주로 사람의 지혜와 담력에 의해 좌우되었는데 〈논어(論語)〉, 〈좌전(左傳)〉, 〈장자(庄子)〉, 〈전국책(戰國策)〉, 〈초사(楚辞)〉, 〈사기(史記)〉 등 수많은 서적에 모두 육박에 관한 기록이 있고 내용은 각 계층과 관련이 있다.

1991년부터 1998년까지 섬서성 박물관에서 한양릉(漢阳陵)을 발굴했을 때 한양릉의 남궐문(南闕門) 유적지에서는 서한의 도기로 만든 육박판 하나가 출토되었다. 바둑판 무늬는 비교적 완전한 정사각형 모양의 벽돌 위에 새겨져 있고, 남겨진 부분을 살펴보면 길이는 28.5cm, 넓이는 19cm, 두께는 3.6cm이다. 육판판에는 음각으로 규칙적인 무늬가 새겨져 있다.

화상석 상의 육박(畫像石上的六博)
한대(漢代)
Playing Chess

채문 도기 육박 도구(부골로 제작한 바둑돌)(彩繪陶六博具(附骨製棋子))
미국 뉴욕 메트로폴리탄박물관 소장
한나라(漢代)
checkerboard

한편, 1972년, 감숙성(甘肅省) 천수시(天水市) 방마탄(放馬灘) 고분에서는 진나라(秦)의 육박 대국 그림 한 점이 출토되었다. 그림은 직사각형의 목판에 그려져 있고 목판의 길이는 12.7cm, 넓이는 5.8cm, 두께는 0.3cm로 위에는 'L', '—', 'T', 'ㅏ' 등의 선이 있다.

또한, 1972년 감숙성 무위시(武威市) 마저자(磨咀子)의 48호 한대 고분에서는 육박 채색 나무용 세트 하나가 출토되었다. 나무용 두 개는 바둑판을 사이에 두고 마주보며 무릎을 꿇고 앉아 있고 높이는 약 27.5-28.5cm이다. 중간에 있는 바둑판의 길이는 29.2cm로 넓이는 19.3cm인데 밑은 검은색에 판에는 흰색으로 규칙적인 무늬를 새겨 놓았다. 이는 일반적인 바둑 대국과는 조금 차이를 보이는데 보통은 중앙 사각틀의 모서리와 곡선이 연결되어 있다. 아마도 바둑 두는 법 또한 일반적인 바둑과는 조금 차이가 있는 듯하다. 그림에서는 두 노인이 무릎을 꿇고 앉아 바둑을 두는 장면을 묘사했다.

한편, 감숙성 가욕관시의 위진 시대 고분군 제7호 무덤의 중실(中室) 동벽에는 채색 벽돌화가 하나 있는데 육박 장면이 생생하게 묘사되어 있다. 육박을 즐기는 사람들은 양쪽에 무릎을 꿇고 앉아있고 빨간색 장포를 입었으며 머리에는 원보모(元寶帽, 윗부분이 둥근 형태의 모자)를 쓰고 있다. 중간에는 테이블이 하나 있는데 그 위에는 바둑 한 판이 그려져 있고 세로 12줄, 가로 4줄으로 교차점도 뚜렷하다. 그림 속 인물의 표정과 행동을 통해 두 사람 모두 매우 흥분한 상태로 대국에 집중하고 있음을 엿볼 수 있다. 왼쪽의 한 사람은 두 손을 높게 들어 주사위를 던지려고 하고 오른쪽의 한 사람은 왼손은 높이 들고 오른손은 앞으로 뻗어 온 정신을 집중하며 결과를 기다리고 있다. 이는 주천(酒泉) 일대의 고대인들이 장기를 즐겼던 모습을 사실적으로 기록한 것으로 당시 바둑이 이미 사람들의 대중적인 오락 활동으로 자리 잡았음을 말해 준다. 이러한 유물은 한대(漢代) 중국의 서부 변방에서 박희(博戲)가 크게 유행했었다는 역사적 사실을 매우 직관적으로 보여 준다.

죽서 〈육박〉 편제(竹書 《六博》 篇題)
북경대학(北京大學) 소장
서한(西漢)
Chinese Historical Records on Chess Playing

한대 바둑무늬 거울(漢代棋弈紋鏡)

한나라(漢代)

Han Dynasty's Mirror with the Scene of Playing Chess on the Back

한나라 무늬 거울: 어획 내기(漢代漁獵博局紋鏡)

한나라(漢代)

Han Dynasty's Mirror with the Scene of Hunting and Fishing on the Back

채색 육박 인형(漢彩繪六博俑)

섬서성 한양릉(陝西漢陽陵) 박물관 소장
서한대(西漢)
Colored Pottery Figures of Chess Players

육박 도기 인형(弈六博圖)

미국 뉴욕 릴리안 스카러스 소장
한나라(漢代)
Playing Chess

육박 도기 인형(弈六博圖)

미국 뉴욕 릴리안 스카러스 소장
한나라(漢代)
Playing Chess

목제 바둑 인형(博弈木俑)

감숙성 무의 마저자 48호 한나라 고분(甘肅武威馬咀子48號漢墓) 출토
서한(西漢)
Wooden Figures of Chess Players

육박 채색 도기 인형(彩繪陶六博俑)

미국 뉴욕 메트로폴리탄박물관 소장
한나라(漢代)
six-throwing-chopsticks

육박 인형(六博俑)

영국 대영박물관 소장
한나라(漢代)
six-throwing-chopsticks

육박 인형(六博俑)

영국 대영박물관 소장
한나라(漢代)
six-throwing-chopsticks

저포 채색 벽돌화(彩繪樗蒲磚畫)

감숙성 고대현 허삼만 위진 시대 고분(甘肅高臺縣許三灣魏晉古墓)

Playing Chess

저포 채색 벽돌화(彩繪樗蒲磚畫)

감숙성 고대현 허삼만 위진 시대 고분(甘肅高臺縣許三灣魏墓)

Playing Chess

상아로 조각한 쌍륙 바둑돌(象牙雕雙陸棋子)

감숙성 무위 홍화공주 고분(甘肅武威弘化公主墓) 출토
당나라(唐代)
Ivory-made Backgammon Pieces

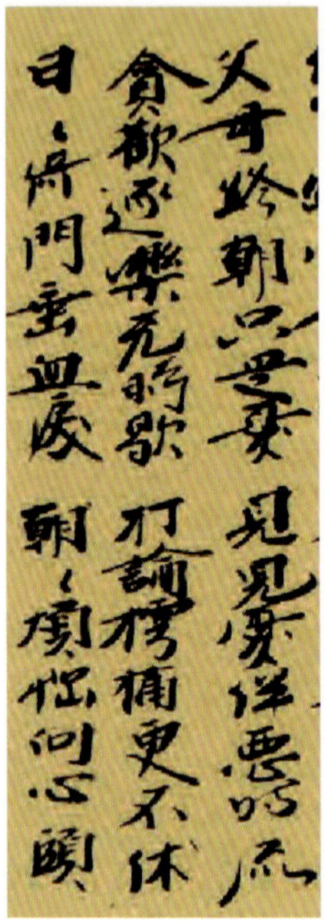

저포(樗蒲)

P.2418사권
Chinese Historical Records on an Ancient Game

저포 오목(樗蒲五木)

한국 박물관 소장
Chinese Historical Records on an Ancient Game

자단 쌍륙 바둑판과 바둑돌(紫檀雙陸棋盤與棋子)

고궁박물관 소장
Wooden Backgammon Board and Pieces

마노 유리로 된 쌍륙 바둑돌(瑪瑙琉璃雙陸棋子)

서안 장안로(西安長安路) 출토
수나라(隋代)
Agate-made Backgammon Pieces

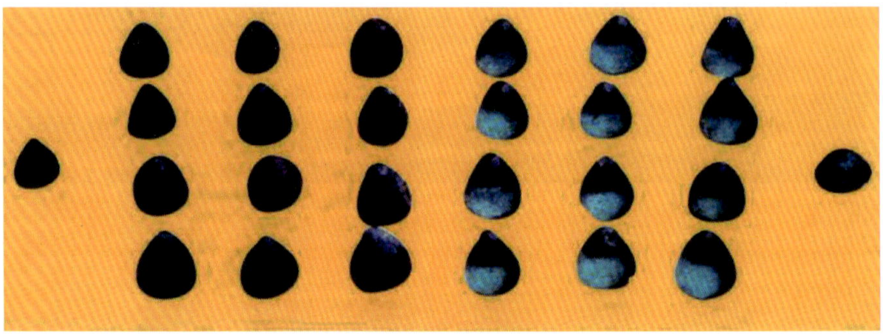

2) 저포

저포는 육박의 변천 과정에서 탄생한 것으로 한말위초(漢末魏初)에 시작되며 게임 도구로는 오목(五木), 평(枰), 시(矢), 말(馬)이 있다. 그중 평은 바둑판으로 위에는 관(關), 갱(坑), 참(塹) 등의 표시가 있는데 이는 돌의 진행을 막기 위한 것이다. 목은 주사위로 총 다섯 매(枚)로 구성되어 있어 고대에는 '오목게임(五木之戲)'이라 불리기도 했다. 저포의 참가 인원은 매 대국마다 5명으로 제한하며 각각 4개의 말을 지닌다. 게임 방법은 먼저 왕목(王木)을 사용해 주사위(采,채)를 던지는데 총 10가지로 노(盧), 치(雉), 독(犢), 백(白)이 좋은 사위(王采, 왕채)이고 나머지는 나쁜 사위(氓采, 맹채)이다. 왕채는 주사위를 계속 던질 수 있지만 맹채는 그럴 수 없다. 말이 첫 번째 관(關)에 도착하면 반드시 말을 겹쳐서 가야 하며 좋은 사위가 나와야 관문을 지날 수 있다. 갱(坑)에 도달하기 전에 좋은 사위가 나와야 관문을 지날 수 있는데 만약 갱에 빠지게 되면 벌칙을 받는다. 당나라의 롱서인(隴西人)인 이고(李翺)는 〈오목경(五木經)〉에서 비교적 완벽하게 저포의 경기 방식을 서술하고 있다. 돈황 유서 중에도 저포의 유행과 관련된 기록이 있다.

저포는 오대십국 이후로 점차 사라지나 육포(六埔)에 사용된 여섯 개의 화살(주사위), 저포의 말 등 게임 도구부터 투호의 '시(矢)'까지 모두 공통점을 엿볼 수 있어 이들 간에 밀접한 관계가 있었음을 알 수 있다.

3) 쌍륙

쌍륙(双陸)은 대식(아랍), 인도에서 전해지고 계승되었다는 설이 있다. 〈위서(魏書)〉, 〈북사(北史)〉, 〈북제서(北齐書)〉의 기록을 보면 쌍륙은 북조 시대 중국에 전해진 호인의 유희로 '호(胡)'는 아랍, 페르시아 지역을 가리킨다.

쌍륙의 기원 ─ 당대 고종, 중종, 현종, 측천무후, 숙종 등은 모두 여가 활동으로 쌍륙을 즐겼다. 이는 쌍륙이 역대 황제들의 영향을 받아 부단히 발전·전승되며 당시 바둑, 장기에 비견하는 주요 박희(博戲) 활동으로 자리 잡았음을 의미한다.

쌍륙은 먼저 서역을 통해 돈황 지역에 전해졌기에 고대 돈황에서는 이러한 유희가 매우 성행하였다. 예를 들어 돈황 유서 P.2999 〈태자성도경(太子成道經)〉, P.3883 〈공자항탁상문서(孔子項托相問書)〉, P.2718 〈왕범지시일권(王梵志詩一卷)〉에서는 모두 쌍륙이 당시 가장 유행했던 유희 활동이었다고 기록했다.

쌍륙은 당나라 이후 오대 십국, 송나라에 이르러 궁궐과 민간에서 크게 유행했다. 〈궁사(宮詞)〉, 〈이사사외전(李师师外傳)〉, 〈능개재만록(能改斋漫錄)〉 등의 문학 작품은 모두 쌍륙의 유행과 전문팀의 출현을 반영하고 있다.

한편, 황국영(黄國营)의 〈영륜일기 40(英倫日記40)〉에는 쌍륙의 기원에 대한 내용이 있다. 대영박물관과 펜실베니아 대학은 1922년부터 1934년까지 우르성 고분군의 발굴을 지원했고 약 1,850개의 고분을 발굴했는데 그중 '왕실 고분'이라 불리는 고분 16기는 고고학적 가치가 매우 높다. 대다수의 '왕실 고분'은 약 기원전 26세기의 고분으로 약 5,000년 전의 것이다. 고고학자는 오늘날 이라크 동남부 우르의 고성, 즉 고대 수메르인이 거주하던 현재의 우르 마을 유적지에서 약 5,000년 전의 쌍륙판을 발굴했다. 이런 쌍륙판

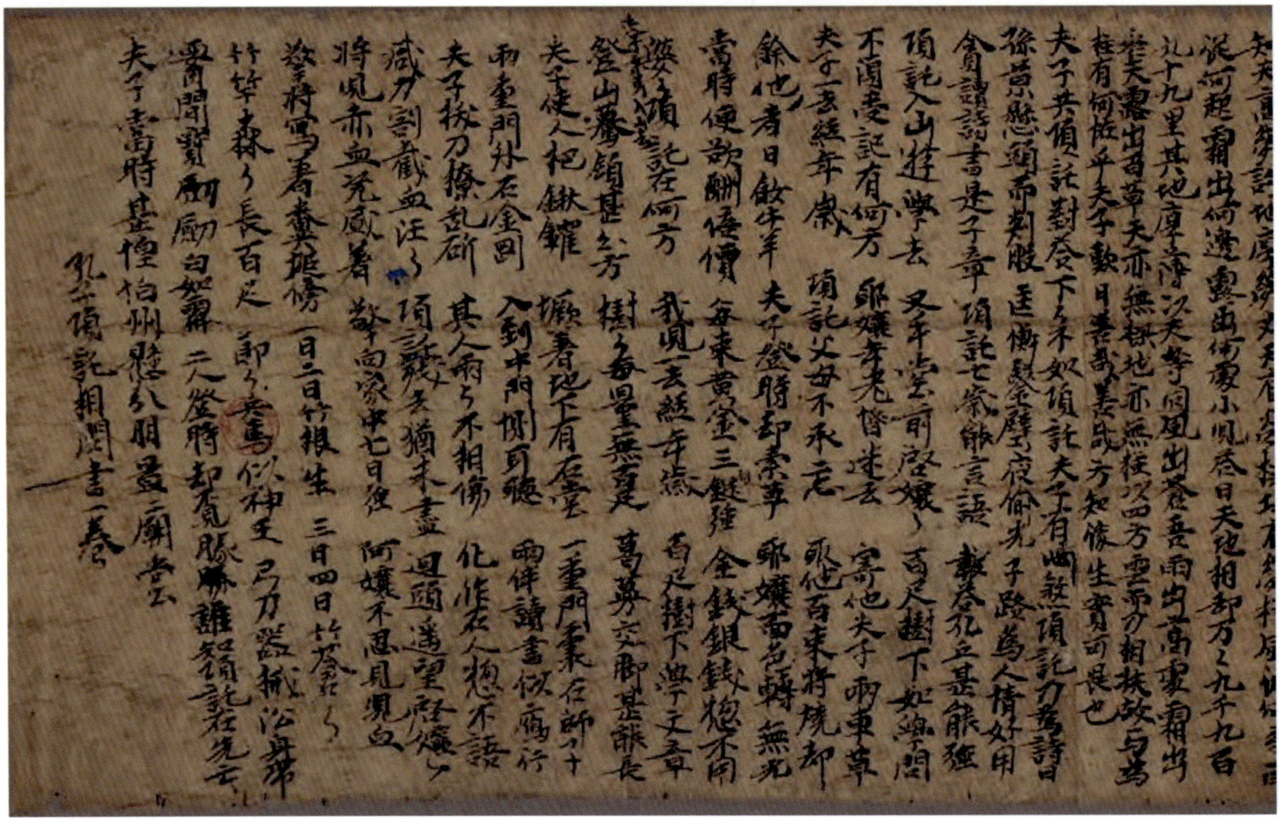

쌍륙과 관련된 돈황 문헌(有關雙陸的敦煌文獻) **P.3883**

Chinese Historical Records about Backgammon

목재 쌍륙판(雙陸木棋盤)

신강 투루판 아스타나 제 206호 고분(新疆吐魯番阿斯塔那第206號古墓) 출토
7-10세기
Wooden Backgammon Board

목재 유약을 칠한 쌍륙 도구(木製漆塗雙陸)

요녕성(遼寧) 박물관 소장
요나라(遼代)
Wooden Backgammon Board and Pieces

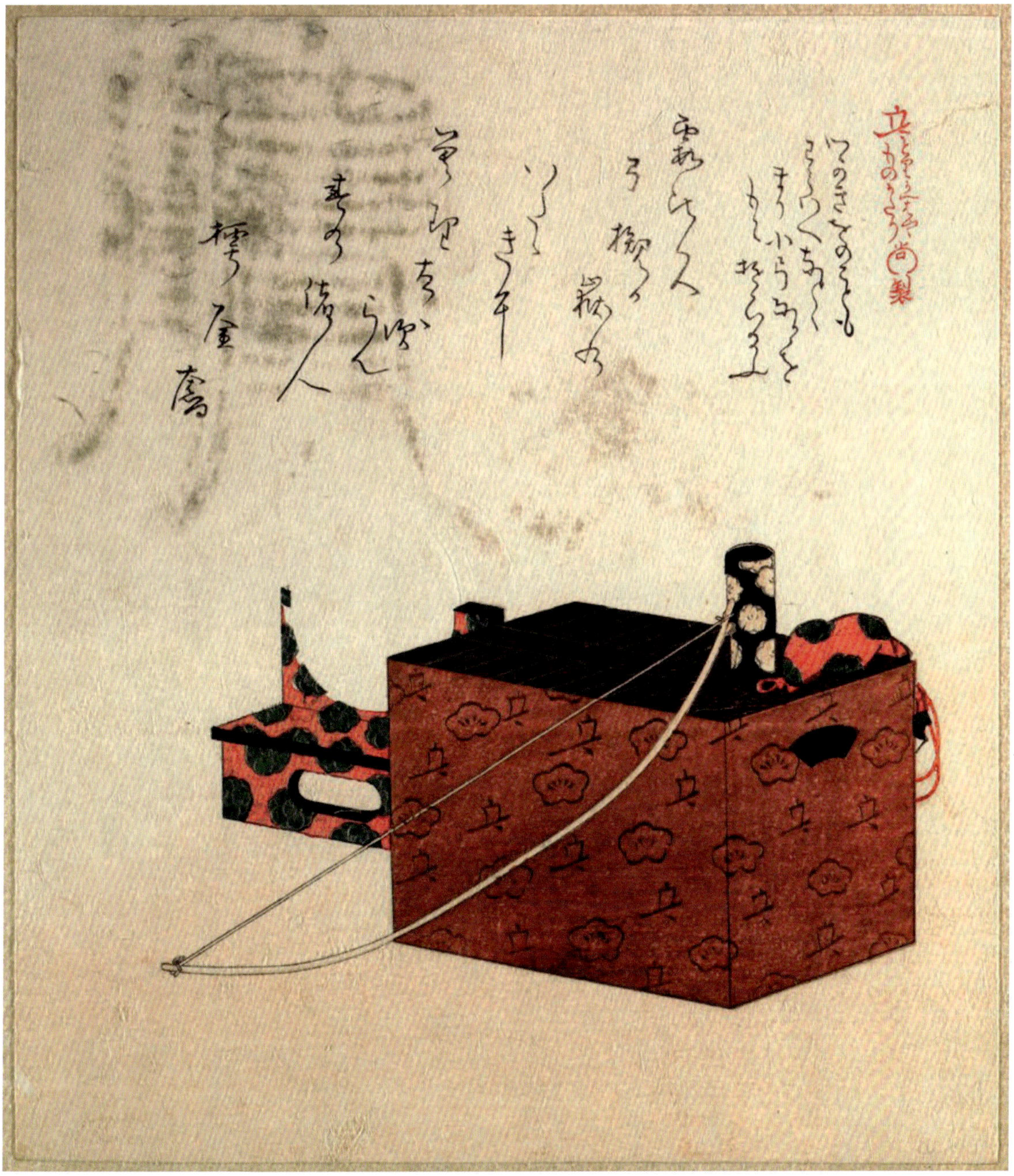

쌍륙함(雙陸棋盒)

현 미국 뉴욕 메트로폴리탄박물관 소장
7-10세기
Chess box

은 적어도 6개의 왕실 고분에서 발견되었는데 위에는 자개, 홍옥수, 천청석으로 장식한 그림을 박아 넣었고 돌은 쌍륙판 옆의 아래쪽 서랍 안에 넣어 두었다.

수메르는 메소포타미아 북쪽의 산골짜기에 거주했던 민족으로 기원전 3000년 메소포타미아 유역의 하류에 거주했다. 그들은 메소포타미아의 비옥한 토지에서 농경과 가축을 사육하는 방법을 익혔고 쐐기 문자를 창조하였으며 지금까지도 유행하고 있는 백개먼(backgammon)[63]을 창조했다. 이후 실크로드를 통해서 전파된 쌍륙은 세계의 여러 민족들과 수없이 접촉하고 교류하면서 세계 각국으로 널리 전파되었고 당시 국제적인 스포츠 게임으로 자리 잡게 된다.

쌍륙함(双陸棋盒)

미국 뉴욕 메트로폴리탄박물관 소장
당나라(唐代)
Chess box

쌍륙대국도(弈陸棋圖)

감숙 돈황 막고굴 제7굴 동벽문의 남쪽 벽화
(甘肅敦煌莫高窟第7窟東壁門南壁畫)
당나라(唐代)
Playing Backgammon

〈희도전두개전국(戲賭纏頭開鈿局)**〉**

고궁박물관 소장
Playing Backgammon

바둑판(圍棋盤)

섬서성(陝西) 박물관 소장
당나라(唐代)
The Go Board

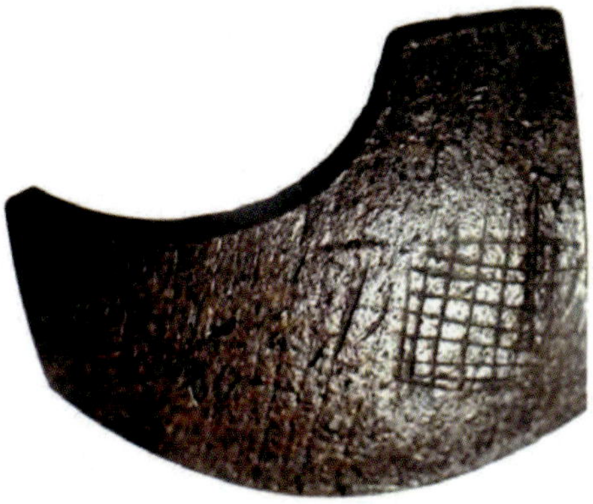

바둑판 무늬의 형판(棋盤紋刮板)

섬서성(陝西) 박물관 소장
서하(西夏)
Scraper with Chess Board Scene

마노로 만든 바둑돌(瑪瑙圍棋子)

섬서성 서안 동교(陝西西安東郊) 출토
섬서성(陝西) 박물관 소장
수나라(隋代)
The Agate-made Go Chess Pieces

쌍륙의 확산과 교류 — 쌍륙의 확산에 대한 견해 중 하나는 메소포타미아와 이집트 사이에 페니키아라고 불리는 민족이 있었는데 이들은 무역에 능통한 민족이었다는 것이다. 이들은 이집트, 아시아 서부와 그리스를 왕래하였고 쌍륙은 아마도 이들을 통해 이집트와 그리스에 전해졌을 것이다. 고고학자가 이집트와 파라오 투탕카멘 묘에서 발견한 3,500년 전의 쌍륙판은 기원전 1500년 이집트인들 사이에서 이미 쌍륙이 유행했다는 것을 보여 준다. 쌍륙은 이때 이미 아시아와 유럽 및 아프리카 등 수많은 나라에 전해졌다.

고대 이라크에서 탄생한 쌍륙은 한나라와 위나라 시대 인도 불교의 유입과 함께 실크로드를 통해 중국으로 전해졌고, 위진남북조시대에 이르러 궁궐과 집권층 사이에서 널리 유행하며 '호희(胡戲)'로 여겨졌다. 수·당 시기에는 쌍륙이 더욱 성행하였고 말을 두는 방식을 약간 개선하여 당시 사람들의 취향과 요구에 더 부합하게 했다. 쌍륙은 양송(两宋) 시대에 민간의 찻집이나 술집에 널리 퍼지면서 중국 전통 문화의 구성 부분으로 자리 잡았고 요·금·원 시대에는 아랍과 페르시아 쌍륙의 영향을 받아 행마법(行馬法, 바둑, 장기, 쌍륙 따위에서 말을 쓰는 법) 등에 새로운 변화가 많이 생겼다.

쌍륙의 기원과 전파에 대한 다양한 연구와 탐색은 쌍륙이 인류 역사상 가장 오래된 스포츠 유희 중 하나임을 말해 준다. 과거 수메르인이 거주했던 우르 고성 유적의 무덤군은 현재 이라크의 동남부에 위치한다. 사람들은 이곳에서 5,000년 전의 쌍륙판을 발견했고 이러한 고증을 통해 아랍, 페르시아, 이집트, 인도보다 이라크에서 쌍륙이 더 먼저 시작되었다는 것을 알게 되었다. 또한 쌍륙이 인도에서 중국으로 전파된 흔적에 대해서도 이해하게 되었다. 이는 실크로드에서 중국 및 서양의 고대 스포츠 문화가 서로 소통하고 충돌하면서 교류·융합되었다는 것을 증명할 뿐만 아니라 사람들에게 쌍륙의 기원과 확산에 대한 새로운 사고와 발견, 결론을 제공한다는 점에서 더 중요한 가치를 지닌다.

4) 바둑

바둑은 고대에 '혁(弈)'이라 불렸고, '란가(爛柯)'라는 별칭이 있었다. 이는 〈좌전(左傳)〉, 〈논어(論語)〉, 〈맹자(孟子)〉에 모두 기록되어 있으며 위진 시대부터 실크로드의 수많은 국가에서는 바둑이 줄곧 성행했다. 한 예로 당시 서역의 유명한 고승 구마라습은 왕실에 자주 출입하며 바둑을 두었는데 특히 구마라습이 번역한 〈유마힐경(維摩詰經)〉은 남북 바둑계에 매우 깊은 영향을 미쳤다.

바둑은 '위(圍)'자로 그 성질과 특징을 개괄할 수 있다. 위(圍, 상대방을 포위하는 것)와 반위(反圍, 포위에 저항하는 것)는 승패를 좌우하며 이는 오늘날에도 같다. 바둑에서는 바둑판과 바둑돌을 사용하는데 대부분 두 사람이 대국을 하며 대국이 시작되면 두 사람이 돌아가면서 바둑판의 교차점에 돌을 둔다. 한번 둘 때 돌은 하나만 놓을 수 있고 놓고 나면 위치를 바꿀 수 없다. 행마법은 복잡하고 다변적이며 조안(做眼), 점안(點眼), 겁(劫), 위(圍), 단(斷)[64] 등의 다양한 기술과 전술을 활용하여 돌을 먹거나 집을 차지하여 상대방을 이긴다. 바둑을 두는 법과 바둑 이론은 심오하며 그 사유 방식은 종종 정치, 철학, 군사, 문학, 미학, 천문, 천리(天理) 등과 연결되기도 한다. 이러한 이유로 바둑은 줄곧 중국의 중요한 전통 기예 중 하나로서 문화적 소양을 위해 반드시 익혀야 하는 고상한 기예로 여겨졌다.

1987년 섬서 보계시(寶鷄市) 부풍현(扶風) 법문사탑(法門寺塔)의 기지궁(基地宮)에서는 당나라 시대의 은제 다구(銀茶具) 한 점이 출토되었는데 위에는 두 사람이 바둑을 두는 생생한 장면이 새겨져 있다. 차제구의 높이는 24.7cm, 덮개의 높이는 7.1cm이다.

1991년부터 1998년, 섬서성 역사박물관의 한양릉 발굴 작업 당시 능의 남궐문 유적지에서는 서한의 도기를 사용한 바둑판 한 점이 출토되었는데 정사각형의 벽돌 조각 위에는 바둑판이 새겨져 있었다.

한편, 섬서성 역사박물관에서는 청대 분채[65] 그릇 한 점을 소장하고 있는데 높이 6.9cm, 지름 13.2cm로 그 위에는 혁기도(弈棋圖, 바둑 대국 그림)가 그려져 있다. 서안시 박물원에도 명나라 시대의 청자 한 점이 소장되어 있으며 높이 8.5cm, 지름 13.5cm로 그릇 위에 혁기도가 그려져 있다. 1975년, 서안시 동교 수나라 고분에서는 마노로 만든 바둑돌이 출토되었다.

돈황 막고굴과 과주 유림굴의 바둑 관련 벽화와 두루마리 고서 역시 바둑의 모습을 담고 있는 역사적 사료이다. 예를 들어 유림굴 5대 제32굴 북벽에 있는 대혁도(對弈圖, 바둑 대국도)에는 두 사람이 바둑을 두는 장면이 있는데 오른쪽 사람은 손을 들어 돌을 두고자 하고 왼쪽 사람은 넋을 잃고 대국을 보고 있다. 막고굴 5대 제61굴 서벽의 불전 고사 병풍화 제21폭에는 실달태자(悉達太子)[66]의 혁기도가 그려져 있다. 송나라 제 454굴 동벽에는 두 사람이 바닥에 자리를 깔고 대국을 하는 생생한 장면이 그려져 있다.

이외에도 주실 중앙의 불단 위 남북 쪽에는 6폭의 병풍화가 있는데 그중 남면에는 두 사람이 대국을 하는 그림이 하나 있다. 돈황 유서 S.4571 〈유마힐경강경문(維摩詰經講經文)〉에 나오는 '약희박혁희처, 첩종도인(若至博弈戲處，輒從度人)'은 유마힐경이 자주 바둑을 두는 곳에 가 대국을 보며 불교의 설법을 전파해 사람들을 깨우쳤다는 뜻이다. 이는 승려가 참불 중에 바둑을 둘 수 있었고 바둑에 본래 부처의 뜻이 있다고 여겼음을 나타낸 것으로 돈황 일대의 승려들이 이러한 풍조의 시작이었던 셈이다. 그 밖에도 P.2718 〈왕범지

목재 바둑판(木圍棋盤)

신강 투루판 아스타나 제206호 고분(新疆吐魯番阿斯塔那第206號古墓) 출토
7-10세기
The Wooden Go Board

도기판과 조개로 만든 바둑돌(陶棋盤與蚌棋子)

서북대학 문박학원(西北大學文博學院) 소장
당나라(唐代)
Pottery-made Chess Board and Clam-made Chess Pieces

은 차제구(銀茶具)

법문사(法門寺) 박물관 소장
당나라(唐代)
Silver Tea-sets

바둑대국도(弈圍棋圖)

감숙 돈황 막고굴 제 454굴 동벽 벽화(甘肅敦煌高窟第454窟東壁壁畫)
송나라(宋代)
Playing the Go

바둑대국도(弈圍棋圖)

감숙 과주 유림석굴 제 32굴 북쪽 벽 벽화(甘肅瓜州榆林石窟第32窟北壁壁畫)
오대십국(五代)
Playing the Go

옥 능화경: 바둑 대국을 관람하는 사람들(玉製觀棋菱花鏡)

A Mirror with Playing Chess Scene on Back

혁기도(弈棋圖)

신강 투루판 아스타나 187호 고분(新疆吐魯番阿斯塔那第187號古墓) 출토
당나라(唐代)
Playing the Go

〈18학사도(十八學士圖)**〉(제2폭 일부)**

《중국미술전집》 발췌

Eighteen Confucius Scholars

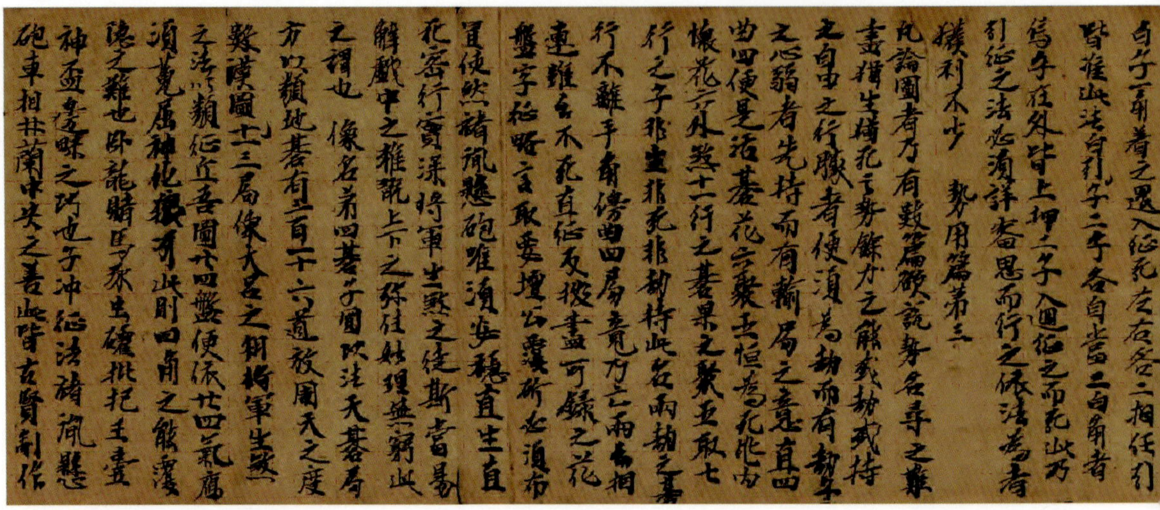

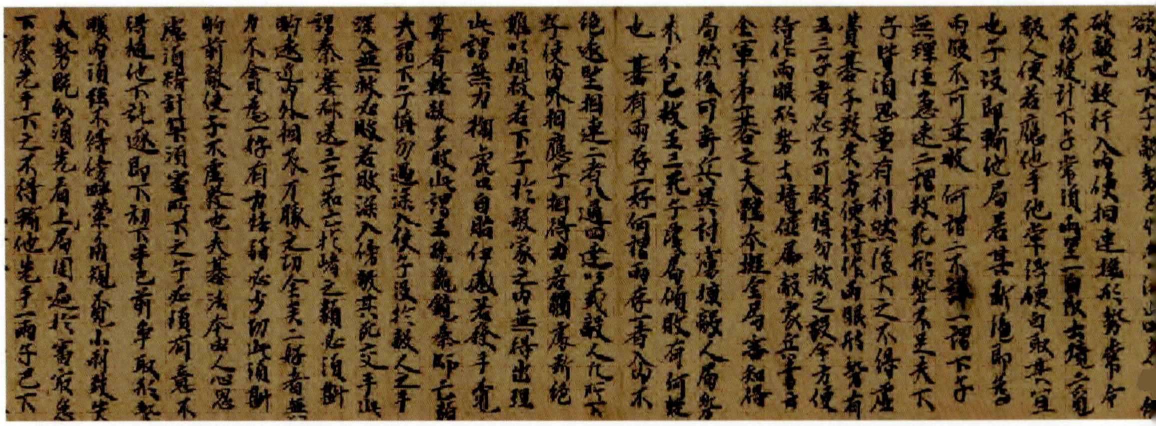

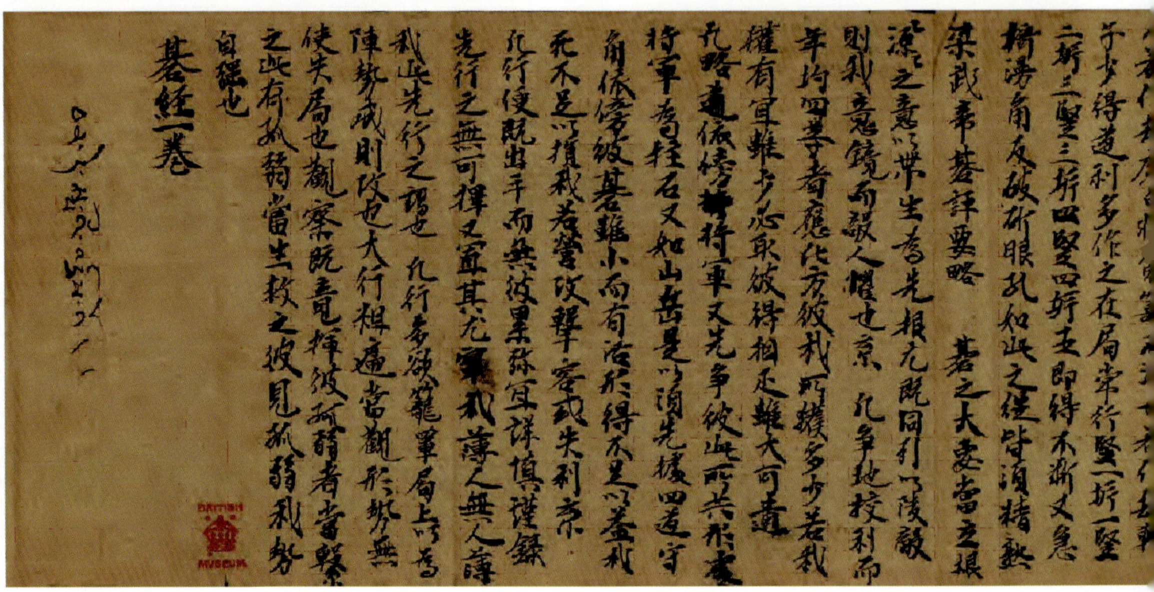

梁武帝碁評要略
碁經一卷

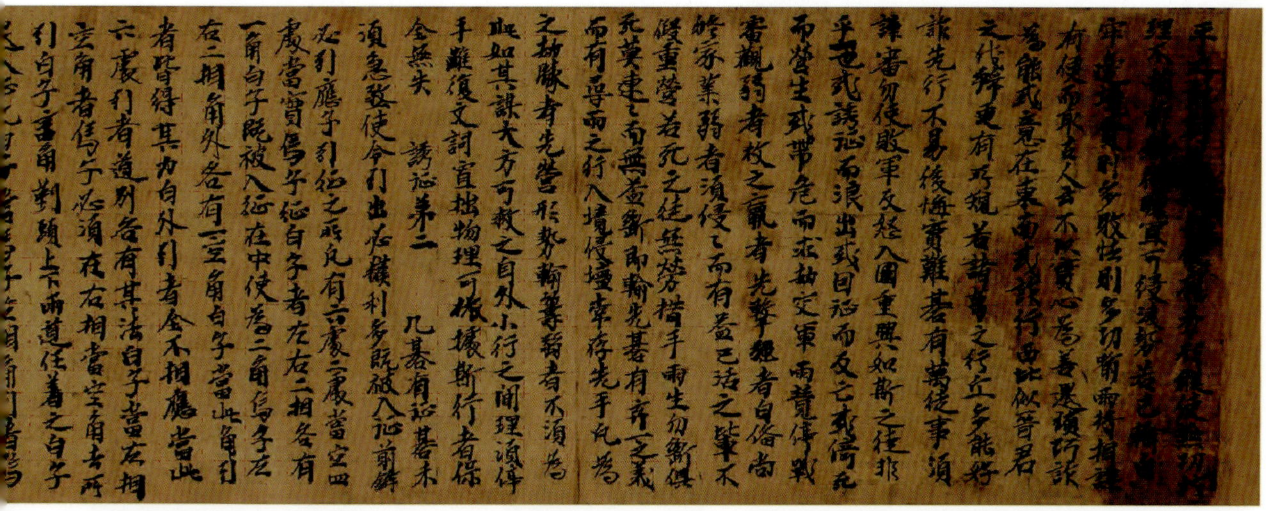

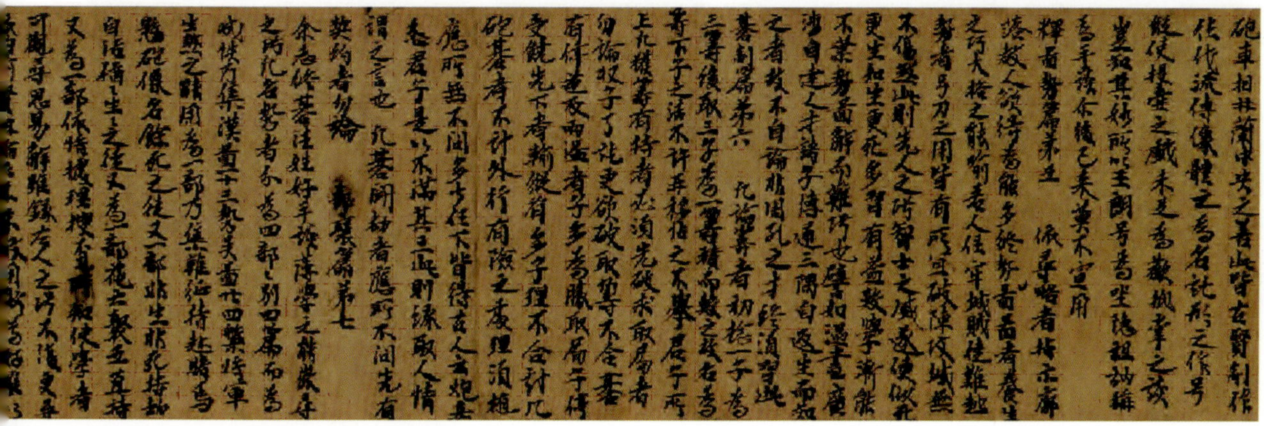

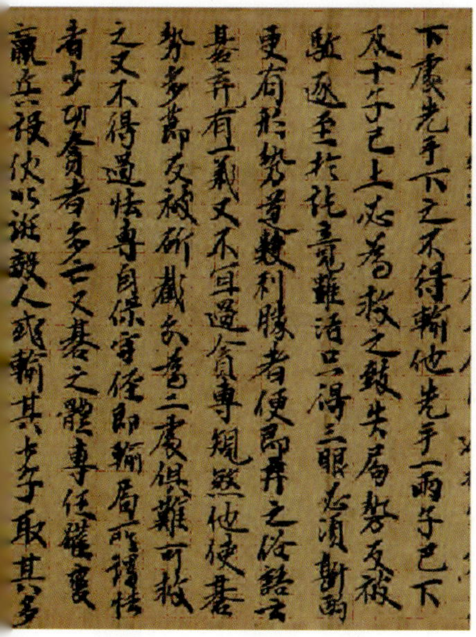

기경(碁經)

돈황 초사본(敦煌抄卷) S.5574권
대영박물관 소장
북주(北周)
Chinese Historical Records about Backgammon

〈**금기서화도**(琴棋書畫圖)〉

일본 동경국립박물관 소장
원나라(元代)
Chinese Music, Chess, Calligraphy and Painting

동산보첩(東山報捷)

대북(臺北) 고궁박물관 소장
Hearing Good News over Go Board

유리 바둑돌과 흑색 유약을 칠한 도금 기합
(玻璃圍棋子及黑漆描金棋盒)
대북(臺北) 고궁박물관 소장
청나라(淸代)
The Go Board

〈송하대혁도(松下對弈圖)**〉(일부)**

《중국미술전집》 발췌
원나라(元代)
Playing Chess under the Pine Tree

혁기도(弈棋圖)

《중국미술전집》 발췌
Playing Chess

〈위기도야(圍棋賭墅)〉
장대천(張大千)
Painting of Playing Go

바둑 그림(圍棋圖)

《중국미술전집》 발췌

Playing Go

시 1권〉의 '위기출전능(圍棋出專能)'은 바둑이 사유에 집중할 수 있는 능력을 길러줄 수 있음을 설명한 것이다.

또한 1900년, 막고굴 장경동(17굴)에서 출토된 문헌 중 〈기경(碁經)〉이라는 책은 중국 바둑 역사상 가장 중대한 성과 중 하나이다. 이는 세계 최고(最古)의 바둑 예술을 기록한 유일한 책으로 이 문헌은 발견부터 1914년까지 본래 헝가리인이지만 후에 영국 국적을 획득한 오렐 스타인(A.stein)이 훔쳐 가 간단한 평론을 작성했고, 경문 말미에 첨부되어 있는 양무제(梁武帝)의 〈기평요약(碁评要略)〉도 필사했다. 대영박물관에 있는 돈황 필사본 〈기경〉은 S.5574호이다. 원문은 책의 뒷면에 써져 있고 저자 미상이다. 앞에 약 3-5행는 이미 훼손되었으며 책의 마지막에는 '기경 한 권'이라고 썼고 제기(題記)가 한 줄 있으며 현재 160행이 남아 있다. 변려문으로 쓰여진 〈기경〉은 곳곳에서 4·6자 대구를 볼 수 있고 문단이 나눠져 있지 않으며 내용은 본문과 부록 두 부분으로 나눌 수 있다.

1972년 신강 투루판 문물 보관소는 아스타나 고분군 동남쪽에서 당대 서주 귀족 장씨의 가족 묘지를 깨끗이 정리했다. 187호 고분에서는 나무틀로 연결한 비단 그림이 출토되었는데 화려한 옷 차림을 한 귀족 여성 두 사람(한 명 소실)이 바둑을 두고 있고 좌우에는 바둑을 보는 자가 그려져 있어 바둑을 주제로 한 미인도 한 폭을 이루고 있다.

1965년, 신강 투루판 아스타나 고분구의 서북부 지역과 고창성의 북부에서는 제38호 당나라 고분을 발굴 및 정리했는데 고분의 주실 뒷벽에는 6개의 족자가 있고 보존 상태도 양호하다. 족자의 높이는 약 140cm, 넓이 약 56cm로 모두 자주색으로 테두리를 그렸다. 그중 세 번째 족자를 보면 주인은 나무 아래 앉아 있고 두건을 쓰고 소매는 걷었으며 녹색 두루마기를 입고 있다. 옆에는 시녀 한 명이 바둑판을 들고 있고 하인 한 명이 뒤쪽에 공수 자세로 서 있는데 이는 아마도 동진 사안(謝安)이 바둑을 두는 내용일 것이다. 1972년 아스타나 제206호 당나라 고분에서는 바둑판 한 점이 출토되었다. 각 변의 길이는 18cm이다.

길주 가마의 장기말(吉州窯象棋)

Chinese Chess Pieces

장기말(구리)(銅象棋子)

섬서(陝西) 출토
북송(北宋)
The Copper Chinese Chess Pieces

상아로 만든 장기말(象牙製象棋子)

청나라(淸代)
The Ivory-made Chinese Chess Pieces

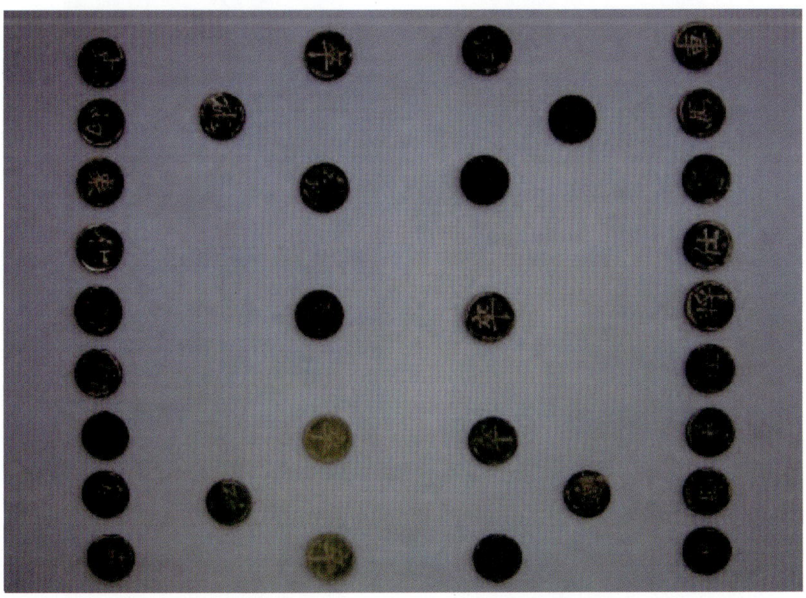

장기돌(구리)(銅象棋子)

감숙 서화 남촌(甘肅西和南村) 출토
송나라(宋代)
The Copper Chinese Chess Pieces

장기말(구리)(銅棋子)

송나라(宋代)

Bronze chessmen,Song Dynasty

당나라 장기말(唐代棋子)

1937,0416.227-234

현 대영박물관 소장

game-counter

몽골의 장기(구리)(銅製蒙古象棋)

내몽고(內蒙古) 박물관 소장

The Copper Mongolian Chess Pieces

몽골 귀족 혁기도(蒙古貴族弈棋圖)

내몽고 박물관 소장

14세기

Mongolian Nobles Playing Chess

5) 장기

고대 장기는 상천즉지(象天則地), 인의비재(仁義備載), 주감법식(足堪法式)[67]의 숭고한 사회적 기능과 문화적 기능을 부여받았다. 고대인은 장기에 대자연의 법칙과 인간 사회 법칙에 대한 모든 인식을 담아 냈다. 학자들이 연구한 바에 따르면 장기의 발명과 변천 그리고 그 안에 구현된 사상은 모두 중국 전통의 술법 문화와 밀접한 관계가 있다. 중국의 장기는 음양 64괘[68]와 9궁 사상[69]을 반영하고 있는데 이러한 술법 문화 사상은 바로 자연계와 인간 사회의 삼라만상에 대한 고대인들의 총체적인 인식이라고 할 수 있다.

섬서성 역사박물관에서는 북송 시대의 장기판과 구리로 제작된 장기 말을 소장하고 있으며 1972년 감숙성 서화현 남촌에서는 송나라의 청동 장기 말이 출토되었다. 장기 말은 총 32개로 전 세트가 모두 남아 있고 직경 2.7cm, 두께 0.3cm에 빨강색과 검정색 두 가지 색으로 나뉜다. 또한 원형의 얇은 조각으로 앞뒷면에는 명조체와 해서체로 장(將), 사(仕), 상(象), 차(車), 마(馬), 포(炮), 졸(卒)을 새겨 놓았다. 글자가 매우 선명하며 중국 고대 장기 유물의 수작이라고 할 수 있다.

한편, 돈황 막고굴 장경궁(제17굴)에서 출토된 고서 중에는 장기 대국 장면을 묘사한 부분이 있다. 막고굴 초당(初唐) 제96굴 전(殿)의 앞문에는 청나라 때 제작된 장기 대국도 한 폭이 있는데 장기의 변천 과정을 연구하는 데 분명히 참고할 만한 가치가 있다.

박(博)과 혁(弈)은 유희에 속한다. 혁은 주사위를 던져 말을 움직이는 박희(博戲)에 속하며, 소도(小道)라고도 불린다. 그러나 반고(班固)는 〈혁지(弈旨)〉에서 '혁이 천지의 형상과 제왕의 도와 연결될 때, 바둑은 소도(小道)에서 인도(人道)로 통하게 되며, 형이하학적인 기술과 형이상학적인 도가 통하게 된다고 하였다. 바둑은 '도(道)'가 되고 '예술'이 되면서 끊임없이 새로운 의의를 부여받았고 '수담(手談, 말을 주고 받지 않고도 상대방의 의사를 능히 헤아림)', '좌은(坐隱)'이라고 불렸으며 아화(雅化)의 시작이었다. 이러한 과정에서 바둑은 점점 '박'과 분리되며 금(琴), 서(書), 화(畫)와 함께하며 일종의 고상한 문예 활동으로 자리 잡았고 혁의 경지인 천지지경(天地之境), 도덕지경(道德之境), 심미지경(审美之境)의 3경에 이르게 된다.

투호도(投壺圖)
《중국미술전집》 발췌
남송(南宋)
Pitch-Pot Game

병풍: 사녀투호(仕女投壺插屛)

메트로폴리탄박물관 소장

Table screen with Woman Playing Touhu

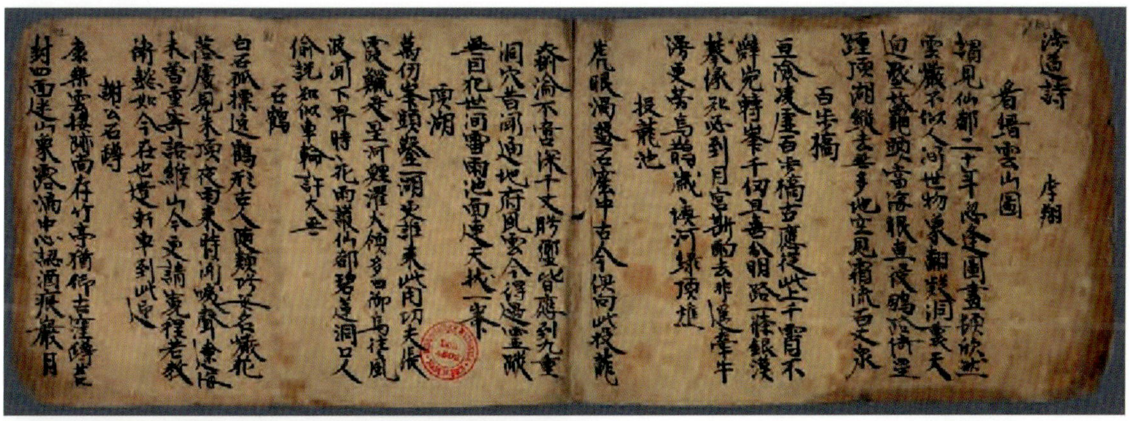

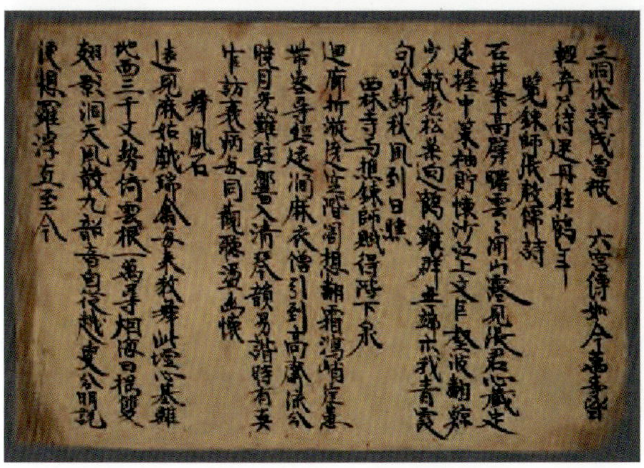

투호(投壺)

이상(李翔) 〈섭도시(涉道詩)〉 중의 〈위숙경불빈한무제(衛叔卿不賓漢武帝)〉

돈황 문헌 P3866

Throwing Pot P.3866 of Dong huang Literature

양손잡이 투호(구리)(銅雙耳投壺)

1993,1028.1
현 대영박물관 소장
Stoneware arrow pot

양손잡이 투호(도기)(陶雙耳投壺)

1937,0716.74
현 대영박물관 소장
Stoneware arrow pot

투호(구리)(銅投壺)

현 대영박물관 소장
Bronze Pot for Pitch-Pot Game

투호도(投壺圖)

《중국미술전집》 발췌
Pitch-Pot Game

(10) 비경기성 게임

유희의 상당한 부분이 스포츠와 뿌리는 같지만 동류는 아니다. 유희와 스포츠의 차이점은 유희가 주로 오락과 휴식을 강조하며 경기를 목적으로 하지 않는다는 점에서 특히 두드러진다. 유희는 인류의 자발적인 행위로서 스스로 발전하는 특이한 과정을 보여 주는데 유희 속에서 내면의 미가 발현되며 운율과 조화도 그 속에 스며든다. 유희는 한 사람의 성품과 취향은 물론 한 민족의 문화와 삶 속에서의 기능, 능력에도 영향을 미친다. 이는 심리적·정신적인 즐거운 체험이자 인간 생명의 존재와 승화라고 할 수 있다.

1) 투호

투호는 춘추시대 사례(射禮, 궁술의 예식)가 변화·발전하면서 탄생한 것으로, 대부분의 귀족 사대부가 연회에서 즐겼던 오락이다. 게임을 할 때 사용한 술 단지는 목표물을 상징하며 멧대추나무로 제작한 화살을 던져 작은 술병에 넣는다. 약 7척 정도 거리에서 화살을 던지며 화살을 병의 입구 또는 병의 손잡이 쪽에 넣은 자가 이긴다. 한무제 때 장안의 곽사인(郭舍人)은 일종의 투호법인 '효(驍)'를 발명했는데 탄성을 높이기 위해 대나무를 사용하여 화살을 제작했다. 이러한 대나무 화살은 일정한 각도에서 병의 입구로 화살을 던

독배희연(연)도(犢背戲鳶(風箏)圖)
《중국미술전집》 발췌
임위장(任渭長)
청나라(清代)
Flying Kite on the back of cow

지면 바로 다시 튕겨져 나오는데 만약 던진 자가 손으로 민첩하게 화살을 잡으면 빠르게 한 번 더 병의 입구에 화살을 던질 수 있었고 한 번 던지고 다시 튕겨져 나오니 계속 게임을 할 수 있었다. 이는 투호의 난이도를 높였을 뿐만 아니라 오락성도 높였다.

돈황 막고굴 제9굴(당나라 말)의 중심 기둥 남쪽의 평평한 천장에는 투호 장면이 그려져 있다. 제61굴(오대 십국) 서벽 불전고사 병풍화 제21폭에도 투호 장면이 그려져 있는데 그림에서는 실달태자와 승려 4명이 대를 둘러싸고 있고, 오른쪽 귀퉁이에 투호 단지를 놓고 투호 경기를 하고 있다. 돈황 유서 P.3866 이상(李翔)의 〈섭도시(涉道詩)〉에서는 투호를 도를 닦는 자들의 고상한 유희라고 묘사하였다.

그러므로 고대의 투호 활동은 애호가의 계승과 실천, 기구 설비의 개선, 기술적 난이도의 높임, 규칙의 개선을 통해 부단히 변화와 발전을 위한 새로운 계기를 만들어 냈음을 알 수 있다. 투호는 일본, 한국까지 전파되었고 오늘날 일본, 한국에서는 여전히 투호를 볼 수 있다.

2) 기죽마

양한(兩漢) 시기, 장안 시내의 거리와 골목에서는 가랑이 밑 다리 사이에 대나무를 넣은 아이들이 한 손으로는 막대기의 앞쪽을 잡고 뒷부분은 땅에 끌면서, 다른 한 손으로는 채찍을 휘두르는 흉내를 내며 '말(馬)'의 질주를 재촉하는 모습을 자주 볼 수 있었다. 이는 아이들이 성인들의 기마 자세를 모방해 만든 유희로서 '기죽마(騎竹馬)'라고 불렸다.

당시(唐詩)에는 죽마와 관련된 시구가 많은데 이를 통해 당나라 때 아이들의 죽마 놀이가 더욱 유행하였다는 것을 알 수 있다. 예를 들면 백거이(白居易)의 "죽마 타는 아이들 모습에 웃네(笑看兒童騎竹馬)", 조가(趙嘏)의 "깃발 그림자 앞에 가로 놓은 죽마(旌旆影前橫竹馬)" 등이 있다. 그중 가장 영향력이 있는 시는 이백(李白)의 〈장간행(長干行)〉으로 "내 머리 이마를 막 덮을 적에, 꽃을 꺾어 문 앞에 모여 놀았네. 님는 대나무 말을 타고 우물가를 돌며 매실 꽃 가지로 장난쳤네. 장간(長干)리 에 함께 지내며 서로 허물 하나 없었네(妾發初覆額，折花門前劇。郎騎竹馬來，繞牀弄青梅。同居長幹裏，兩小無嫌猜)"라는 시구가 있다. 죽마는 역사의 변화·발전에 따라 새롭게 발전했고 마치 진짜 같은 말머리도 등장했다. 이는 송대 도침(陶枕)의 〈죽마도(竹馬圖)〉에서 볼 수 있다.

3) 연

연은 '비치(飛鴟)', '비연(飛鳶)', '지연(紙鳶)' 등으로도 불린다. 〈사물기종(事物紀宗)〉에는 "민간에서는 지연을 풍정(风箏, 연)이라 한다"라는 말이 있다. 제지술이 발명되기 전인 춘추시대에는 이미 목연(木鳶)이 만들어졌고 〈묵자·노문(墨子·魯問)〉에는 솜씨가 좋은 장인 노반(魯班)이 대나무를 사용해 대나무 까치를 만들었는데 하늘에서 3일을 날아다녔다는 기록이 있다.

1950년대부터 감숙성 휘현(徽縣), 농서현(隴西縣), 장현(漳縣), 성현(成縣) 등지의 몇몇 송나라 고분에서는 아이들이 연을 날리는 그림을 새긴 벽돌이 잇따라 발견되었다. 벽돌은 정사각형에 대부분 회색이며 변의 길이는 30cm이다. 그림에 새겨진 아이들은 생동감이 있고 활발하며 형상이 생생하고 사실적인데 이는 송나라 당시 실크로드에 있었던 감숙성 지역의 연날리기 성황을 재현했다.

연은 비행과 관련된 수많은 영감을 불러 일으켰고 훗날 비행기의 발명에도 중요한 계도적 역할을 한다. 화살과 연은 가장 오래된 비행기로 인정을 받고 있고 연은 현대까지 전해지며 이미 세계적인 오락으로 자리 잡았다. 중국에서는 매년 봄에연을 날리는 전통 풍습 외에도 1980년 이후로 산동 유방(濰坊), 치박(淄博)에서 매년 '연날리기제'를 개최하고 있으며 연날리기 국제대회도 개최하고 있다.

4) 그네

그네는 춘추전국시대 민간에서 일부 젊은 여성들이 즐겼던 것으로, 서한 초에 궁에 유입되어 후궁의 여가 오락 활동 중 하나로 자리 잡았다. 고대인들의 시와 기타 문학 작품을 살펴보면 여성들이 그네를 타는 장면에 대해 묘사한 부분이 적지 않다. 예를 들면 송나라 구양수(歐陽修)의 〈완계사(浣溪沙)〉 중 "백양 나무 드리워진 누각 밖에서 그네를 타네.(綠楊樓外出鞦韆)"와 남당의 사인(詞人) 풍연사(馮延巳)의 〈상행배(上行杯)〉 중 "버드나무 아래 흔들리는 그네가 담장을 넘네(柳外鞦韆出畫牆)" 등이 그것이다. 돈황 막고굴 장경굴 (제 17굴)에

회천추도(戲鞦韆圖)
《중국미술전집》 발췌
임위장(任渭長)
청나라(清代)
Playing on the Swing

〈세화기승도(歲華紀勝圖)**〉(일부)**

중국 대북(臺北) 고궁박물관 소장
오빈(吳彬)
명나라(明代)
Playing on the Swing

영희도(嬰戲圖)

중국 대북(臺北) 고궁박물관 소장
Painting of Children at Play

서 출토된 문헌 '돈황 변문'에는 그네에 관한 묘사가 비교적 많다. 예를 들면 〈열반경(涅槃經)〉에는 "윤골과 윤색을 흔드는 것은 그네 놀이로구나!(斗輪骨輪索, 其鞦韆之戲乎)"라는 기록이 있는데 여기서 '윤색(輪索)'은 회전식 그네를 말한다. 당나라 사람인 고무제(高無際)는 〈한무제후정추천부(漢武帝後庭鞦韆賦)〉에서 "추천자, 천추야(鞦韆者, 千秋也, 그네를 타는 자는 장수를 하네)"라고 했다. 한무제는 장수를 기원했기에 후궁들에게 그네를 많이 즐기라고 한 것이다. 〈개원천보유사(開元天寶遺事)〉에는 "천보궁에서는 한식절이 되면 그네를 세워 궁중의 비빈들이 즐겁게 놀게 하였다"라는 기록이 있다.

한편, 당대 장안성에서 그네 놀이가 크게 유행하자 그네는 한식절의 행사 중 하나로 자리 잡는다. 두보(杜甫)는 〈청명(清明)〉에서 "떠돌이 십년 타향인들 고향인들, 그네 타는 풍속만은 같더라(十年蹴踘將雛遠, 萬里鞦韆習俗同)"라고 했는데 이를 통해 당시 사람들이 그네를 매우 좋아했다는 것을 입증할 수 있다.

그네의 역사는 유구하다. 그네는 부녀자들에게 많은 사랑을 받았을 뿐만 아니라 아이들도 매우 좋아했던 스포츠 활동 중 하나로 신체 건강과 심리적 소양을 기르는 데 도움이 된다.

5) 발하(拔河·줄다리기)

〈수서·지리지하(隋書·地理志下)〉에는 "(초나라에는) 견구(牽鉤)라는 놀이가 있었는데 풍습으로 전해져 내려온다"라는 말이 있다. 여기에서 '견구'는 육조 시기에 '시구(施鉤)'라고 불렸고 수나라 때는 '견구(牽鉤)'라고 불렸으며 당대에 와서는 '발하(拔河, 줄다리기)'로 이름이 바뀌었다. 조정신(趙貞信)의 〈봉씨문견기교주(封氏聞见見記校注)〉 6권 〈발하(拔河)〉에도 "오늘날 사람들은 길이 4-50장(1장이 3.33m)의 마(麻)로 만든 긴 줄을 사용하는데 줄의 양쪽에는 짧은 끈 수백 개를 묶어 앞에 건다. 두 팀으로 나누고 반대 방향으로 돌아서 줄을 힘껏 끌어당기는데 줄의 중간에 깃발을 놓고 경계로 삼아 북소리가 울리면 서로 줄을 잡아당긴다. 뒤로 잡아당기는 팀이 승리하며 경계선에 더 가까운 팀이 진다"라는 기록이 있다. 이렇게 등지고 줄을 당기는 방식은 서로 바라보며 줄을 당기는 현대의 줄다리기와는 차이가 있다. 〈봉씨문견기교주〉 6권 〈발하〉에는 궁중에서 열린 줄다리기 시합의 정경이 기록되어 있다. 또한 〈고금도서집성·예술전(古今圖書集成·藝術典)〉 85권에는 "지금 어린아이들은 양쪽에서 줄을 잡아당긴다. 힘이 센 아이는 줄을 잡아 끌고 약한 아이는 앞으로 넘어지는데

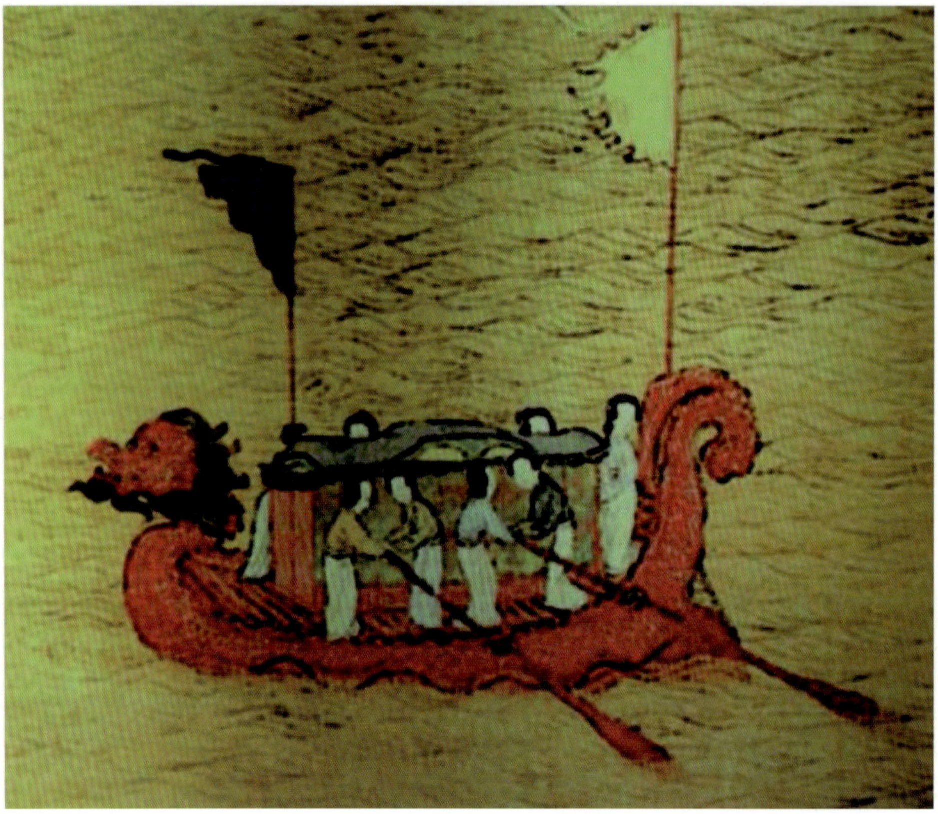

경조도(競渡圖)
〈청명상하도(淸明上河圖)〉(일부)
구영(仇英)
명나라(明代)
Dragon-boat Race

이로써 승패를 가른다. 이것이 바로 당대 청명절에 했던 발하(拔河)이다"라는 기록이 있다. 시인 설승(薛勝)은 〈발하부(拔河賦)〉에서 당시 줄다리기 시합의 모습을 묘사했다. 이외에도 과거에 '조주(洮州)'라 불렸던 감숙성 임담현(臨潭縣)에서는 매년 정월에 줄다리기 시합을 하는데 그 역사가 유구하며 오늘날까지도 성행하며 계속 이어져 내려오고 있다.

한편, 청 광서(光緒) 연간에 편찬된 감숙성 〈조주부지(洮州府志)〉 2권 〈풍속(風俗)〉에는 "매년 정월 원단(元旦)과 각 기념일의 풍속은 특별한 것이 없다. 단지 정월 닷새에 정오가 지나면 줄을 당기는 놀이를 했는데 성문 밖의 강가에서 열렸으며 마로 만든 긴 끈을 두 단으로 꼬았고 길이는 수 장(丈)에 달했다. 또한 작은 줄은 모두 큰 줄의 끝에 걸어 상하 두 부분으로 나누고 각각 줄의 양쪽을 잡아당겼다. 장정들은 앞에서 전력을 다해 당기고 노약자는 옆에서 구경을 하는데 북소리와 고함 소리가 하나가 되니 산이 울린다. 동서의 성문을 경계로 삼아 성의 남쪽과 북쪽으로 선수를 나누고 위아래로 동시에 줄을 잡아당길 수 있다. 위쪽에 사는 자는 위쪽으로 잡아당기며 아래쪽에 사는 사람은 아래쪽으로 잡아당기는데 이긴 자들은 뛰면서 환호하고 진 자들은 실망한 표정이다"라는 기록이 있다. 돈황 문헌 중에도 당시 발하의 장면을 기록한 것이 있다. 이는 발하가 줄곧 중국 고대 민간의 스포츠 게임으로서 많은 사람들에게 사랑을 받았음을 의미한다. 발하는 오늘날까지 전해져 내려오며 여전히 사람들이 좋아하는 단체 운동의 하나이다.

6) 경도

경도(競渡, 보트 경기)의 기원은 〈형초세시기(荊楚歲時記)〉를 통해 알 수 있다. 전국시대 초나라 시인인 굴원(屈原)은 5월 5일 멱라강(汨羅江)에 투신하여 사망한다. 사람들은 이날 경도를 하며 굴원을 구하고자 하는데 경도는 아마 여기서 기원했을 것이다. 5월 5일 단오날 경도에 관한 기록은 〈수서·지리지(隋書·地理志)〉, 〈무창부지(武昌府志)〉, 〈뇌주부지(雷州府志)〉, 〈항주부지(杭州府志)〉등 비교적 많다. 당나라 때 경도는 더 이상 단순히 굴원을 추모하는 것이 아닌 승부를 목적으로 하는 경기로 자리 잡았다.

경도는 당나라의 궁궐에서도 성행했는데 당나라 현종은 친히 흥경궁(興慶宮)의 흥경지(興慶池) 옆에서 경도를 즐겼다. 이적(李適)의 〈제행흥경지관경도응제(帝幸興慶池观競渡應製)〉에는 "작고 빠른 배가 다급히 우승을 다투는데 노란 연꽃을 놓게 하고 작은 돛단배는 물가를 막아 연꽃에 닿네(急槳爭標排荇度，輕帆截浦觸荷來)"라는 기록이 있다. 당나라 현종 이후 몇몇 황제도 대명궁(大明宮)의 어조전(魚藻殿)에서 자주 경도를 관람하였다. 궁궐의 여성들도 경도를 좋아했는데 장호(張祜)의 〈상사악(上祀樂)〉에는 "성성이(猩猩 또는 狌狌, 산해경(山海經) 속 상상의 동물)의 피마냥 붉은 비단 황제 뱃머리 위에 묶으니 천상의 선녀들 무늬 새긴 노를 들고 있는 듯하네. 육궁(六宮, 황후와 황제의 비빈이 사는 궁실)이 총애를 다투어 소매 걷어 폐하께 손을 흔드네(猩猩血彩系頭標，天上齊聲舉畫橈。卻是內人爭意切，六宮紅袖一時招)"라는 기록이 있는데 후궁들이 경도 시합을 하는 즐거운 장면을 잘 묘사했다.경도 경기는 송대에 이르러 더욱 완벽한 발전을 이루었고 수천추(水鞦韆)[70] 공연도 등장한다. 범성대(范成大)의 〈죽지사(竹枝詞)〉에는 "남문의 배 경주 다투어 보러 왔네(南門競船爭看來)"라는 시구가 있고, 황공소(黃公紹)는 〈단오경도가(端午競渡歌)〉(10수)를 지었는데 모두 송대 민간에서 경도가 대중적으로 사랑을 받았음을 말해 준다.

〈빙희도(冰嬉圖)〉(일부) 견본(卷局部)

고궁박물관 소장
청나라(清代)
Part of Picture of Playing Ice,painting on silk,Qing Dynasty ,The Palace Museum collection

명·청 시대의 용선 경기는 이미 비교적 완벽한 규칙과 규율을 가지고 있었고 당시 민간에서 가장 활발한 스포츠 종목 중 하나로 자리 잡는다. 이는 오늘날까지 계속 이어지며 여전히 많은 대중들의 사랑을 받으면서 경기적 특성을 지닌 조정, 카누, 범선 등 올림픽 운동 종목으로 이어지게 된다.

7) 빙희

빙희(冰嬉)는 중국 고대의 스포츠 활동이다. 〈수서·북적전(隋書·北狄傳)〉에는 "(북실위) 9개의 부락으로 나뉘며 (…) 매우 춥고 (…) 땅에는 많은 눈이 쌓여 있고 구덩이에 빠질까 나무를 타고(騎木) 다닌다"라는 기록이 있고 〈신당서·회골전하(新唐書·回鶻傳下)〉에는 "발야고(拔野古, 수당 시기에 존재했던 부락)는 내몽고 고원 이북 지역에 흩어져 있는데 땅이 천리에 달하며 사냥을 하는 풍속이 있고 경작을 하는 자가 적고 항상 빙판 위를 타며(乘木) 야생 노루를 쫓는다"라는 기록이 있다. 〈송사·예지(宋史·禮志)〉에도 "황제가 후원에 가서 꽃을 감상하고 빙희를 즐긴다"라는 기록이 있다. 여기서 언급한 '기목(騎木)', '승목(乘木)'은 모두 스케이트를 타거나 스키를 타는 것을 말한다.

신강의 시버족과 다우르족은 오랜 기간 겨울이 비교적 긴 혹한의 환경에서 생활했기에 스케이트, 스키 등의 풍속이 생겨났다. 신강에서 고고학을 통해 발견한 암벽화 중에

도 나무를 타고 다니는 스케이트 그림이 있다. 이는 문헌 자료보다 훨씬 오래된 것으로 매우 사실적이고 역사적 가치가 높아 스케이트의 기원을 연구하는 데 새로운 정보를 제공한다.

(11) 중국의 무술 운동

스포츠와 관련이 있는 고대 유물들을 통해 적어도 신석기시대에 중국의 무술이 최초의 형태를 갖추고 있었음을 입증할 수 있다. 이후 중국 고대의 미학, 윤리 사상과 합쳐진 무술은 불교, 도교, 유교 등 제자백가 학설의 영향을 받아 정(精)·기(氣)·신(神)과 수(手)·안(眼)·신(身)·법(法)·보(步) 등의 기능을 만들어 추상적인 '유의달오(由意達悟, 뜻에 따라 깨달음)'의 사유 방식을 구체적으로 표현하였고 천인일체(天人一體), 음양호보(陰陽互補), 내수외련(内修外練), 강유상제(剛柔相濟, 강함과 부드러움이 조화를 이룸), 이의격인(以意擊人, 마음으로 상대방을 제압한다), 선전불노(善戰不怒, 싸움을 잘하는 자는 쉽게 노하지 않는다), 이정제동(以靜制動, 고요함으로 움직임을 제압한다) 등의 철학을 종합하여 마침내 중화 민족의 특색과 매력을 가장 잘 겸비한 신비한 기예의 일종으로 자리 잡는다.

습무화상석(習武畫像磚)

캐나다 토론토 로열 온타리오 박물관 소장
동한(東漢)
Brick with Chinese Martial Arts Scene

창(槍)

감숙 돈황 막고굴 제256굴 주실 남벽 벽화(甘肅敦煌莫高窟第256窟主室南壁壁畫)
북주(北周)
Spear

열극도(列戟圖)

섬서 삼원 이수 묘 벽화(陝西三原李壽墓壁畫)
당나라(槍)
Halberds

〈증흥사장도(中興四將圖)**〉(일부)**

고궁박물관 소장
송나라(宋代)
Four Great Generals

훈련도(操練圖)

감숙 돈황 막고굴 제217굴 남벽(甘肅敦煌莫高窟第217窟南壁)
성당(盛唐)
Soldiers at Drill

야차도(藥叉圖)

감숙 돈황 막고굴 제285굴 남벽 벽화(甘肅敦煌莫高窟第285窟南壁壁畫)
서위(西魏)
Monster

장사도(力士圖)
감숙 돈황 막고굴 제288굴 벽화(甘肅敦煌莫高窟第288窟壁畫)
서위(西魏)
Monster

중국의 무술은 매우 전통적이면서도 세속적인 기예로 그 목적은 심신의 조화로운 발전에 있다. 이러한 이유로 무술은 고대부터 많은 관심을 받으며 '국술(國術)'이라고 불렸는데 이는 국가 스포츠에서 무술의 정통성을 보여 주는 것으로 국어, 국기, 국희(國戲) 등과 유사하다.

1) 벽화, 벽돌화, 한간, 문헌에서 보이는 무술

실크로드의 돈황 막고굴과 신강 투루판의 동굴 벽화에는 생동감이 넘치는 무술 그림이 그려져 있다. 또한 〈당사(唐史)〉와 막고굴 장동(제17굴)에서 출토된 문헌에도 무술과 관련된 기록이 있다. 감숙성 무위, 천수 및 거연에서 출토된 한간(漢簡, 한나라 때의 죽간이나 목간)에서도 무술과 관련된 자료가 발견되었다.

2) 금강, 야차 형상과 무술

실크로드의 석굴 벽화에는 금강(金剛)과 야차 그림이 굉장히 많은데, 마보(馬步), 궁보(弓步), 복보(撲步)[71] 등 걸음걸이의 모양과 가장(架掌), 압장(壓掌), 퇴장(推掌)[72] 등 손의 모양과 각종 권법 자세가 표현되어 있어 무술의 흔적을 매우 잘 보여 준다. 예를 들면 감숙성 천수시 맥적산 석굴 제135굴, 4굴, 10굴, 155굴, 133굴 등과 돈황 막고굴 북위 제251굴, 396굴, 296

굴, 서위 제 285굴, 북주 제428굴, 수나라 제303굴 및 제235굴, 248굴, 249굴, 254굴, 257굴, 260굴, 268굴, 290굴, 296굴, 297굴, 301굴, 438굴, 442굴 등에 나타나 있고 신강의 키질과 베제클리크, 쿰투라 등의 석굴에는 모두 금강과 야차의 권법이 그려져 있다.

실크로드 석굴 벽화의 금강역사(金剛力士, 사찰이나 불전의 문 또는 불상 등을 지키는 불교의 수호신)그림과 야차 그림은 매우 생생하고 선명하다. 이는 불교 경전에 나오는 호법신의 모습과 자태를 구현해 냈을 뿐만 아니라 고대 실크로드 사람들의 무술에 대한 이해와 인체에 대한 특유의 심미관을 표현해 냈다.

3) 검술

검은 일종의 병기로서 상나라와 주나라 시대에 처음 등장하였으며 가장 초기에는 청동으로 제조되었다. 진나라, 한나라 이후에는 점차 철검이 청동검으로 대체되었고 사회가 발전하면서 병기로서의 존재 가치를 월등히 넘어서며 검술, 검무, 검시(劍詩) 등 더 깊고 넓은 범위로 확장되었다. (…) 검은 자체적으로 체계를 확립한 그리고 독립적 의의를 가진 문화적 현상으로 자리 잡는다.

'검기(劍器)'는 건무(健舞)의 곡명으로 당나라 단안절(段安節)의 〈악부잡록(樂府雜錄)〉에서 볼 수 있다. 어떤 이는 검기무(劍器舞)는 비단을 들고 춤을 추는 것이라고 여겼다. 예를 들어 청나라 사람 계복(桂馥)은 〈찰복(札樸)〉 6권의 〈남고·검기(覽古·劍器)〉에서 "강원군(姜元君)이 감숙성에서 한 여인이 1장이 넘는 긴 비단을 양쪽에 묶고 그 비단을 들고서 춤을 추는 것을 보았는데 마치 유성과 같았다. 강원군이 무슨 춤이냐고 묻자 그녀는 '검기무'라 대답했다. 어떤 이가 이를 통해 이것이 바로 당대 공손대랑(公孫大娘)[73] 의 〈검기무〉임을 단언했다고 한다"라는 기록이 있다. 이는 청대 어떤 자가 감숙성에서 검기무 공연을 보았다는 것을 알려준다. 돈황에서 출토된 두루마리에는 검기를 묘사한 시가 있는데 P.3591호 '동산화상신검가(洞山和尙神劍歌)', P.3633호 '용천신검가(龍泉神劍歌)', P.3821호 '삼척용천검(三尺龍泉劍)'이 바로 그것이다. 이외에도 당나라 시인 잠삼(岑參)의 "주천의 태수 검무에 능하니 대궐같은 집에서 주연을 베풀고 북을 치네(酒泉太守能劍舞, 高堂置酒夜擊鼓)"라는 시구도 있다.

당나라 때 유행한 검기무는 당시 무술 공연을 매우 자세하고 생동감 있게 묘사했다. 돈황 문헌에 남아 있는 문자 기록은 당나라 무용의 풍격과 면모, 특히 무용과 무술의 관계를 연구하는 데 매우 귀중한 사실적 증거를 제공한다. 그러므로 '무검기(舞劍器)'는 무술과 무무(武舞)를 바탕으로 다른 민족의 악무(樂舞)를 수용하여 다시 재창조한 것으로 예술적으로 비교적 높은 성과를 거두었으며 무검기에 표현된 기세와 리듬, 정신은 당시의 시대적 풍격과 융합되며 조화를 이루었다. 공손대랑의 무용은 삶에 기반을 둔 것으로 특별한 예술적 창조를 통해 탄생하였으며 웅건하고 굳세며 민첩하고 장엄한 아름다운 무검기의 전형이다. 막고굴 외에도 유림굴 제25굴에도 검을 들어 찔러 죽이는 그림이 그려져 있다.

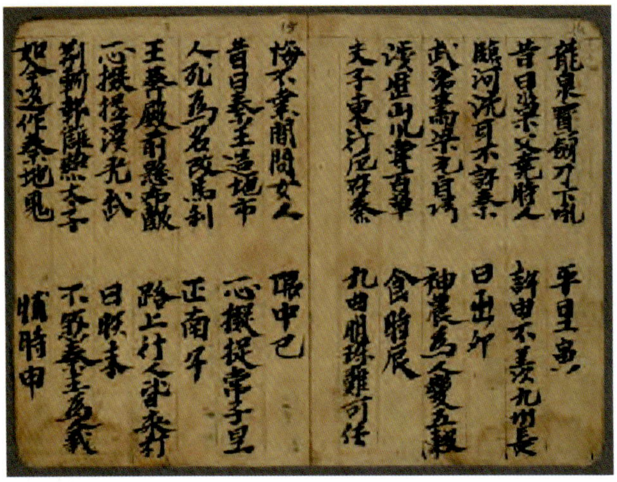

삼척용천검(三尺龍泉劍)

돈황 문헌 P.3821

Chinese Historical Records about Sword

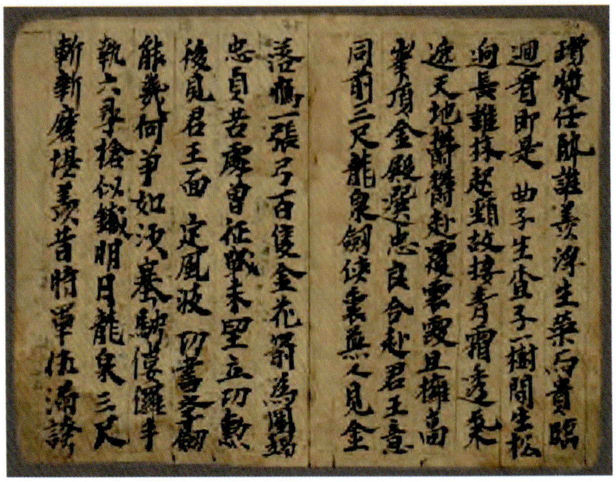

삼척용천검(三尺龍泉劍)

돈황 문헌 P.3821

Chinese Historical Records about Sword

증검도(贈劍圖)

감숙 고현 고수구 1호 고분의 채색 벽돌화(甘肅高縣苦水口1號墓彩繪磚畫)

위진시대(魏晉)

Offering Sword

도술(刀術)

돈황 막고굴 제61굴 벽화(甘肅敦煌莫高窟第61窟壁畫)
오대십국(五代)
Fencing Match

논검도(論劍圖)**(모사)**(臨摹)

돈황 막고굴 제45굴 벽화 남쪽 벽화
(甘肅敦煌莫高窟第45窟南壁壁畫)
성당(盛唐)
Fencing Match

자기패(瓷牌) **〈문계기무**(聞鷄起舞)**〉**

《중국미술전집》 발췌
청나라(清代)
Dancing in Early Morning, porcelain plaque
Qing Dynasty

〈남도번회도(南都繁會圖)**〉 일부(잡기)**(雜技)

《중국미술전집》 발췌
명나라(明代)
Acrobatics, part of the painting "Bustling Fair at a Southern City"
Ming Dynasty

사람·야수·나무를 수놓은 붉은색 두루마기(紅底人獸樹紋刺袍)

신강 문물 고고학 연구소(新疆文物考古研究所) 소장
한진 시대(漢晉)
Red Robe with Human-beings,animals and Trees Scene

칼(구리)(銅刀)

광둥성(廣東) 박물관 소장
한나라(漢代)
Bronze Knife

화살 촉(구리)(銅箭簇)

광주(廣州) 박물관 소장
진나라(秦代)
Bronze Arrow Bunch

도끼(구리)(銅鉞)

전국시대(戰國)
Bronze Battle-axe

구리 단검(銅匕首)**(사람 머리 모형 손잡이)**(人頭形柄)

감숙 영태 백초파 2호 고분(甘肅靈臺百草坡2號墓) 출토

Bronze Knife

서주벽걸이 융단: 사람 머리에 말의 몸을 한 무사(人首馬身武士像挂毯)

신강(新疆) 박물관 소장

Tapestry with Portrait of centaurs

칼등이 휘어진 칼(구리) 사슴 머리 모양(弧背鹿首銅刀)

신강 하미(新疆哈密) 박물관 소장

Bronze Deer-head Knife

강철검(鋼刀)

《중국무술전집(中國武術全集)》 발췌
청나라(清代)
Steel Sword

지검도(持劍圖)

신강 키질석굴 제188굴 벽화(新疆克孜爾石窟第188窟壁畫)
7세기
Holding a Sword

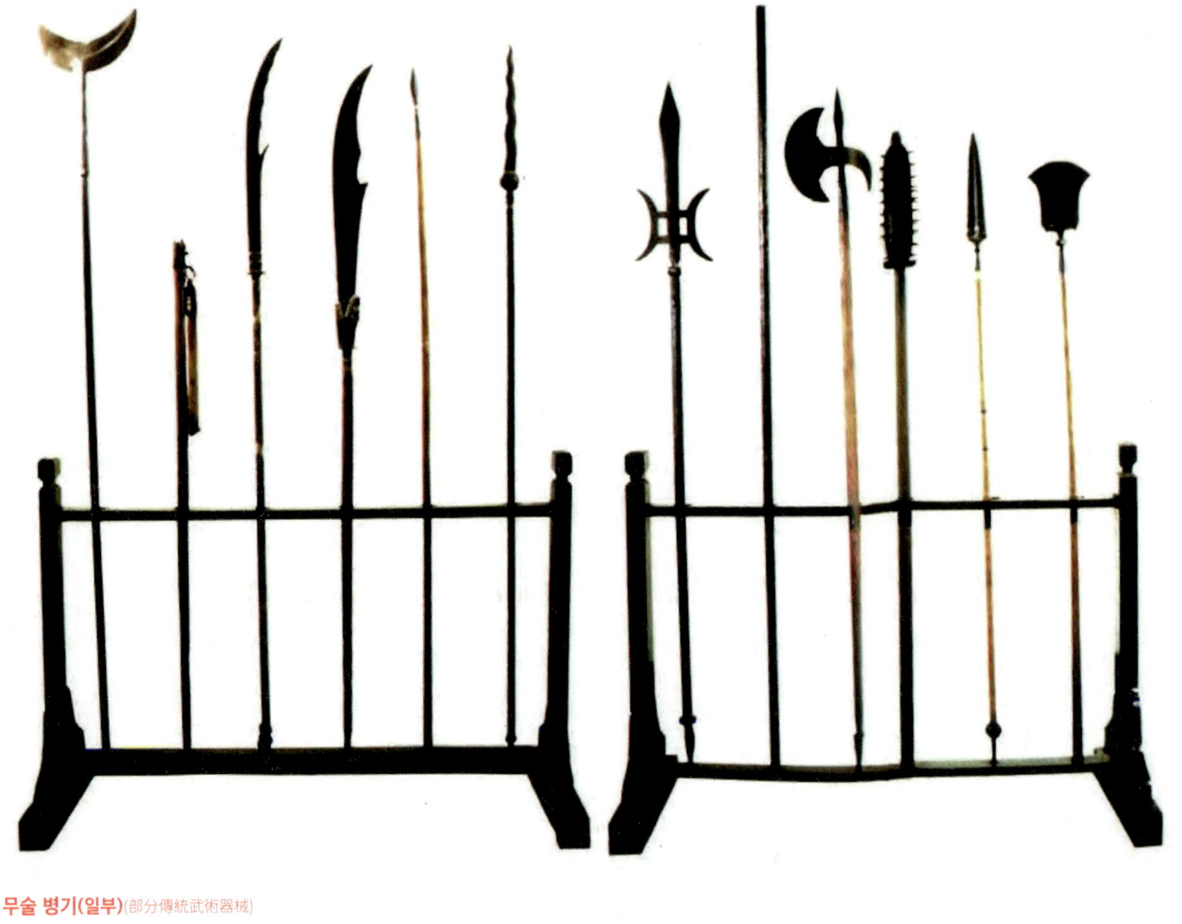

전통 무술 병기(일부)(部分傳統武術器械)

《중국무술전집》 발췌
Traditional Chinese Weapons

(12) 전통 양생 운동

양생은 '위생(衛生)', '섭생(攝生)', '양성(養性)' 으로도 불린다. 양생학은 '양생지도(養生之道)'라고 불리며 체질 강화, 예방 의학, 수명 연장에 대한 학문을 연구한다. 고대인들은 양생이란 '개원(開源, 새로운 것을 주입하는 것)'이 아닌 '절류(節流, 신체의 에너지 소모를 줄이는 것)'라고 주장하며 '등용소초('초(燭)'는 등의 심지를 가리킴)를[74] 제창하였는데, 이는 사람들의 체력 소비를 줄이고 신진대사를 늦춰 각 기관과 세포 조직이 신진대사의 마지막 단계에 빨리 도달하는 것을 피했다.

1) 도인술(導引術)

도인(導引)은 '도(導)'와 '인(引)'에서 기원한 것이다. '도(導)'는 기를 이끄는 것이며 '인(引)'은 신체를 이끄는 것으로, 모든 물체의 양면이다. 장자는 일찍이 '도기영화(導氣令和, 기운을 이끌어내어 조화롭게 한다)', '도체영유(導體令柔, 몸을 부드럽게 만든다)'라 하였다. 또한 '화(和)'는 통한다는 것이며 '유(柔)'는 강인하고 탄성이 있다는 것이다. 사실 도기(導氣)는 양기가 충분히 전신에 흐르게 하여 세포가 영양분을 얻을 수 있게 하며 인체(引體)는 뼈와 근육을 강인하면서도 부드럽게 하여 더욱 활력이 넘치게 한다. 영하 박물관에는 진귀한 '도인(導引)' 목판화 한 폭이 소장되어 있는데 그림이 생동감이 넘친다.

돈황 P.3810 사본 〈호흡정공묘계(呼吸靜功妙訣)〉 전권은 총 두 부분으로 나뉜다. 앞부분은 〈호흡정공묘계〉의 본문으로 총 13행에 273자이고 뒷부분은 부록인 '신선죽(神仙粥)' 으로 총 4행에 73자이다. 책자는 완전하고 소실된 것도 없으나 다만 필사 수준이 비교적 낮다. 전문은 문단을 나누지 않았고 둥근 점으로 문장을 나누었는데 필사자의 성명과 필사 연대는 기록되어 있지 않다. 필적을 보면 이는 아마 당나라 도인이 필사한 전본(傳本)으로 역대 역사서에는 기록이 남아 있지 않다.

실크로드상의 석굴, 소상(塑像), 유서(遺書), 간독(簡牘, 옛날 글자를 적는 데 쓰인 대나무조각이나 나뭇조각)에는 보건 의료과 관련된 다량의 자료가 남아 있다. 주로 불교의 '포기속념(拋棄俗念, 속세의 이념을 버리는 것)'이 정신적인 심리 치료 요법에 뜻을 두고 있다는 것, 요가의 수지(修持, 수양하여 자신을 확립함), 도교의 단약(煉丹), 벽곡(辟谷, 신선이 되는 수련 과정 중 하나로 곡식을 먹지 않는 것), 내단도인(內丹導引, 단전 안의 정기를 수련하여 기를 이끌어 내는 것), 토납(吐納, 더러운 기를 토하고 코로 신선한 기를 마시는 것), 방중술(房中術, 규방에서 남녀(음양)가 성을 영위하는 방법과 기술) 등 사람의 생리 현상과 건강한 아이를 가지는 것, 위생 환경과 개인 위생, 생태 환경 보호 등의 내용을 다루고 있다.

도인 목판화(導引木版畫)

영하 만보(寧夏萬寶) 박물관 소장
서하(西夏)
Doing Exercises

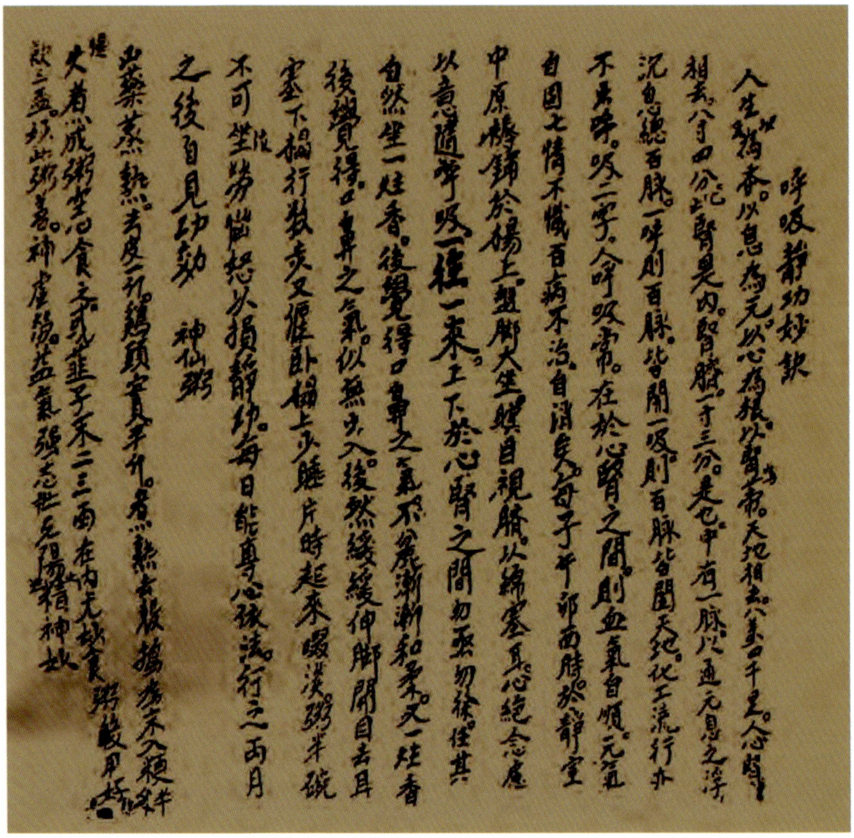

呼吸靜功妙訣

人生以氣爲本。以息爲元。以心爲根。以腎爲蒂。天地相去八萬四千里。人心腎
相去八寸四分。此腎是內腎。臍下一寸三分是也。中有一脈。以通元息之浮
沉。息總百脈。一呼則百脈皆開。一吸則百脈皆闔。天地化工流行。亦
不出呼吸二字。人呼吸常在於心腎之間。則血氣自順。元氣
自固。七情不熾。百病不治自消矣。每子午卯酉時。於靜室
中。厚褥鋪於榻上。盤腳大坐。瞑目視臍。以綿塞耳。心絕念慮
以意隨呼吸一往一來。上下於心腎之間。勿急勿徐。任其
自然。坐一炷香。後覺得口鼻之氣不粗。漸漸和柔。又一炷香
後。覺得口鼻之氣似無出入。然後緩緩伸腳開目。去耳
塞。下榻行數步。又偃臥榻上。少睡片時。起來啜淡粥半碗
不可作勞惱怒。以損靜功。每日能專心依法行之。兩月
之後。自見功效。　神仙粥
山藥蒸熟。去皮一斤。雞頭實半斤。煮熟去殼。搗爲末。入粳米半
升。慢火煮成粥。空心食之。或韭子末二三兩在內。尤妙。食粥後。用好熱酒
飲三盃。妙。此粥善補虛勞。益氣強志。壯元陽。止泄精。神妙

호흡정공묘계(呼吸靜功妙訣)

돈황 P.3810 사본
Chinese Historical Records about Breathing Practicing

양치질(刷牙圖)

감숙 돈황 막고굴 제159굴 벽화 남벽 벽화(甘肅敦煌莫高窟第159窟南壁壁畫)
당나라(唐代)
Brushing Teeth

제밀도(臍密圖)

감숙 돈황 막고굴 제272굴 서쪽벽 벽화(甘肅敦煌莫高窟第272窟西壁壁畫)
북량(北涼)
Practicing Breathing

머리 감기(澆洗圖)

감숙 돈황 막고굴 제25굴 북벽 중앙에 있는 벽화(甘肅敦煌莫高窟第25窟北壁中部壁畫)
당나라(唐代)
wash hair

방생도(放生圖)

감숙 숙북 5개묘 석굴 제3굴 벽화(甘肅肅北五個廟石窟第3窟壁畫)
서하(西夏)
Setting the Birds Free

득의도(得醫圖)

제217굴 남벽 벽화(第217窟南壁壁畫)
성당(盛唐)
Seeing a Doctor

채색 인형: 목욕하는 아이(洗浴彩繪童俑)

섬서 서안 한삼채 고분(陝西西安韓森寨古墓) 출토
당나라(唐代)
Colored Pottery Figure of Kids Taking Bath

선정불(禪定佛)

제259굴 북벽 동쪽 끝 벽화(第259窟北壁東端壁畫)
북위(北魏)
Buddha in the Meditative State

출정도(征戰圖)

《세계미술사》 발췌
시리아
Fighting, Syria

2 중앙아시아의 고대 경기 스포츠

중앙아시아 지역의 카자흐족, 우즈베크족, 키르기스스탄족, 타지크족, 투르크멘족의 형성 과정에서 그들의 선민이 중국의 북방에서 생활한 적이 있었다는 점을 고려하면 중국과 중앙아시아 민족을 먼 친적이자 가까운 이웃이라 해도 과언이 아니다. 한나라 이래 중국과 빈번한 교류를 했던 중앙아시아의 각 민족은 중국과의 문화 교류도 잦았고 이는 여러 문화의 공동 번영과 발전으로 이어졌다. 그중 민간 유희와 민간 스포츠, 민간 무용은 더 널리 전파되었는데 경마, 고낭추(姑娘追),[75] 양 빼앗기, 씨름, 격구, 필드 하키, 장기, 매 사육, 사냥 등이 줄곧 중앙아시아 일대 민족들에게 많은 사랑을 받았다.

문헌의 기록과 출토된 문물을 보면 중앙아시아 지역에 분포된 산맥, 초원 일대의 암석과 절벽에는 민족의 생활 및 생산 노동과 관련된 사냥·격투·무용·전쟁 등을 그린 수많은 암벽화가 있음을 알 수 있다. 필자는 현지에서 직접 연구를 하며 원시 스포츠 관련 자료들을 수집했다. 이를 통해 암석에 새겨진 그림과 스포츠의 관계를 연구하고 암벽화

출정도(征戰圖)
《세계미술사》 발췌
Fighting

에 나타나는 원시 스포츠의 형태가 인류의 특정 발전 단계의 공통적인 심리 현상과 문화 현상 그리고 스포츠가 생산·생활·토템의 발전과 함께 했다는 합리성과 필연성을 반영하고 있음을 확인했다.

(1) 씨름

중앙아시아 일대의 민족들이 즐겼던 전통 스포츠의 형식은 풍부하고 다양하다. 한 예로 중앙아시아 일대의 민족들이 대부분 좋아했던 씨름은 보통 전통 축전이 있는 날에 열렸다. 문헌의 기록에 따르면 중앙아시아 민족이 즐겼던 씨름은 대체로 성인 경기와 소년·아동 경기로 나누었고 연령과 체급을 따로 나누지 않았다. 시합에는 다양한 형식이 있었는데 고전 씨름, 자유 씨름, 옛 전통을 지닌 카자흐족 씨름이 가장 보편적이었다.

(2) 경마

경마는 중앙아시아 유목민족의 전통적인 스포츠 종목으로 시합은 보통 '경마'와 '말 경보 시합(иноходь)'으로 나뉘었다. 그 차이는 달리기와 경보와 비슷했는데 전자는 누구의 말이 빠른지를 보았으며 후자는 속도뿐만 아니라 그 자태도 보았다. 말 경보 시합은 보통 양 자세, 낙타 자세, 잔걸음 자세 등 세 가지 경보 자세가 있었다. 기수에게 비교적 높은 수준의 기마술을 요구했던 말 경보 시합은 반드시 규정에 따라 걸음걸이를 유지할 것을 요구했다. 또한 네 다리가 동시에 땅에 닿아서는 안 되었고 달릴 때 그 자세가 규정을 벗어나면 결과는 무효로 판정되었다. 경마 시합은 대부분 광활한 초원이나 목장에서 열렸으며 경기장에는 직선 트랙과 원형 트랙이 있었다. 경주 거리는 자유롭게 정할 수 있었고 짧은 건 수 킬로미터에서 긴 것은 수십 킬로미터에 달했다.

(3) 격구

격구는 중앙아시아 민중이 자주 즐겼던 주요 운동 종목 중 하나이다. 서기 552년부터 565년, 돌궐족은 페르시아 군대와 연합하여 강거(康居),[76] 소디아, 페르가나(Fergana)[77]와 아무다리야강 이남 지역에 거주하며 강력한 돌궐 민족 세력을 형성했다. 오늘날의 격구는 중앙아시아 돌궐족이 즐겼던 고대 기마 종목 중 하나로 격구 열풍은 돌궐족에 상당한 영향을 미쳤다. 중앙아시아의 투르크메니스탄, 우즈베키스탄, 타지키스탄 일대의 각 민족들은 4세기부터 말의 생산·품평·훈련으로 생계를 유지하며 오랜 기간을 말 위에서 생활했다. 이는 기마술·기마 사냥·기마 유희 혹은 경기 운동 등 고유한 기마 문화를 잉태했고 후에는 인류의 생존과 정신적 필요에 의해 격구 같은 기마 유희도 탄생했다. 중앙아시아 일대의 모든 민족은 격구를 최고의 유희 오락으로 여겼고 홀린 듯 격구에 빠져들었다.

(4) 고낭추

고낭추는 카자흐족의 청년 남녀들이 경사스러운 날에 말 위에서 즐겼던 유희이다. 놀이에 참여하는 청년 남녀들은 넓고 평평한 초원에서 나란히 말을 타고 전방 2-300m의 지정된 곳에서 천천히 다가오는데 남자들은 길에서 여자들에게 마음껏 장난을 칠 수 있고 마음도 표현할 수 있다. 후에 지정된 곳에 도착해 돌아가야 할 때면 남자들은 먼저 재빨리 말머리를 돌려야 하고 여자들은 채찍질을 하며 그 뒤를 뒤쫓는데 여자들은 채찍으로 장난을 치는 남자들을 때리지만 남자들은 규칙이 있어 되받아칠 수 없다. 그래서 초원 위에 기를 쓰고 도망치는 남자들과 필사적으로 이를 쫓는 여자들의 생동감 있는 장면이 펼쳐진다. 보통 몇 시간 동안 게임이 이어지며 청년들은 돌아가며 여자들을 초대할 수 있고 참가자들이 마음껏 즐길 때까지 게임은 계속 된다.

(5) 양 빼앗기

양 빼앗기는 카자흐족이 복을 기원하는 놀이로 경기적 특징이 강하며 투쟁도 격렬한데 용맹함, 맹렬함, 기지가 한데 모인 기마 스포츠 경기였다. 관중은 보통 수천 명에서 심지어 수만 명에 달했고 그 장면은 일대 장관에 관중들의 열기도 엄청났다. 말 빼앗기는 중

세 시기에 기원을 두고 있다. 늑대가 가축을 잡아먹는 것에 분노한 사람들은 늑대를 잡아 서로 빼앗는 놀이를 즐겼는데 이 놀이가 후에 전문적인 유희 형식으로 발전했고 늑대 빼앗기에서 양 빼앗기로 바뀌었다.

(6) 기마

기마 공연은 빠르게 달리는 말 위에서 땅의 원보를 줍거나 원보를 쏘아 맞추는 것이다. 그리고 말 위에서 각축을 겨루는 기마 경기는 선수들이 각자 한 필의 말을 타고 상대방을 말에서 떨어뜨리거나 자신의 말에 태워 승리를 얻는 경기였다.

달리는 말 위에서 원보를 줍는 놀이는 사회자가 빨간색 비단으로 은화를 감싼 후 땅에 놓으면 게임 참가자가 말을 타고 질주하며 그 원보를 줍는 놀이로 승리자는 이를 가지고 갈 수 있었다. 말을 타며 원보를 쏘아 맞추는 놀이는 가는 새끼줄로 원보를 막대에 묶어 놓으면 참가자가 약 50미터 밖에서 말을 타면서 활로 쏘아 맞추는 것으로 원보가 땅에 떨어지면 승리한 것으로 보았다.

셀주크 기마병(塞爾柱騎兵)
《세계미술사》 발췌
The Seljuk Cavalry

셀주크 기마병(塞爾柱騎兵)
《세계미술사》 발췌
The Seljuk Cavalry

전쟁(戰爭)
중앙아시아
Fighting, Middle Asia

수렵도(狩獵圖)
아프가니스탄박물관
hunting

수렵도(狩獵圖)
아프가니스탄박물관
hunting

알타이산맥 암벽화군(阿爾泰山脈岩畫群)

몽골

The Rock Paintings in the Altai Mountains

(7) 사냥

중앙아시아 지역의 민족들은 매년 봄과 가을에 전통 사냥제를 열었다. 현지 사람들은 이를 살부룬(Salburun)이라 불렀다. 사냥제 기간에는 매 사냥, 경마, 늑대와 사냥견 싸움 등의 유희 활동을 즐겼고 중앙아시아 선민들의 유목 생활을 체험하며 전통적인 사냥법을 부흥시키고 드높였다. 사람들은 사냥제가 열리면 활과 화살, 사냥매, 사냥견을 이용해 사냥을 즐겼고 검독수리, 매 사냥, 늑대와 사냥견 싸움 등의 볼거리와 경마, 매 날리기 등 경기도 마련했다. 이러한 활동을 통해 중앙아시아 민족의 전통 사냥 방식을 이해할 수 있다.

고트족 병사(哥特士兵)
Gothic Soldiers

금 장신구(金飾品)
카자흐스탄 이식쿨 쿠르간 지역에서 출토
기원전 5세기-기원전 4세기
Gold Ornaments

(8) 무용

춤추는 것을 좋아했던 중앙아시아 민족들은 춤을 통해 자신의 사상, 감정, 마음 속의 희노애락을 표현했다.

카자흐족의 무용 중에는 어깨를 흔드는 동작과 보법인 마보(馬步, 오른발을 앞으로 내밀고 허리를 낮춘 자세) 자세가 많으며 소재는 말, 독수리, 곰, 백조, 사냥 등 동물과 생활의 모습을 묘사한 것이 많았다. 춤은 규칙성이 강했고 거칠고 용맹했으며 스텝은 가벼웠는데 제자리에서 돌기, 공중회전, 점프 등의 동작이 있다. 또한 민족적·역사적 전통을 반영하며 민족의 생활의 정취가 짙게 배어 있고 중앙아시아 각 민족의 생활 모습을 생생하게 반영하고 있으며 목축업 생산 및 목축 생활의 특징을 짙게 드러내고 있다. 여기에서 말하는 춤은 주로 중앙아시아에서 장안으로 전해진 호선무(胡旋舞)와 호등무(胡騰舞), 자지무(柘枝舞)이다. 문헌에서는 서기 718년부터 중앙아시아 각국이 매년 당 왕조에 호선녀를 바쳤다고 기록하고 있다. 호선무와 호등무가 보여 주는 분방함, 강함, 도약, 회전 등의 동적인 동작과 웅장한 기세는 강렬한 충격과 감화력을 지니고 있다.

3
인도의 고대 스포츠

기원전 15세기를 전후로 아리아인은 서북 쪽에서 군마과 전차를 타고 산길을 넘어 고대 인도에 들어온다. 이들은 언어상으로 인도유럽어족에 속하며 단일 민족이 아니다. 이들

마이소르왕궁(邁索爾王宮)
인도
Mysore India Palace

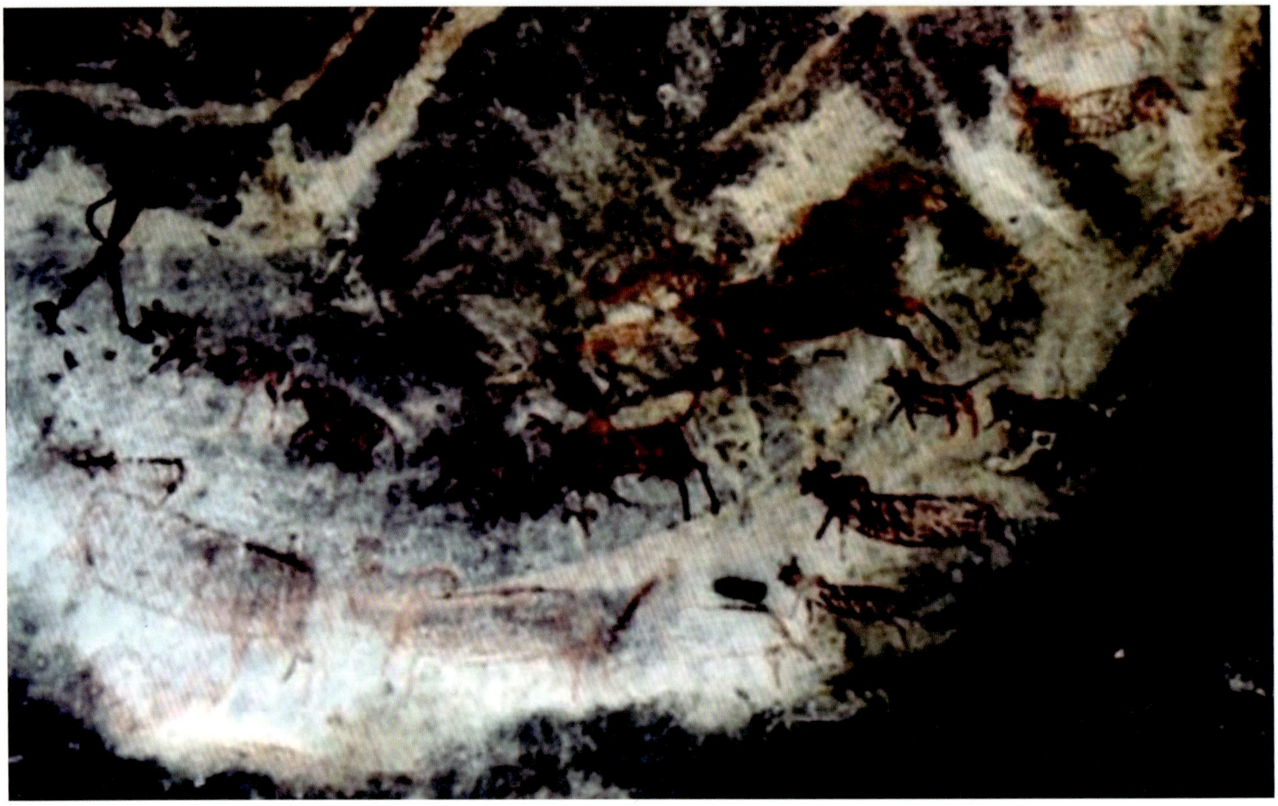

체육 벽화(體育壁畫)

인도 빔베트카 석굴
Wall Painting of Sports, India

추격도(追逐圖)

인도 빔베트카 석굴
Chasing, India

은 남러시아[78]와 중앙아시아 일대의 대초원 지역, 이란과 아프가니스탄에서 고대 인도로 유입되었을 것이고 오랜 기간 이주를 하면서 점차 자신의 언어인 베다어를 형성했을 것이다. 본래 유목 생활을 했던 아리아인은 고대 인도의 중심부에 들어가면서 점차 생활 방식의 변화를 겪게 되는데 인더스강 문명 특히 농업 문명은 아리아인에게 깊은 영향을 미쳤고 그들은 드디어 말에서 내려와 한 곳에 정착하며 호미를 들고 경작을 시작한다.

기원전 332년, 젊은 청년 '찬드라굽타'[79]는 난다 왕조에 치명적인 타격을 입힌다. 그는 용감하고 전쟁에 능한 반란군을 이끌고 난다 왕조의 수도 파탈리푸트라를 공격했고 후에 왕위에 올라 마우리아 왕조 시대를 연다.

기원전 1세기 전후로는 새로운 세력이 등장한다. 바로 대월지[80] 군대가 등장한 것이다. 그들은 먼저 인도 서북의 작은 소국들을 공격한 후 그 세력을 겐지스 유역으로 확대하여 강력한 쿠샨 왕조를 세웠고 카니슈카왕 때 전성기를 맞는다. 기원전 4세기에는 쿠샨 왕조의 번속국인 굽타 제국이 굴기하며 굽타 왕조가 세워졌고 이 기간 동안 쿠샨 왕조의 색채가 짙은 불교가 실크로드를 따라 주변 지역으로 널리 퍼져 나가면서 세계적인 종교로 자리 잡는다. 불교가 전파되자 쿠샨 제국의 문화도 다른 국가로 전해졌고 간다라 예술, 기타 석굴 예술 음악, 무용, 스포츠 등 쿠샨 왕조의 문화가 중앙아시아와 서역 그리고 중국에 영향을 미치게 된다.

1526년, 무굴족은 드디어 아그라에 자신들의 국가를 세운다. 이것이 바로 훗날의 무굴 왕조다. 이후 몇 차례 황제들의 정복 전쟁을 거쳐 악바르 대제 시기에 이르러 무굴왕조는 고대 인도에 확실히 뿌리를 내린다. 그리고 1867년까지 계속된 무굴왕조의 통일 전쟁[81]은 남인도 최후의 세력인 마라타 왕국이 무굴왕조 황제 악바르 대제의 증손자 아우랑제브 대제[82]에게 투항하면서 끝이 난다.

스포츠 부조(體育浮雕)

인도 국가박물관 소장
Relief of Sports, India

고기잡이(捕魚)
인도 빔베트카 석굴
Rock

고대 인도 사회는 각종 천재(天災)와 인재(人災) 그리고 전쟁의 상흔을 겪었다. 하지만 인도의 문명과 문화가 발전하면서 인도 사람들은 본능적으로 여가 시간에 여러 형식의 유희, 오락, 경기를 창조했는데 이는 삶을 사랑하는 사람들에게 즐거움을 가져다 주었다.

(1) 사냥

베다 초기[83] 아리아인은 실전 연습을 위해 사냥감을 적으로 간주하고 잡아 죽였다. 고대 인도의 브라만교 성전인《리그베다》에는 아리아인이 사냥 모습이 기록되어 있다.

후에 사냥을 오락 활동으로 여기는 사람들은 더 많아졌고 도시의 부유층은 매번 사냥을 할 때마다 경험이 있는 직업 사냥꾼을 교관으로 고용했다. 그물, 함정, 활, 화살 등은 당시 짐승을 사냥할 때 주로 사용했던 도구였다. 후에 사냥은 차츰 인도인들의 경기 오락으로 자리 잡는다.

현재 인도의 뉴델리국립박물관에서는 인도 왕족들이 호랑이, 노루를 사냥하는 그림과 말을 타며 활쏘기를 하는 그림 등을 전시하고 있다.

사냥꾼과 기사(狩獵者和騎士)

인도 빔베트카 석굴

Hunter and Knight, India

사냥(狩獵)

인도 암벽화

Rock

사냥매(獵鷹)

17세기 세밀화
현 인도 국가박물관 소장
The Falcon

사냥매(獵鷹)

17세기 세밀화
현 인도 국가박물관 소장
The Falcon

수렵도(狩獵圖)

현 인도 국가박물관 소장

Hunting

수렵도(狩獵圖)

현 인도국가박물관 소장

Hunting

수렵도(狩獵圖)

현 인도 국가박물관 소장

Hunting

수렵도(狩獵圖)

인도 자이푸르 하와마할

Hunting, India

수렵도(狩獵圖)

인도 자이푸르 하와마할

Hunting, India

수렵도(狩獵圖)

인도 자이푸르 하와마할

Hunting, India

수렵도(狩獵圖)

인도 자이푸르 하와마할

Hunting, India

수렵도(狩獵圖)

현 인도 국가박물관 소장
Hunting

수렵도(狩獵圖)

현 인도 국가박물관 소장

Hunting

수렵도(狩獵圖)

현 인도 국가박물관 소장

Hunting

수렵도(狩獵圖)

현 인도 국가박물관 소장

Hunting

(2) 경마

경마는 베다 시기에 유행하기 시작한 주요 스포츠 종목으로《베다본집》과《야주르베다》에서는 경마 시합을 묘사하고 있다. 인도인들은 말을 "अरवण"라고 부르는데 "अजय करत"는 경주마를 의미한다. 당시 아리아인 사회의 거의 모든 마을에는 경마장을 지었고 조건이 되는 대도시들은 원형의 전문 경마장을 지었는데 주변의 향촌에서는 이곳에서 정기적으로 열리는 경마 축제에 뛰어난 선수들을 보냈다. 일부 대규모 경기에는 수많은 관중이 몰렸고 경마는 인도인들이 좋아하는 경기 운동으로 자리 잡았다.

(3) 전차 경기

기원전 2000년 청동기 중후기 말과 전차는 긴밀한 파트너로 전차병은 대국의 핵심 병력이었다. 이집트, 바빌론 등 국가는 모두 '천승지국(千乘之國)', 즉 천 대의 전차를 보유한 국가였다. 인도 전차의 무사들은 궁수이기도 했는데 이는 전차 양쪽에 활을 두는 항아리와 화살촉을 구비해 두었기 때문이다.

인도에서 전차 경기의 역사는 비교적 유구하다. 전차의 운전수는 전쟁에서 일찍이 전차를 모는 기술을 익혔다. 후에 아리아인이 인도에 진출하면서 인도는 유목 생활을 하던 군대 부락에서 경제·문화가 급속도로 발전한 제국으로 성장하게 되는데 이에 따라 그동안 전차 기술의 연마를 위해 했던 전차 운전 훈련도 점차 경기성을 띤 전차 경기로 발전하여 인도인의 스포츠 경기로 자리 잡으며 종교 의식과도 결합한다. 하지만《야주르베다》의 기록에 따르면 전차 경기의 우승자는 엄청난 상을 받아도 기쁘지 않았을 수도 있다. 시합에서 승리하면 우승자의 애마는 제물이 되어 죽임을 당했기 때문이다. 물론 고대의 전차 경기는 역사의 뒤안길로 사라졌지만 뚜렷한 경기적 특징을 지녔기에 레이싱으로 올림픽 경기 종목에 편입되게 된다.

(4) 권투

권투는 베다 시기 아리아인들이 매우 중시했던 운동으로 심지어 선사시대의 씨족 사회에서는 권투 시합으로 부락의 지도자를 결정하기도 했다. 이러한 이유로 권투는 줄곧 고대 인도인들의 사랑을 받았다. 고대 촌락 사회에서 이름 있는 권투 선수의 지위는 매우 높았고 그들은 농한기에 이웃 마을과 권투 경기에 참여해 촌락에 영광을 가져다 주었다. 그리스인이 인도를 침략한 뒤에는 겐지스강 일대에 그리스식 권투 열풍이 불었다. 당시 권투 선수는 짐승의 가죽으로 양손을 감싸고 상반신은 드러낸 채 그리스풍의 짧은 치마만 입었으니 현대의 권투 선수와 비슷했다. 그러나 경기 방식은 더 잔인했다. 때로 부락의 명예를 대표하는 권투 선수 간의 시합은 생사를 건 시합이었다. 후에 고대 인도의 권투는 서양 권투의 영향을 받아 경기 제도와 규칙을 보완했고 점차 현대 경기 스포츠의 방향으로 나아가게 되었다.

(5) 낙타 경기

7세기를 기점으로 아랍인의 정복지였던 인도 신드 주 지역 등지에는 아랍적 색채가 짙은 낙타 경기가 유행했다. 최초의 낙타 선수는 기마술이 뛰어난 아랍의 기사로 경기는 인도 힌두교 사회의 경마 시합처럼 격식을 갖추지는 않았다. 사람들은 사막 또는 목장에 임의로 큰 원을 그렸고 신호가 울리면 각지에서 온 향촌의 선수들이 종점을 향해 질주했다. 경기는 매우 난잡했기에 항상 넘어지는 사람들과 낙타들이 있었다. 우승자는 진 사람의 낙타를 얻을 수 있었고 시합이 끝난 후에는 불을 피우고 그 낙타를 구워 산해진미로 삼았다. 최초의 낙타 경기는 사람들의 모임에 가까웠으며 그 목적은 오락에 더 가까웠다.

12세기 이후 인도 서부의 낙타 경기는 점차 귀족과 부락 간의 명예를 위한 시합으로 변화·발전했다. 경기장은 규범화되었으며 단순히 속도만 겨루던 것에서 벗어나 우아한 보폭, 윤기나는 털도 승패를 가르는 평가 기준으로 삼았다. 낙타 기수는 8세에서 16세의 아동 낙타 전문 기수로 바뀌었는데 모두 빈곤한 힌두교 가정이나 이슬람교 가정에서 사 온 아이들로 어렸을 때부터 엄격한 훈련을 받았다. 이 당시 낙타 경기는 수많은 관중을 사로잡았지만 더 이상 대중이 참여하던 초기의 민간 오락은 아니였으며 귀족의 유희 활동으로 자리 잡았다.

(6) 코끼리 싸움

코끼리 싸움은 인도 동북지역의 토착 부락이 가장 좋아하는 오락 경기로 그 역사는 매우 유구하다. 방글라데시인이든 드라비다인이든 코끼리를 훈련시키는 대부분의 부락에는 이와 같은 공연이 있었다.

코끼리 싸움은 보통 우기가 끝나면 열렸다. 사람들은 우림 속에서 공터를 찾아 코끼리 경기장을 마련했고 경기장과 관중석 간에 깊은 구멍을 파 만일의 상황에 대비했다. 코끼리를 훈련시키는 부락에서는 훈련 받은 코끼리 중 가장 강한 수컷 코끼리를 뽑아 오색으로 머리와 코를 채색했고 공연 전에 검은색 천으로 그 두 눈을 가리고는 흥분을 유도하는 약주를 먹였다. 공연이 시작되면 천을 벗겼는데 흥분한 코끼리는 눈 앞의 코끼리 조련사에게 맹렬하게 달려들었고 용감하게 도전장을 내민 조련사에게는 단지 몇 명의 조수만 있을 뿐이었다. 조련사는 거대한 코끼리 앞에서 민첩한 몸으로 빠르게 뛰어다니며 위험한 장면을 연출했다. 때로 이러한 공연은 오랫동안 이어졌고 2-3명의 조련자가 돌아가면서 무대에 올랐다. 후에 약효가 사라지고 코끼리가 안정을 되찾으면 경기가 종료되었다.

6세기 이후 코끼리 경기는 숲에서 벗어나 인도 남부 제국의 경축식에서 행하는 주요 공연으로 자리 잡았다. 이는 후에 인도 문화의 일부분이 되어 미얀바, 캄보디아 등 주변국에 전해졌다.

(7) 산양들의 힘겨루기

인도 북부와 서부 산간의 몽골 부락에서는 '산양들의 힘겨루기'라는 시합이 유행했다. 먼저 마을에서는 가장 건장한 남자 두 명을 뽑아 '산양' 역을 하게 한다. 돈을 건 후 4-5미터 정도의 가죽끈으로 등을 맞대고 있는 '산양'들의 허리와 어깨를 묶는다. 그리고 끈의 중간에는 빨간색 실로 금화나 은화를 묶어 놓고 재를 이용해 두 사람의 중간에 수직으로 선을 긋는데 심판이 '준비!'를 외치면 선수들은 그 즉시 땅에 엎드려 양손으로 땅바닥을 짚으니 그 모습이 마치 큰 산양과 같다. 장난기 가득한 몇몇 관중들은 그들의 머리에 양뿔 모자를 씌우거나 허리에 양꼬리를 붙이고 작은 나무 막대로 엉덩이를 치며 '이 못된 산양 같으니라고! 또 빠져나왔네, 얼른 우리에 들어가지 못해!'라고 욕을 하는데 선수들은 화를 내기는커녕 일부러 산양 울음소리를 내며 관중들을 웃긴다. 그러다 심판의 신호 소리에 가죽끈이 일순간 수직으로 팽팽하게 당겨지고 '산양'들은 숨까지 참고 전속력으로 질주하는데 빨간 줄이 재로 그은 선을 넘어야 승리하며 상품으로 금화와 은화를 받을 수 있다. 동남아 국가의 민간 지역에서는 여전히 '산양 힘겨루기'가 유행하고 있다.

(8) 뱀 싸움

인도에서 뱀 싸움의 역사는 유구하다. 고대 인도 서부 지역의 부락에서는 뱀을 가지고 놀았는데 이들은 한가할 때 맹독을 가진 코브라를 가지고 놀았다. 잠을 자던 요람에서부터 독사와 함께했던 부락의 아이들은 다 커서도 뱀을 손에서 놓지 않았다. 또한 마을 사람들과 같이 있을 때면 항상 누가 가장 뱀을 잘 다루는지를 겨루었는데 어느 뱀이 주인의 말을 더 잘 듣는지 어느 뱀이 가장 아름다운 춤을 추는지를 보았다.

사실 이들에게 있어 독사는 유희 도구이자 생계 수단이었다. 현재까지도 인도의 수많은 도시와 마을의 묘당, 시장에서는 여전히 뱀을 부리는 곡예사를 볼 수 있는데 그들이 책상다리를 틀고 앉아 피리로 아름다운 음악을 부르면 바구니에 있는 코브라가 음악에 따라 천천히 춤을 추며 사람들의 이목을 끈다.

(9) 멧돼지 싸움

멧돼지 싸움은 인도 남부에 있는 니코바르 제도의 토착 부락이 즐기는 전통 민간 유희이다. 게임이 시작되면 맨손의 결투사가 갖가지 방법으로 멧돼지를 자극하는데 화가 난 멧돼지가 맹렬하게 달려드면 결투사는 재빠르게 피한다. 헛걸음한 멧돼지는 더욱 화가 나 '씨르릑씨르릑' 소리를 내며 맹렬하게 다가오고 결투사는 또다시 몸을 피하는데 몇 번 이렇게 허탕을 치다보면 멧돼지는 숨을 헉헉대고 결투사는 이 때 반격을 시작한다. 기회를 잡은 결투사는 뛰어올라 돼지의 귀를 잡고 머리를 졸라 땅에 눕힌다. 이 때 결투사는 맨손으로 멧돼지를 제압하거나 단검을 꺼내 목을 찌를 수 있다.

멧돼지는 저항하면서 엄청난 힘이 생기므로 결투사가 잠깐 실수라도 하면 멧돼지에게 물려 넘어질 수 있기에 전자가 더 어렵다. 그래서 민첩하고 용감한 결투사는 크게 소리를 지르며 멧돼지의 목을 세게 조르는데 마침내 멧돼지가 목졸려 죽으면 관중들은 천신이 인간계에 내려왔다 여겼고 결투사는 무한한 영광을 누렸다.

이외에도 인도에서는 소싸움, 닭싸움, 오리 싸움, 앵무새 싸움 등 놀이도 유행했다.

(10) 격구

격구는 13세기 무슬림 정복자들과 함께 인도에 전해진 경기 스포츠 종목이다. 물론 격구는 무슬림 제왕들의 궁정 유희였지만 개방적인 군주들은 경기가 열리는 날 일반 시민들도 경기장에서 시합을 보고 응원을 할 수 있게 하였다. 델리술탄왕조 시기[84] 아그라 교외에는 황가의 정식 격구장이 몇 군데 있었고 규모는 각각 달랐다. 가장 큰 곳은 길이와 너비가 각각 200m로 동서 양끝에는 골대가 있었고 사방에는 관중석이 있었다. 경기에 사용된 공은 나무로 만든 것으로 겉에는 한 겹의 가죽을 둘렀다. 막대는 2m 정도였고 황제 격구팀이 사용했던 나무 막대의 윗부분에는 원형의 금은색 장식을 입혀 참가자들의 높은 신분을 드러냈다.

폴로(馬球)

2009.202.60

현 하버드대학교 예술박물관 소장

A Polo Game

한 팀당 8-10명, 두 팀으로 구성된 격구팀은 시합에서 서로 공격이 가능했고 골대에 공이 들어가면 점수를 얻었다. 인도의 한 문헌에는 수단쿠브아 우딘아벡이 라호르 성에서 이뤄진 격구 시합에서 예기치 못한 사고로 죽었다는 기록도 있다. 돌궐족은 격구를 더욱 좋아했는데 격구 막대와 금색 공은 황가 사무처의 상징 중 하나였다. 후에 아프가니스탄이 정권을 잡았지만 격구에는 영향을 미치지 않았고 라지푸트족[85]들도 격구를 잘했다. 무굴제국(1526-1857) 시기에는 격구가 매우 유행했다. 격구를 매우 좋아했던 국왕 악바르는 격구를 통해 인간의 가치를 드러내고 우애를 높이며 체력을 강화하고 뛰어난 기수를 키워내며 말 또한 얌전하고 민첩하게 변할 수 있다고 믿었다.

그는 등불을 켜놓고 밤경기를 즐겼고 '경기 전에 선수를 정하고 각 팀은 보통 10명으로 한다', '20분마다 선수 2명을 교체한다' 등 격구의 규칙도 정했으며 재미를 높이기 위해 경기 조건도 규정했다. 또한 반짝이는 공도 개발하여 밤경기에 사용했다. 당시 격구에서는 약 2m 정도의 막대를 사용했는데 빨간색 가죽으로 손잡이를 감쌌고 금색 고리로 윗부분을 장식했으며 그 꼭대기에는 원형의 금은색 장식을 새겼다. 또 나무로 만든 공에는 빨간색 가죽을 씌웠다. 경기에서 국왕이 공을 넣으면 나팔을 불었는데 시합이 끝난 후에는 다채로운 기마 공연도 이어졌다. 사각형 모양의 격구장은 길이와 너비가 각각 200m로 동서 양쪽에는 골대가 있었고 사방에는 울타리를 쳤다.

인도에서 몇 세기 동안 유행했던 격구는 16세기 이후 200년간 중단되다 1863년이 되어서야 방글라데시성과 파키스탄성[86]에서 다시 유행하게 되는데 인도 아그라 성의 고성 벽화에는 10여 폭의 생생한 격구도가 있으며 인도 뉴델리국립박물관에도 수많은 격구도가 있다. 현재 인도에 남아 있는 격구도는 중앙아시아 격구의 변천을 연구하는데 있어 매우 귀중한 자료이다.

폴로 경기(馬球圖)

현 인도 국가박물관 소장

Playing Polo

폴로 경기(馬球圖)
인도 자이푸르 하와마할
Playing Polo

폴로 경기(馬球圖)
인도 자이푸르 하와마할
Playing Polo

폴로 경기(馬球圖)
인도 자이푸르 하와마할
Playing Polo

폴로 경기(馬球圖)

현 인도 국가박물관 소장

Playing Polo

여자 폴로경기(女子打馬球)
개인 소장
목제(木製)
명대(明代)
Women's polo

(11) 씨름

14세기 허리를 잡고 하는 몽골식 씨름이 인도에 전해지면서 무슬림의 사랑을 받았다. 당시 인도 북부의 무슬림 남자들은 한가할 때 논밭 근처의 곳간 뒤에서 평평한 땅을 찾아 씨름 한 판을 벌였는데 이기면 크게 기뻐했고 지더라도 실의에 빠지지는 않았다.

당시 무슬림 가정의 작은 정원에는 쇠막대기, 큰 모래주머니, 석구(石球) 등이 많았다. 이는 모두 씨름 애호가들이 집에서 신체를 단련하는 기구였다.

씨름 벽돌화(摔跤磚畫)

현 옥스포드대학교 애슈몰린 박물관 소장
Wrestling

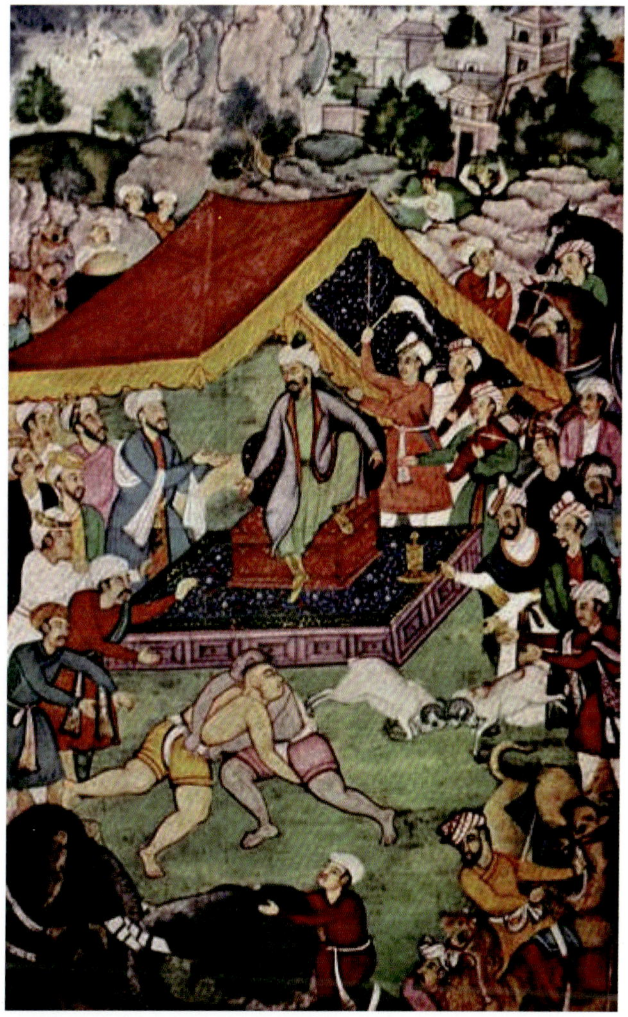

씨름도(摔跤圖)

현 인도 국가박물관 소장
Wrestling

무굴 제국 시기에 이르러 씨름 경기는 더욱더 체계를 갖추기 시작했다. 유명한 전문 씨름 선수들의 사회적 지위는 매우 높았다. 일부 대도시에서 씨름 대회가 열리면 금실 망토를 걸친 선수들이 경기장을 가득 메운 북소리와 환호 소리 속에서 코끼리를 타고 등장했다. 물론 시합은 매우 잔인했다.

씨름 선수 간의 시합은 사활을 건 결투로 규정에 따라 어느 한 쪽이 땅에 쓰러져 싸울 수 없는 상태가 되어야 다른 한 쪽이 승리한 것으로 판정했다. 그래서 생명보다 명예를 더 중시했던 씨름 선수들은 매번 생명의 최후의 순간까지 싸웠다.

고대 인도의 서사시인 《마하바라다》에는 비마 장군과의 씨름 경기 장면이 묘사되어 있으며 문헌 《푸라나》에도 씨름과 관련된 기록이 있다. 인도 뉴델리국립박물관에도 석각 씨름도와 회화 등 수많은 그림이 있다.

씨름도(摔跤圖)

현 옥스포드대학교 애슈몰린 박물관 소장

Wrestling

씨름 부조(摔跤浮雕)

현 러시아 상트페테르부르크 에르미타시미술관 소장

14세기

Wrestling

씨름도(摔跤圖)

두 왕자(티그라네스 2세·우다이푸르)의 씨름 경기 관람
현 미국 프리어 아서 M. 새클러 미술관 소장
Wrestling

(12) 수영

수영은 인도 사람들이 매우 좋아하는 운동이다. 국왕은 늘 미인들과 함께 강에서 수영을 즐겼고 왕궁과 귀족의 저택에는 수영장을 지었다. 문헌에서는 인도 촐라 왕조[87] 시기 수영이 사람들의 생계 수단으로 널리 유행했고 당시 인도 남부 연해 지역에 진주 무역이 번영하면서 해변가에는 진주 채집으로 생계를 유지하는 '주농(珠農)' 촌락이 생겨났다고 기록하고 있다. 진주를 캐는 사람들은 대부분 14세에서 20세의 젊은 사람들로 이들은 작은 거룻배를 타고 진주가 나오는 해역으로 이동한 뒤 긴 새끼줄을 이용해 자신의 몸을 삼판선에 묶었다. 그리고 허리에는 작은 주머니를 달고 입에는 개량조개에서 진주를 캘 때 쓰이는 전용 칼을 물었다. 그들은 신에게 기도를 올린 후 물에 바로 들어가는데 수영을 잘하는 자는 수십 미터의 해저까지 잠수가 가능했고 몇 분 동안 잠수를 하며 비교적 큰 개량조개를 찾을 수도 있었다. 이는 매우 위험한 직업이었다. 상어, 소용돌이, 복류 등이 그들의 목숨을 앗아가기도 했고 살아남는다 할지라도 오랜 기간 지나치게 잦은 잠수로 인해 건강을 해치곤 했기 때문이다. 그래서 고대 인도에서는 주농(珠農)이 30세를 넘길 수 있으면 장수한 것으로 봤다.

수영도(游泳圖)

인도 무굴제국 궁정화
현 인도 국가박물관 소장
Royal Palace Painting of the Mogul Empire

수영도(游泳圖)

현 인도 국가박물관 소장
Swimming

체스(下棋)

현 인도 국가박물관 소장
Playing Chess

체스(下棋)

현 인도 국가박물관 소장
Playing Chess

고대 인도 체스판(古印度棋盤)

현 인도 뉴델리 국가박물관 소장

The Ancient Indian Chess-board

고대 인도 체스판과 체스 말(古印度棋盤與棋子)

The Ancient Indian Chess-board and Pieces

(13) 장기

차투랑가는 고대 인도의 장기로 한때 유행했다. 사료에서는 차투랑가가 기원전 5세기 전 인도 북부에서 탄생했으며 고대 인도 군대의 4대 주요 병사들을 상징하는 코끼리, 전차, 기병, 보병 등 네 개의 말로 구성되어 있음을 밝히고 있다. 게임 참가자는 보통 네 명으로 돌아가며 주사위를 던졌고 나온 숫자에 따라 장기를 두었다. 더 이상 살 가능성이 없으면 장기판에서 퇴출되었고 남은 말은 승리자가 가졌는데 '포로'라 부르며 급을 한 단계 낮춰 사용했다. 또한 네 사람 중 두 사람이 탈락하면 남은 두 사람이 다시 승패를 겨루었다.

초기의 차투랑가는 크샤트리아 무사들이 행군과 전쟁 시 여가 시간에 즐겼던 유희로 즐기면서 배우는 전술 훈련 방식 중 하나에 불과했다. 하지만 후에 차츰 민간에도 전해졌고 아랍상인들이 이를 중앙아시아, 페르시아, 유럽에 전파하면서 '샤트란즈(Shatranj)'[88]로 발전, 말과 규칙에 있어 큰 발전을 거두게 된다. 어떤 이는 차투랑카-샤트란즈를 현대 국제 장기의 선조로 보기도 한다. 아랍의 문학 명작인《아라비안 나이트》에서는 인도 궁정의 뛰어난 장기 선수들을 언급하고 있으며 그 수가 적지 않다.

또 3,000년 전 인도에서는 다이아몬드 게임도 유행했다. 현재 인도 뉴델리국립박물관에서는 당시 사용했던 말과 장기판 그리고 그 당시 놀이를 묘사한 생생한 그림도 소장하고 있다.

(14) 무용

고대 인도의 무용은 머나먼 석기시대에서 출발했다. 처음에는 단지 마음 속의 감정을 표현하는 본능적인 동작 언어에 불과했지만 후에 문명의 발전으로 이러한 동작에 자연 현상을 반영하기 시작했다. 그 예로 고대 인도 무용에서 가장 흔히 볼 수 있는 부드러운 팔동작은 굽이굽이 흐르는 봄의 시냇물을 표현한 것으로 보통 풍년을 축하하는 경축 무도회에서 사용되었다. 또 무용수가 갑자기 엎드리고 강렬한 리듬의 변화를 동반하는 춤은 폭풍우에 쓰러진 큰 나무들과 집 등을 표현한 것으로 제사 또는 신께 기도를 드리는 의식에서 자주 볼 수 있으며 신력(神力)에 대한 인류의 공포와 복종을 상징한다. 인도 남부 연해 지역의 일부 어촌에서는 어민들이 몇 줄로 서서 같이 구호를 부르고 발을 구르는데 이는 바다의 거센 파도를 표현한 것으로 죽은 어민을 기리는 동작이다. 이러한 고정적인 동작들은 일부 지역에서 계승되며 최초의 리듬과 결합했고 여기서 바로 고대 인도의 원시 무용이 탄생하게 된다.

최초의 무용수는 인더스 문명기에 출현했다. 유적지에서 출토된 소상과 인장 도안에서 춤추는 장면을 많이 볼 수 있는데 그중 청동 무녀상이 가장 유명하며 당시 춤의 수준을 가장 잘 표현했다. 나체인 무녀는 노예 혹은 직업 무용수로 추정되며 그들의 춤 동작은 후에 전통 인도 무용의 도입 부분에 등장하는 춤 동작과 거의 똑같다.

베다 왕조 시기에는 수많은 신화와 전설, 고전 연극이 창작되면서 인도 전통 무용에 풍부하고 다채로운 소재를 제공했다. 인도의 고전 서사시 중 하나인《라마야나》에는 춤

쿠시나가르 열반사의 벽화(那伽永寺壁畫)

현 인도 국가박물관 소장

Wall Painting from a Temple

환희의 춤(歡愉之舞)

현 인도 국가박물관 소장

Dancing

과 관련된 기록이 많으며 특히《베다 본집》에는 무용에 대한 기록이 풍부하다.

기원전 2세기-5세기는 인도 전통 무용 발전의 황금기로 2세기 바라타의《춤에 대해 논함》과 5세기 칼리다사[89]의 가무극 저작이 대표적인 이론 저작이다.

바라타 나트얌은 4대 전통무용 유파 중 가장 오래된 무용이다. 전설에 따르면 이는 인도 북부의 아리아인 부락에서 기원한 것으로 후에 차츰 남방에 전해지면서 발전 및 개선되는데 무용수들은 바라타 나트얌과 인도 남부 토착민의 다른 무용을 결합시켜 인도 남부 지역, 특히 타밀나두 주의 주요 전통 무용으로 발전시킨다. 그리고 카타칼리는 바라타 나트얌과 함께 남방 스타일의 춤에 속한다. 하지만 바라타 나트얌과 달리 카타칼리는 종합적인 특징이 강하며 종교 신화를 바탕으로 이야기, 시가, 음악, 무용, 공연, 회화를 한데 엮어 무용수들의 예술적 수준을 충실히 반영하고 있다.

인도 무용은 고대 문헌 및 고대 사당의 회화와 석조상에서 볼 수 있다. 또 인도의 신당과 궁전 그리고 뉴델리국립박물관에도 무용과 관련된 문물이 많다. 그중 경기적 특징을 강하게 보이는 무용이 적지 않은데 이는 오늘날 사람들이 추는 스포츠무용과 상당히 비슷하다.

(15) 목욕

목욕은 독실한 힌두교 신자들의 삶 속에서 필수불가결한 것으로 갠지스강에서 목욕을 할 수 있다는 것은 제일 기쁜 일로 여겨졌다. 갠지스강의 양쪽 해안에는 매일 수많은 신도들이 있다. 그들의 표정은 엄숙하며 두 손을 합장한 채 태양이 떠오르는 동쪽을 향해 크리슈나신의 이름을 부른 후 물 속에서 세 번을 씻는다. 일부 독실한 신자들은 하루 동안 강에 몸을 담근 채 계속 몸을 씻는데 이를 통해 신에 대한 경외심을 나타낸다. 물론 이는 청결을 위해 씻는 그런 단순한 행동이 아니며 점차 종교적인 행위로 발전했다.

(16) 배드민턴

17세기 인도에서는 배드민턴이 탄생한다. 당시 어린아이들은 하늘을 나는 새를 보고 이를 모방하여 실로 감싼 작은 공에 새의 깃털을 꽂아 공중으로 던졌고 시합에서는 누구의 공이 더 높이 더 오래 나는지를 보았다. 이후 사람들은 나무 막대로 공 멀리 치기, 공 주고 받기 등 새로운 형식을 만들었는데 공이 땅에 떨어지면 안됐다. 후에 배드민턴 공의 형태도 발전을 이루었고 시합에서는 흰색 깃털을 사용한 공을 사용하도록 규정했다. 당시 인도에서 크게 유행했던 배드민턴은 남아시아 각국에 전해졌고 1870년에는 영국의 배드민턴 성에 전해진다.

(17) 요가

요가는 5,000년 전 인도의 신성한 종교 의식에서 기원했다. 고고학에서 발견한 석조 '인장'에는 원시인들이 요가를 수련하는 그림이 있다. 결합과 조화를 상징하는 '요가'는 본래 범문의 단어로 중국 전통문화의 '천인합일(天人合一)'과 비슷하며 정확한 뜻은 '마음의 작용을 조절하는 것'이다. 즉 수련을 통해 신체와 대뇌 활동의 조화·통일을 이루는 것이라 할 수 있다.

요가는 동방 최고(最古)의 신체 단련 활동으로 인류 지혜의 정수이자 인도 선현들이 마음의 평정을 유지하며 깊은 관조의 세계 속에서 직관적으로 깨달음을 얻고 생명을 인지하는 방법이다. 최초의 요가는 인도 수행자들의 수련법이었다. 처음에는 몇몇 수행자만이 사원이나 마을의 작은 집 또는 히말라야 동굴과 울창한 숲의 한가운데에서 수행을 하며 스승들이 수련을 원하는 제자들을 가르쳤지만 후에 요가는 점차 인도에 널리 전해진다.

거꾸로 매달리기—요가 자세 중 하나(瑜伽術中的倒懸功夫)

현 인도 국가박물관 소장

Suspending Skill of Yogo

동굴 앞에서 수련하는 인도인(在山洞前潛心修煉的印度人)

An Indian in the Meditative State

서기 450년 고대 인도의 성인 파탄잘리[90]가 쓴《요가수트라》를 살펴보면 요가의 정확한 뜻은 '마음의 작용을 조절하는 것'으로 수련자들을 도와 '천인합일(天人合一)'의 경지에 이르게 하는 수련법을 의미한다. 사람들은 요가를 통해 윤회의 종자를 멸하고 몸의 해탈을 얻으며 그렇게 모든 죄업이 사라지는데 이는 수련자가 우주 만물 최고의 영과 동화되어 고통과 재난에서 벗어났음을 의미한다.

또한 고행을 감수하지 않은 대다수의 일반 사람들에게 요가는 올바른 호흡법과 식습관, 신체의 청결함, 규칙적인 생활 등을 통해 신체를 건강하게 하고 질병을 치료하는 좋은 약이다.

신체의 균형을 강조하는 요가(注重身體平衡的瑜伽體操)
현 인도 국가박물관 소장
Practicing Yoga

요가는 수련법이 다양한데 보통 품성의 수행과 고행은 가장 보편적인 방법으로 고행은 점차 '요가'의 중심축으로 자리 잡는다. 요가의 주요 수련 내용에는 호흡, 자세, 명상, 이완이 있다.

요가는 오늘날까지 전해져 내려오고 있다. 신기하고 효과적인 수련법은 이미 알 수 없지만 일부 요가 수련자들의 신비하고도 초자연적인 능력은 과학으로도 풀지 못한 미스터리로 남아 있다.

(18) 보건

고대 인도의 일부 서적에서 자주 볼 수 있는 독특한 의료법은 오늘날까지 전해지며 단순히 환자의 질병만을 치료하는 것이 아니다. 건강한 사람들은 점점 더 많이 수많은 지역에서 이러한 방법을 통해 질병을 예방하고 신체를 단련하고 있다. 예를 들어 인도 남부 지역에서는 꽃잎 또는 약을 이용한 목욕이 유행하고 있는데 일부 해안 도시에는 전통 서양 의학을 아는 사람들이 있어 그들이 뜨거운 물로 가득 채운 욕조에 아름다운 생화를 넣으면 손님들은 향기 가득한 욕조에 최대한 몸을 담근다. 시간이 어느 정도 지나면 치료사는 검은색과 빨간색의 약물을 욕조에 넣고, 이 약물에는 뱀독과 코브라 독 등이 있으며 독을 추출하여 신체를 건강하게 하고 병을 치료하는 좋은 약을 제조했다고 알려 준다. 이러한 목욕법은 불면증과 치매, 관절염, 피부염에 모두 좋은 효과가 있으며 정신적 긴장을 풀고 답답한 마음도 해소할 수 있다.

또한 '오일 요법'은 인도 북부에서 유행하는 건강 요법이다. 먼저 손님이 널찍하고 편안한 방에 누우면 두꺼운 커튼으로 잡음과 햇빛을 가리고 편안하고 신비로운 인도 전통 음악을 튼다. 손님이 아늑한 방에서 잠에 들려고 하면 치료사는 일상적인 얘기를 건네며 따뜻한 오일을 손님의 이마에 떨어뜨리는데 이는 전통적인 제조법에 따라 여러 약초를 이용해 만든 것이다. 손님은 오일이 흐르는 곳에서 순간적으로 열이 오르며 매우 편안해지고 긴장도 풀어지는 것을 느끼는데 결국 자신도 모르게 삶 속에서 또는 일을 하면서 불쾌했던 일들을 나즈막이 말하게 된다. 동시에 치료사는 전통적인 방식으로 손님의 머리와 얼굴을 지압한다. '오일 요법'은 생리적으로는 오장육부를 깨끗하게 하고 독소를 제거함은 물론 심리적으로 손님들을 편안하게 하고 그 스트레스도 해소한다. '병을 치료하는 것은 먼저 마음을 치료하는 것이다.' 이것이 바로 고대 인도 전통 의학의 정수이다.

인도의 장생술과 장생약은 인도 양생학의 진귀한 꽃으로 당나라 때 중국에 전해지며 중국 양생학의 발전에 큰 영향을 미쳤다.

(19) 안마

인도 카니슈카왕 시기 어의였던 클라크는 씨름 선수들을 위해 일련의 안마법을 개발했고 후에 운동 안마법(मोदनम), 의료 안마법(सृतवःनम), 위생 보건 안마법(उत्शादनम와 क्षमादनम)도 개발했다. 클라크의 안마법과 이론은 세계 각지로 퍼져 나간다.

(20) 권술

인도 무술은 '맨손'이라는 뜻의 '가라테'라 부르며 전설에서는 몇천 년 전 한 인도의 왕자가 만들었다고 한다. 오랜 기간 새와 다른 동물들의 방어 동작을 관찰하며 연구했던 그는 이를 모방하고 연습하여 호신술인 권술을 만들었다. 이 권술을 연습하는 사람들은 항상 우유를 먼저 그 주먹에 뿌리고 나무 토막을 맹렬하게 치는데 이렇게 하면 손힘을 강화할 수 있다고 한다. 인도인들은 가라테를 연마하는 고수들을 묘사하면서 그들의 신체는 고양이처럼 가볍고 빠르며 표범같이 민첩하고 뱀같이 재빠르다고 말했다.

게임(游戲)
인도 국가박물관 소장
Playing Game

기예(雜技)

인도 국가박물관 소장

Acrobatic Performance

4
아랍의 고대 스포츠

굴기한 아랍제국은 대외 팽창을 시도한다. 이는 종교 전쟁의 형태로 시작되는데 파죽지세의 아랍군은 경쟁국인 페르시아 제국을 멸망시키고 비잔티움을 시리아와 이라크, 북아프리카 지역으로 몰아낸다. 사막에서 갑자기 굴기한 아랍인에 비해 북아프리카, 페르시아, 비잔티움 제국의 고대 문명이 더 찬란했음에도 불구하고 결과적으로는 정복자가 정복을 당하는 흥미로운 현상이 나타난 것이다. 본래 불모지였던 아랍 문화는 이집트, 페르시아, 비잔티움 문화의 정수를 흡수한 후 눈부신 이슬람 문명으로 빠르게 발전하며 아랍 민족이 사랑하는 유희와 운동으로 발전하게 된다.

(1) 사냥

사냥은 드넓은 사막과 광야에서 살아온 고대 아랍인들이 가장 좋아하는 운동이었다. 그들은 처음에 '영(靈)'이라고 불리는 동물을 사냥견으로 삼았고 후에는 사냥용 표범을 이용했는데 '피의 아랍 전쟁'[91]의 영웅인 쿨라입이 표범을 이용해 사냥에 나선 첫 번째 아랍인으로 전해진다. 물론 당시의 표범은 훈련을 받지 않아 매우 위험했기에 모든 사냥꾼들이 다룰 수 있는 것은 아니었다.

사냥용 칼(狩獵用的刀具)
카타르박물관 소장
The Knife for Hunting

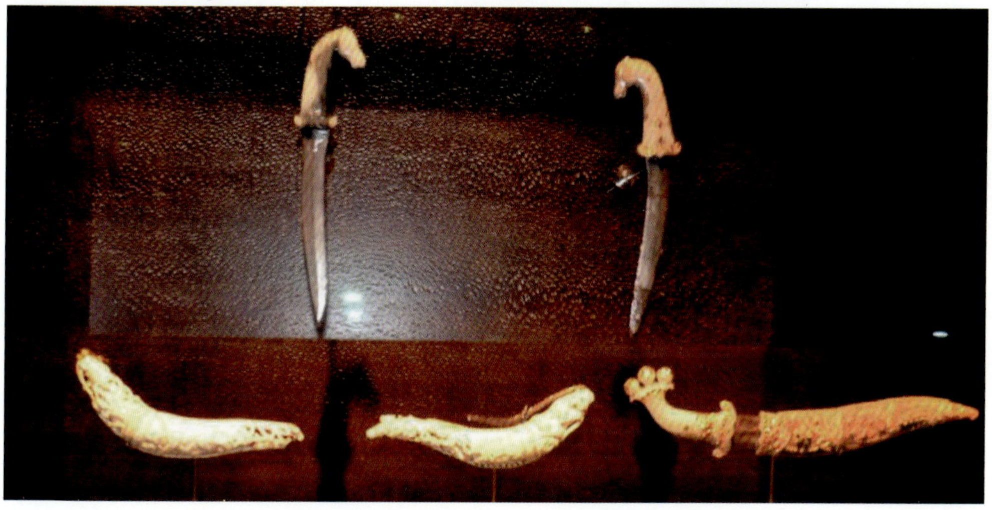

말 머리 모양의 칼(馬頭刀)
카타르박물관 소장
Horse-head Sharp Knife

수렵 장면이 그려진 접시(狩獵盤)

카타르박물관 소장

Plates with Hunting Scene

수렵 장면이 그려진 접시(狩獵盤)

카타르박물관 소장

Plates with Hunting Scene

독수리를 들고 있는 기사(擎鷹騎士圖)

세라믹 도자기

이란

Plates with Hunting Scene

수렵 장면이 그려진 접시(狩獵盤)

현 카타르박물관 소장

Plates with Hunting Scene

전쟁도(戰爭圖)

현 카타르박물관 소장
Fighting

전쟁도(戰爭圖)

현 카타르박물관 소장

Fighting

전쟁도(戰爭圖)

현 카타르박물관 소장

Fighting

전쟁도(戰爭圖)

현 카타르박물관 소장

Fighting

전쟁도(戰爭圖)

현 카타르박물관 소장

Fighting

사호도(射虎圖)

현 옥스포드대학교 애슈몰린박물관 소장
hunting

궁사도(弓射圖)

현 옥스포드대학교 애슈몰린박물관 소장
Bow shot

전쟁도(戰爭圖)

현 카타르박물관 소장
Fighting

전쟁도(戰爭圖)

현 카타르박물관 소장

Fighting

전쟁도(戰爭圖)

현 카타르박물관 소장

Fighting

전쟁도(戰爭圖)

현 카타르박물관 소장

Fighting

전쟁도(戰爭圖)

현 카타르박물관 소장

Fighting

수렵도(狩獵圖)

현 카타르박물관 소장

Hunting

수렵도(狩獵圖)

현 카타르박물관 소장

Hunting

수렵도(狩獵圖)

현 카타르박물관 소장

Hunting

전쟁도(戰爭圖)

현 카타르박물관 소장
Fighting

국왕 무아위야 1세[92]의 아들 야지드 1세[93]는 광야에서 성장했다. 그는 사냥을 매우 좋아했던 인물로 최초로 사냥용 표범을 훈련시켰다고 전해진다. 야지드 1세는 사냥용 표범을 애완동물로 여겼는데 사냥 시에는 표범에게 황금 발찌를 채우고 말의 엉덩이에 앉혔고, 모든 사냥용 표범에게는 전문 사육사를 붙여 세심하게 관리하게 했다. 또한 사냥을 나갈 때면 표범과 사냥개는 금은색 장신구에 은색 발찌를 차고 화려한 옷을 입었으며 호위대의 무사들과 말에 둘러싸여 길거리와 골목을 누비며 그 모습을 뽐냈다.

아바스 왕조 시기[94] 사냥은 할리파(caliph, 초기 이슬람 국가의 최고 권위자)와 왕실, 귀족들이 가장 좋아하는 야외 놀이로 발전한다. 그들 역시 사냥을 할 때면 훈련 받은 표범과 사냥개를 이용해 영양, 토끼, 메추라기 등을 사냥했다.

또한 오래전부터 아랍인들의 생활 속에서는 매 사냥이 널리 유행했다. 매 사냥은 사냥감을 쫓을 때 사냥꾼의 인내력, 끈질김, 체력, 속도, 기교 등을 필요로 했을 뿐만 아니라 풍부한 오락성과 경기성도 갖추고 있었다. 그래서 고대 시대 매 사냥은 병사들이 받는 훈련이자 왕실 귀족들과 백성들이 희열을 추구하고 즐거움을 충족시키는 여가 활동이었다. 여전히 아랍 국가의 수많은 도시에는 매를 사육하는 자가 많은데 매를 파는 상인들과 다양한 매를 전문적으로 판매하는 가게도 있다.

그리고 사냥용 표범과 스라소니는 승부욕이 더 강했다.

본래 서아시아 일대에 분포했던 수렵 표범은 치타로 불리기도 한다. 최초로 치타를 사육한 이는 아마도 이집트 인으로 후에 치타 사육은 시리아, 이라크, 이란, 인도 및 아랍 지역까지 전해진다. 육지에서 가장 빠른 동물인 치타는 달릴 때 시속이 100km로 점

전쟁도(戰爭圖)

《세계미술사》 발췌

Fighting

전쟁도(戰爭圖)

《세계미술사》 발췌

Fighting

전쟁도(戰爭圖)

《세계미술사》 발췌

Fighting

프를 해서 앞으로 나가는데 한 번 뛰면 그 거리가 5m 이상이다. 그래서 야수를 쫓는 능력이 매우 뛰어나며 사냥꾼에게는 없어서는 안 될 조력자이다.

서아시아 일대에서 주로 사냥에 쓰인 스라소니는 고양잇과 동물로 몸은 작지만 수렵 표범보다 더 맹렬하며 심지어 사자를 죽일 수도 있다. 점프 능력이 매우 뛰어나며 한번 점프하면 높이는 수 미터에 거리는 수십 미터에 달한다. 스라소니는 사냥감을 쫓을 때 자신의 점프 능력을 십분 활용한다. 이러한 달리고 뛰고 쫓는 능력은 사냥꾼을 흥분케 했다.

이상으로 당시 아랍인들이 동물을 훈련시켜 사냥에 사용했음을 설명했다. 사냥 시 매, 개, 표범, 스라소니 등 민첩하고 다부진 동물들이 앞에서 사냥감을 쫓으면 사냥꾼은 말을 탄 채로 그 뒤를 빠르게 쫓았다. 이러한 경기성 운동은 말의 속도를 겨루는 경기로 이어지는데 말 위에서 목표물을 맞추는 게임의 흔적도 남아 있다. 이는 기마술, 경마, 격구 운동의 잉태와 형성에 기초를 다졌다.

(2) 경마

경마는 고대 아랍인이 좋아했던 운동으로 우마이야 왕조[95]의 칼리프 아브드 알 말리크[96]은 이 경기를 매우 좋아했다. 그의 동생과 후임자 술레이만은 전국적인 경마 대회를 준비했으나 준비 작업이 마무리되기 전 그가 죽는 바람에 대회는 열리지 않았다. 하지만 여전히 귀족들 사이에서는 '명마 수집 열풍'이 불기 시작했고 사람들은 갖가지 방법을 동원하여 명마를 수집했다. 후에 우마이야 왕조는 전국 경마 대회를 열었는데 대회에 참여한 말은 4,000필에 달했고 그중에는 황제의 말도 있었고 민간의 말도 있었다. 대회에서 경이로움을 자아낸 말과 그 주인은 아랍인들의 숭배를 받았다.

아바스 왕조에 이르러 경마는 더욱 보편화되었고 사람들은 돈을 걸기도 했다. 고대의

기사상(騎士像)
현 카타르박물관 소장
Portrait of Knight

아랍 문학에는 상을 받은 준마를 찬양하고 묘사한 시가 적지 않은데 이를 통해 당시 경마가 매우 유행했음을 짐작할 수 있다. 한번은 경마 대회에서 칼리프 하룬 알 라시드[97]의 준마가 일등을 하자 직접 현장에서 경기를 관람했던 하룬은 매우 기뻐했다. 또한 대중적인 야외 경마 시합은 청년 남녀들이 몰래 사랑을 약속하는 장소이기도 했다.

(3) 격구

아랍인은 격구도 매우 좋아했다. 7세기 중엽부터 13세기, 아랍인은 시리아와 이라크를 제압한 후 우마미야 왕조와 아바스 왕조를 차례로 건국했다. 중국의 《구당서》 제198권 《서역·대식전》에서는 이 두 왕조를 각각 백의대식(白衣大食)과 흑의대식(黑衣大食)이라 칭하고 있다. 우마이야 왕조 칼리프 야지드 1세의 통치 기간에는 수도 다마스쿠스에서 격구가 널리 전해지며 발전하였고 야지드 1세는 마호메트의 손자인 이맘 후세인과 격구를 한 적이 있다. 이후 아바스 왕조의 5대 칼리프 하룬 알 라시드의 통치 시기에는 수도인

폴로(馬球圖)

현 카타르박물관 소장

Playing Polo

폴로(馬球圖)

현 카타르박물관 소장

Playing Polo

체스(下棋圖)

현 미국 뉴욕 메트로폴리탄박물관 소장

Playing chess

바그다드에서 격구가 매우 성행했으며 그 아들이 왕위에 올라 왕궁 부근에 대규모의 격구장을 건설했다.

아랍의 두바이, 카타르 등 국가 도서관과 박물관에서는 고대 아랍에서 자주 즐겼던 격구 운동 관련 문자 기록들과 회화들을 소장하고 있다.

(4) 장기

우마이야 왕조 시기 메카에는 일종의 오락 모임이 있었고 거기에는 쌍륙판,[98] 주사위 등의 게임 도구가 있었다. 후에 사람들은 인도에서 전해진 장기를 즐기기 시작했는데 전해지는 바로는 최초로 장기를 둔 사람은 하룬 알 라시드로 장기는 빠르게 귀족들이 좋아하는 놀이로 자리 잡았다.

장기는 귀족 운동이었기에 기원전 8-9세기 아랍의 부유한 집에서는 아이들의 장기 교육을 매우 중시했고 장기판에 특히 신경을 썼다. 아랍 장기판 중 하나는 흑단 향목으로 만든 것으로 위에는 상아를 칸에는 빛나는 금실을 끼워넣어 화려하고 훌륭했고, 장기 말은 진주와 루비로 만들었다. 이러한 장기판은 그 가치가 수십 만 디나르에 달했는데 당시 일반 평민 가정의 1년 생활비는 몇 백 디나르에 지나지 않았다.

(5) 보건

아랍인들은 개인의 위생과 보건을 중시했다. 문헌의 기록에 따르면 무슬림들의 일상적인 목욕법에는 두 가지가 있었는데 하나는 매일 손과 얼굴을 씻고 양치질을 하며 샤워를 하는 것이었다. 또 하나는 이보다 더 중요한 것으로 종교적 의미가 담긴 목욕으로 '재계'라고도 불렸다.

독특한 목욕법으로는 널리 고대 아랍 부녀자들의 사랑을 받았던 훈욕(熏浴)이 있다. 훈욕을 할 때면 연기가 올라오는 곳에 가로로 나무 막대를 놓고 이따금 두 다리를 막대 위에 걸쳐 놓고는 연기를 쐬면서 온 몸에 여러 가지 오일을 계속 바른다. 그러면 땀이 나면서 열린 모공으로 오일이 스며들었고 향나무가 다 타면 연기를 쐰 여자들의 몸에서는 향기가 났다. 훈욕이 끝난 뒤에는 전신 안마도 가능했는데 이는 오일 향이 신체 내부에까지 더 깊이 스며들게 하여 피부에 향기가 더 오래 남도록 했다.

아랍의 부녀자들은 훈욕이 가져다 주는 산뜻한 향을 좋아했고 향기가 근육을 이완시키고 혈액 순환을 도울 수 있다고 여겼다. 그래서 훈욕은 매번 매우 진지하게 이루어졌고 모든 순서를 정확히 지켰다. 이슬람 문명이 천 년의 세월을 겪으면서 옛 풍습도 많이 사라지게 되지만 훈욕은 오랫동안 전해지게 되는데 이는 훈욕이 여전히 독특한 존재 가치를 지니고 있음을 보여 준다.

(6) 크리켓

넓은 목판으로 공을 치는 놀이인 크리켓은 아랍 지역에서 비교적 성행했으며 후에 인도, 파키스탄 지역까지 전해진다. 크리켓은 오늘날까지 여전히 남아시아 각 지역에서 유행하고 있다.

(7) 검술

아랍인들은 오랜 기간 전쟁의 영향을 받았는데 아랍인들의 검술은 이와 관련이 있다. 고대 아랍의 왕궁과 민간에서는 검술 대회가 항상 열렸고 많은 고수들이 등장했다.

이외에도 아랍 민족은 활쏘기, 검술, 씨름, 경주 등 실용성이 비교적 강한 게임이나 경기 스포츠를 즐겼다. 이들은 모두 실용적인 기예였기에 고대 아랍인들의 사랑을 받았다. 마호메트[99]도 사람들에게 활쏘기를 배우게 한 적이 있다. 한번은 국궁장을 지나가다 수많은 제자들의 경기 모습을 보고는 매우 기뻐하며 "나도 한번 자네들과 함께 활을 쏠 수 있도록 해주게"라고 말했다고 한다. 검술도 활쏘기 예술처럼 마호메트의 지지를 받았다. 그는 메디나 사원[100]에서 아프리카 노예에게 검술 공연을 하게 했고 아내인 아이샤가 감상할 수 있도록 했다. 또한 씨름도 높이 사며 즐겼는데 그 또한 뛰어난 씨름 선수였다. 기록에 따르면 마호메트는 유명한 장사 루카나(Rukanah)와 씨름을 하여 연속 세 번이나 넘어뜨렸다고 한다. 아내인 아이샤와는 달리기 시합도 즐겼는데 서로 이기기도 하고 지기도 했으나 승패에 상관없이 매우 즐거워했다고 한다.

씨름도(摔跤圖)
현 케임브리지대학교 피츠윌리엄박물관 소장
Wrestling

씨름 조각상(摔跤雕塑)
현 케임브리지대학교 피츠윌리엄박물관 소장
Wrestling

앞서 언급한 놀이와 유희 외에도 주사위 던지기 등의 게임이 있었고 이는 부자와 가난한 사람 모두 즐겼던 놀이이다. 닭싸움, 개싸움도 당시 한때 유행하였으며, 비둘기 사육은 부유한 아랍인들의 유희로 평민들은 원숭이나 산양을 가지고 놀았다.

씨름도(摔跤圖)

현 카타르박물관 소장
Wrestling

피라미드(金字塔)

이집트
The Pyramids, Egypt

카이로 이집트박물관(開羅埃及博物館)
The Egyptian Museum in Cairo

5
이집트 왕국의 고대 스포츠

기원전 5500년-3100년은 고대 이집트의 선왕조[101] 시대로 기원전 3600년을 전후로 이집트 문명은 비약적인 발전을 하기 시작한다. 상하 이집트의 통일은 몇 백년의 영토 확장과 각 나라의 병합을 통해 이루어진 것으로 선왕조 후기, 헤라콘폴리스 왕국이 상 이집트를 지배하고(이집트 남부) 부토 왕국이 하 이집트를 지배하면서(이집트 북부) 두 강대국이 양립하는 구도가 형성된다. 결국 기원전 3100년경, 상 이집트는 무력과 문화 침투를 이용, 국왕 메네스(나르메르)[102]가 상하 이집트를 통일하면서 제1왕조를 세운다. 기원전 3150년-기원전 2700년, 사람들이 소위 말하는 제1.2왕조 시기에는 파라오 통치 체제가 출현했고 왕실은 신권에 의지해 상하 이집트 두 곳을 통치했다.

안정적인 통치가 오랫동안 이어지면서 중왕국 시기 이집트의 경제 문화는 번성한다. 파라오는 신전 건립뿐만 아니라 수리 관개 사업 공사도 중시했는데 물론 피라미드의 건설도 반드시 필요한 것이었다. 단지 규모가 크지도 작지도 않았을 뿐이다. 만약 파라오 묘지명의 미화적 요소를 고려하지 않고 보이는 그대로 판단을 한다면 중왕국 시기 이집

수렵(狩獵)
암벽화
The Rock Painting

사격(射箭)
암벽화 사하라사막
Rock

트의 가장 위대한 국왕은 세소스트리스 3세(기원전 1878-1855)이다.

그는 중앙집권을 강화했을 뿐만 아니라 누비아에 출병하여 성을 공격하고 땅을 점령하여 이집트의 영토를 먼 곳까지 확장한 인물이다. 또한 변방 개척과 영토 확장 외에도 이집트 문화 또한 큰 발전을 이루어 수많은 이집트인들에게 사랑을 받는 놀이와 운동이 탄생하고 발전했다.

(1) 사냥

아주 오래전 세계 각국의 궁정과 민간에서 성행했던 사냥은 문명의 진보와 발전에 따라 점차 오락과 스포츠 경기 중 하나로 자리 잡았다. 이집트 역대 왕들은 자신의 용맹함을 보여 주기 위해 항상 신하들은 물론 사냥개, 사냥매를 대동하여 사막 일대에서 사자, 산양, 타조 등을 사냥했다. 왕릉에서 출토된 장신구를 통해 국왕이 사냥을 나갔던 모습을

어업과 수렵(漁獵)

조각상

Fishing and Hunting

볼 수 있는데 항상 맨손으로 사자를 잡거나 홀로 맹수들과 대적하는 모습을 하고 있다. 신왕국 시대에는 국왕이 전차를 몰고 사냥에 나섰고 그 기세가 더욱 대단했고 장관이었다. 하지만 국왕들도 사막의 중심부까지 깊이 들어가 사냥감을 쫓지는 않았다. 먼저 산골짜기의 입구를 봉쇄한 후 입구 하나만 일부러 남겨 놓아 물과 음식물로 동물들을 포위망에 들어오게끔 유혹하면 국왕과 시종들이 골짜기에 들어가 사냥을 하는 방식으로 단지 왕족과 특권 계층만이 사막의 곳곳을 자유롭게 사냥을 할 수 있었다.

귀족들도 일반 농민들과 같이 새 사냥 역시 좋아했고 특별 제작한 곡선 모양의 표창을 사용해 새의 목을 부러뜨렸다. 제18왕조 당시 귀족이었던 네바문은 새 사냥을 매우 좋아했다. 그의 무덤에 있는 거대한 벽화에는 사람들이 새를 사냥하는 성대한 장면이 그려져 있는데 지금까지도 색이 선명하며 생기가 넘친다. 네바문은 배 위에 서서 왜가리 3마리를 잡아당기고 있고 다른 한 손으로는 곡선 모양의 표창을 새 무리에 던지려 하고 있다. 곡선 모양의 표창으로 사냥에 나선 것은 작살로 고기를 잡는 것으로 이는 분명히 왕족, 대신, 기타 정계의 주요 인사 등 당시 사회의 특권 계층만이 누릴 수 있는 것이자 그들이 행사할 수 있는 특별한 권력이었다.

기원전 3000년-2000년까지 고대 이집트의 기후와 생태계는 변화를 겪었다. 이로 인해 큰 야생 동물들의 서식지가 나일강 계곡에서 사막의 중심부로 바뀌면서 사냥 장소도 '붉은 땅(Desheret)'로 변하게 되는데 상형 문자에서 이를 통해 사막을 표시한 것이다.

사막에서의 사냥은 용기가 있다는 것을 보여 줄 수 있는 기회였기에 국왕과 그의 대신들은 모험을 무릅쓰고 도전했다. 사막 사냥은 후에 대중들이 좋아하는 오락 활동으로까지 발전한다. 고고학에서 발굴된 일부 묘실 벽화는 당시 사냥의 모습을 생생하게 반영하고 있다.

하마 사냥(狩獵河馬圖)

이집트박물관 소장

Hunting Hippo

아생 산양을 사냥한 후 돌아온 남자(打野山羊歸來)

이집트박물관 소장

Hunting

하마 사냥(狩獵河馬圖)

이집트박물관 소장

Hunting Hippo

기원전 19세기 중엽 이집트에 말이 전해지면서 사냥법도 큰 변화를 겪는다. 이제 사람들은 마차를 타고 사냥을 했고 빠르게 야수를 쫓았다. 또한 계곡의 농장에서는 사람들을 먹이기에 충분한 가축을 키웠는데 사막의 야수 사냥은 사치스러운 유희로 자리 잡으며 특히 통치자들의 사랑을 받았다.

제18왕조의 파라오 투탕카멘(기원전 1361-기원전 1352년)[103]의 무덤 벽화에는 그가 친히 마차를 몰면서 활을 쏘고 사냥을 하는 장면이 묘사되어 있다. 이외에도 무덤에서는 마차 6대의 전 부품도 발굴되었다.

마차 사냥(乘車打獵)

이집트박물관 소장

Hunting

습지 지대에는 악어와 하마 등 포악한 동물들이 살고 있었기에 매우 위험했다. 마스타바 무덤[104]의 부조 중에는 수많은 악어가 그려져 있지만 악어를 사냥하는 장면은 없는데 Ty 무덤에서 출토된 부조 중에는 하마를 포획하는 장면을 묘사한 단편 조각이 있다. Ty는 제15왕조 뉴셀러(Neuseler) 통치 시기 지위와 명성이 대단했던 자로 무덤은 프랑스의 고고학자인 마리에트(Auguste-Édouard Mariette)[105]가 사카라에서 발견한 것이다. 무덤에 있는 그의 조각상은 높이 198cm에 석회석으로 조각한 후 색을 입혔는데 현재 이집트박물관에 소장되어 있다. 조각 안에는 Ty가 낮고 빽빽한 풀숲에서 하마를 사냥하는 장면이 묘사되어 있으며, 부조 아래에 흐르는 물을 톱니모양으로 조각하여 부조를 세울 수 있는데 강에는 수많은 하마가 있다. 강 위에서는 파피루스 단으로 엮은 배 위에서 한 사람이 배의 방향을 잡고 다른 이들은 긴 창을 이용해 하마와 싸우고 있으니 생동감이 넘친다. 무덤의 주인은 다른 배에 앉아 가만히 이를 바라보고 있다. 이 무덤에는 하마 사냥을 묘사한 조각이 하나 더 있다. 사람들은 배를 운전하고 있고 한 사람은(아마도 Ty 본인) 배 위에 서 있는데 다른 이들은 노를 젓거나 긴 창으로 하마를 찔러 죽이고 있다. 또한 테베 서부의 아몬 묘에서 출토된 높이 87cm의 아몬 묘실 벽화는 신왕국 제18왕조 시기의 벽화로 현재 대영박물관에서 소장하고 있다. 아몬과 가족들이 나일강에서 파피루스배에 앉아 새를 사냥하는 장면을 묘사하고 있는데 하이나 무덤에서 묘사한 하이나 가족의 사냥 장면과 유사하다.

들소 사냥(捕獵野公牛)

이집트박물관 소장

Hunting

중동부 요새(一座中東部堡壘)

Fortress

다이애나(戴安娜)

우동(Jean-Antoine Houdon, 프랑스 조각가)
청동(青銅)
파리 루브르미술관 소장
Diana

제18왕조 투탕카멘의 묘에는 총 4개의 묘실이 있으며 황금 유물 1,700여 점뿐만 아니라 나무 채색 상자도 출토되었다. 이 상자는 무덤의 보물 상자로 표면에 석고를 바른 후 그 위에 색을 입혀 묘사한 것으로 높이 44cm에 너비 43cm, 길이 61cm이다. 또한 가늘고 긴 나무 상자 덮개에는 젊은 파라오가 사자를 사냥하는 그림이 그려져 있다. 중앙에는 마차 위에 서 있는 파라오가 있으며 왼쪽에는 사자 무리가 있고 오른쪽에는 가로 세 줄로 선 파라오의 시종들이 있다. 두 필의 준마는 치장이 매우 화려하며 상처를 입은 사자의 모습은 각각 다르니 그 표현력이 매우 뛰어나다. 또한 동물 주변에는 점으로 떨기나무를 그려 사막의 환경을 묘사했는데 그림은 색채가 화려하고 묘사가 매우 섬세하여 후대 페르시아의 세밀화 기법[106]을 떠올리게 한다. 또한 나무상자의 측면에는 파라오의 아시아 정벌 장면을 담았는데 파라오가 전차를 끌고 초원을 질주하면 대적할 자가 없으니 그 기세가 대단하다. 그리고 태자 아멘호테프는 활쏘기에 뛰어났음은 물론 힘도 대단해 단숨에 300개의 활을 당길 수 있었다. 1889년 그의 무덤에서는 강궁(強弓) 하나가 출토되었는데 현재 이집트박물관에서 소장하고 있다.

테베의 귀족 메니라 무덤(기원전 1400년)의 묘실 벽화 중에는 주인이 전원에서 삶을 즐기는 모습을 묘사한 〈부조도〉가 있다. 고기잡이와 새 사냥 등 무덤 주인의 여가 생활을 묘사했으며 남자가 긴 창살을 휘두르며 물고기를 잡는 장면뿐만 아니라 활로 새와 야생 오리를 사냥하는 장면도 묘사하고 있다.

이집트 아부 신벨 지역에 위치한 람세스 2세의 신전은 신왕국 제19왕조 시기의 신전으로 신전의 벽에 새겨진 부조는 람세스 2세가 전차를 몰며 부대의 최전방에서 질주하는 모습을 그리고 있다. 질주하는 말은 두 발을 높이 들고 있고 람세스 2세는 마차에 안정적으로 서서 화살을 놓고 활을 만월 모양으로 당겨 베두인을 쫓고 있으니 그 감화력이 대단하다.

제19왕조 파라오 세티 1세의 신전은 매우 거대하다. 이 신전에 있는 이집트 최고의 부조품은 '이집트에서 가장 화려한 전당의 표본'으로 불린다. 부조 중에는 〈람세스 2세와 왕자가 야생 소를 사냥하는 그림〉이 있는데 이는 람세스 2세가 소년인 왕자와 함께 야생 소를 잡는 장면을 묘사한 것이다. 야생 소는 앞에서 날뛰고 있고 람세스 2세는 긴 새끼줄을 잡고 야생 소를 쫓는데 왕자는 소꼬리를 잡은 채 뛰어다닌다.

람세스 3세의 신전은 제22왕조의 건축물 중 가장 중요하다. 탑문의 윗부분에 장식된 부조는 매우 유명하며 파라오의 무공과 종교적 내용이 담겨 있다. 그중 제1탑문의 서벽에 새겨진 거대한 〈람세스 3세의 사냥도〉는파라오가 말을 타고 습지 일대에서 야생 소를 쫓는 장면을 묘사하고 있다.

1922년 영국의 고고학자 하워드 카터(Howard Carter)는 테베의 서부에 위치한 왕가의 계곡[107]에서 투탕카멘의 무덤을 발견한다. 무덤에서는 신왕국 제18왕조 아마르나 시대[108]의 황금 장식판이 출토되었는데 높이 6.2cm, 길이 5.8cm로 황금판 위에는 국왕이 말 두 마리가 끄는 전차를 몰며 질주하는 모습이 조각되어 있으며 현재 이집트박물관에 소장되어 있다.

제15왕조 Ty 묘실화 중 하나인 벽화 〈원숭이 사냥도〉는 사냥꾼이 원숭이를 잡는 장면을 묘사하고 있다. 현재 파리 루브르미술관에서 소장하고 있다.

서아시아의 적(西亞敵人)
바닥에 그린 그림
아케타텐(Akhetaten, 보통 아마르나로 불림) 궁전
Enemy of West Asi

(2) 볼링

이집트에서도 볼링과 비슷한 놀이가 유행했다. 이집트 서부 사막 일대에 위치한 파이윰(Fayoum) 지대는 선사시대 당시 움푹한 습지대로 나일강 범람기에 넘친 물을 흡수했는데 고대 이집트 파라오는 항상 이 곳에서 사냥과 놀이를 즐겼다. 고고학자는 이 곳에서 프톨레마이오스 왕조[109] 시기의 건축 유적지를 발견했고 사람들은 일부 가옥 근처에서 평평한 지반을 발굴해 정리했는데 전부 거대한 석회암으로 깔아 놓은 것이었다. 판 위에는 깊이 10cm, 너비 20cm의 홈이 있었고 석도(石道)의 중간에는 길이 12cm 장방형의 홈이 있었는데 예리한 고고학자는 이것이 바로 고대 이집트 파라오들이 유희 활동으로 즐겼던 볼링임을 바로 알아차렸다. 곧 부근에서 진행된 고고학 연구를 통해 이러한 추측이 사실임을 입증했다. 바로 주변에서 표면이 매끄럽게 깎여 있는 석회암석 2개를 발견한 것으로 그중 하나의 직경과 홈 그리고 구멍의 길이는 같았다. 이는 고고학계 최초로 이러한 구조를 갖춘 건축물을 발견한 것이었다. 그리고 1920년 영국의 한 고고학자는 2,000년은 더 된 이집트의 무덤에서 석병(石甁) 9개와 석구(石球) 1개를 발견했다. 이 게임

은 공을 던져 석병을 쓰러트리는 것으로 게임 방법과 도구가 현대 볼링과 매우 비슷하다. 이 넓은 방에서는 프톨레마이오스 왕조 시기의 파라오들이 이 곳에서 신하들과 게임을 즐기는 시끌벅적한 모습을 충분히 그려 볼 수 있다.

(3) 장기

고대 이집트인은 혼자 혹은 많은 사람들이 같이 즐기는 게임을 좋아했다. 그중 다수가 같이 즐기는 게임은 운을 맡기는 것도 있었고 전략을 겨루는 게임도 있었다. 장기는 일상생활에 즐거움을 가져다 주었음은 물론 제사 및 종교적 의미도 지니고 있었다. 어떤 이는 자신이 제일 좋아하는 다이아몬드 게임판과 공기 말을 사후 부장품으로 묻었는데 지금은 볼 수 없는 저 세상의 권력자들과 함께 놀이를 하며 사후의 운명을 걸기를 바랐던 것이다. 그래서 사는 동안 장기 예술을 갈고 닦는 것은 이로운 일이었다.

세네트 게임은 당시 가장 유행했던 게임이자 현재 동방에서 즐기는 십오자 게임의 시조이다. 게임 시 두 선수는 장기판 양쪽에 마주보고 앉아 동물이나 사람 모양의 그림으로 장식한 원추형 말을 이동시킨다. 장기판은 돌, 질흙 또는 기타 다른 재료로 만들 수 있었고 땅이나 돌을 깐 길바닥에 그릴 수도 있었다.

또 다른 종류로는 주사위와 말을 사용하는 '사형(蛇形) 놀이'가 있었다. 이러한 놀이는 작은 원탁 위에서 즐겼는데 원탁은 둥글게 몸을 틀고 그 머리를 중앙에 둔 뱀의 형상으로 음각과 양각을 함께 사용한 사각형 도안을 사용했다. 게임은 6명이 같이 즐길 수 있었고 모든 참가자는 수사자 말 3개, 암사자 말 3개를 가지고 있었는데 이 6개의 대리석 말은 모두 색깔이 달랐다. 구체적인 게임 규칙을 정확히 확인할 수는 없지만 중국의 '사다리 올라가는 뱀'[110] 규칙과 거의 비슷하며 혹은 수단에서 오늘날까지 전해지고 있는 '하이에나 게임' 규칙과 더 유사하다.

기원전 2060년경에는 '늑대와 개' 놀이가 출현하여 고대 이집트인들의 사랑을 받았다. 게임 참가자는 2명으로 참가자 모두 개 머리 모양 혹은 늑대 머리 모양의 세트로 된 짧은 말이 있었는데 한 세트당 6개로 모두 뼈로 만든 것이었다. 선수들은 똑같은 간격으로 작은 홈을 판 장기판 위에서 말을 이동시켰다. 또한 장기판에는 동물의 모습을 그려 놓았다. 루브르박물관의 장기판은 납작한 하마로 짧은 말뚝 모양의 말을 하마의 등에 놓았다.

역사가 오래된 '스나트' 게임('통과하다'란 뜻이다) 역시 당시 유행하는 놀이였다. 사람들은 가로 3줄, 세로 10줄의 장기판에서 서로 실력을 겨루었고 각각 형태가 동일한 말을 가지고 있었는데 한 쪽은 병사, 다른 한 쪽은 타원형의 말이었다. 스나트의 특징은 장기판의 중앙에 머리를 쳐들고 있는 뱀이 웅크리고 있다는 것이다. 무덤 벽화에서는 '스나트'를 자주 볼 수 있으며 여기에는 죽은 자가 악을 물리치고 영생을 얻기를 기원하는 상징적인 의미가 담겨 있다.

또한 이십각이란 놀이도 있었다. 장기판은 중심선 위의 스무 개의 칸으로 이루어져 있고 4칸마다 처음과 끝이 이어져 있다. 오늘날 '스나트'와 '이십각'의 규칙을 정확하게 알 수는 없지만 이 둘 모두 오늘날의 주사위 던지기와 매우 비슷하며 먼저 상대편의 진영에 들어가는 자가 승리하게 된다. 또한 장기판에는 상금과 벌금을 표시한 칸도 있었다. 사람들은 표시를 한 작은 나무 막대나 동물의 손가락 관절을 던지는데 그에 따라 말을 이동시킬 수 있었다.

'스나트'는 고대 이집트의 궁정에서 파라오의 많은 사랑을 받았다. 젊은 투탕카멘도 이러한 장기 놀이를 매우 좋아했을 것으로 보여진다. 그의 무덤에서는 상아로 만든 장기판 4개와 수많은 부속품이 발견되었고 다른 귀족들의 무덤에서도 비슷한 것이 발견되었다. 또한 고고학이 진행된 곳에서 놀랍게도 땅에 그려진 '장기판'의 윤곽을 발견하였는데 말을 대신했던 여러 물건들도 발견되었다.

람세스 2세의 왕비 네페르타리도 장기를 두는 것을 좋아했다. 물론 그녀가 사용하는 장기판은 매우 진귀한 것으로 흑단, 상아 등 귀한 재료로 만든 것이었다. 람세스 2세 역시 이러한 장기 게임의 애호가로 이 음탕하고 무절제한 파라오는 일반 사람들은 즐길 수 없는 방법으로 장기를 즐겼다. 한 벽화에서는 실 한 오라기조차 걸치지 않은 람세스가 얇은 망사를 입은 소녀들과 함께 장기를 두는 장면을 묘사하고 있다.

체스판(棋盤)

현 케임브리지대학교 피츠윌리엄박물관 소장

The board

네페르타리 왕비(尼斐爾泰麗王后)

이집트벽화
이집트박물관 소장
Portrait of Egyptian Queen Nefertari

놀이함(游戱盒)

이집트박물관 소장
제18 왕조
Playing Game Box, Egypt

궁에는 또다른 장기 게임인 'Maihe'도 있었다. 그 말에는 주로 세상을 떠난 이집트 파라오들의 이름이 새겨져 있었고 게임 참가자는 장기판의 중심부를 따라 생각을 하면서 말을 한 칸 한 칸씩 나선형으로 이동시키는데 먼저 장기판의 중심에 도착하는 사람이 이긴다.

이집트의 아비두스 507호 무덤은 이집트의 제1왕조[111]인 제르 통치 시기의 무덤이다. 고고학자들은 무덤에서 사자 모양의 상아 장기판을 발굴하였으며 장기판은 현재 이집트 고고학박물관의 피트리 실에서 소장하고 있다. 이외에도 고대 이집트의 중왕국 시대[112]에는 또 다른 종류의 장기말이 나왔으며 현재 뉴욕메트로폴리탄미술관에서 소장하고 있다. 이러한 장기말은 'Lessonb'이라는 자가 테베의 묘실에서 발견한 것으로 이집트뿐만 아니라 파키스탄, 페르시아에서도 발견된 적이 있다. 물론 이 모두는 부유층이 즐기던 것이였다. 일반 백성들도 그들의 장기 게임을 즐겼으나 그 구체적인 형태는 알 수 없다.

(4) 카누

제5왕조 프타호텝 마스타바 무덤에는 〈투쟁 중인 뱃사공〉(〈배의 전쟁〉이라 부르기도 한다)이란 거대한 부조가 있다. 귀족들의 하인들 간에 일어난 패싸움을 묘사한 것으로 하인들은 배에서 노를 젓는 자들이다.

기원전 4000년경의 캔버스(公元前4000年時期的畫布)
이집트박물관 소장
Canvas used during the Period of 4000 B.C.

조정 선수(조각)(划船手雕刻)

이집트박물관 소장

Rowing

나일강에서의 사냥(在尼羅河上捕獵)

재질: 천(노젓기 그림)

이집트박물관 소장

Hunting

폴로 도자기 조각(馬球陶器殘片)

일련번호 1940,0413.137
현 대영박물관 소장
Pieces of Polo pottery

폴로 도자기 조각(馬球陶器殘片)

일련번호 1940,0413.138 정면
현 대영박물관 소장
Pieces of Polo pottery

폴로 그림의 병(馬球瓶)

The Polo Bottle

(5) 격구

고대 이집트에서도 격구는 유행했다. 대영박물관에는 고대 이집트인들의 격구 시합을 묘사한 부조가 있다. 부조에서는 시합에 참가한 8명의 격구 선수들이 손에 격구 막대를 쥐고 말을 타며 공을 치는 모습을 묘사하고 있다. 중앙아시아 지역 아미니아 민족의 부락에서도 널리 격구를 즐겼다. 이들은 격구 운동을 고도의 기마술을 훈련하는 효과적인 수단으로 여겼는데 아미니아의 귀족은 페르시아 왕 샤푸르 2세[113]와 역사적으로 유명한 격구 시합을 하기도 했다. 이집트 사카리의 피라미드 묘실 내부에는 기원전 1450년에 그려진 벽화가 있다. 벽화에서는 이집트 테미스 3세가 손에 막대를 들고 작은 공을 치는 장면을 묘사하고 있는데 오늘날의 골프와 비슷하다.

(6) 무용

귀족 Nitam의 무덤에는 가무 공연을 표현한 벽화가 있다. 화려한 치장을 하고 보석으로 된 목걸이와 팔찌, 다른 장신구로 치장한 무희들은 풍성한 곱슬머리에 화려한 옷을 입고 있다. 한 무희는 피리를 불고 있고 다른 이들은 손뼉을 치며 리듬을 맞추고 있다. 나체인 무희 두 명은 피리 소리에 따라 나풀나풀 춤을 추는데 동작이 부드럽고 가볍고 빠르다. 무희들은 춤을 추며 박자를 맞추고 있다. 무희의 전신은 눈을 제외하고는 완전히 측면에서 묘사되었는데 이는 정면에서 묘사하던 전통 방식을 타파한 것이었다.

이외에도 텔 에디아 지역에서 출토된 신왕국 제19왕조 시기의 석회석 채색 조각은 너비가 16.8cm로 현재 이탈리아 토리노 이집트박물관에서 소장하고 있다. 이 그림에서는 춤을 추거나 곡예를 선보이는 날씬한 여자아이를 묘사하고 있는데 단지 허리 부분에 꽃무늬 천 하나를 둘렀을 뿐 거의 나체이며 맨발이다. 여자아이는 검은 머리를 수 가닥으로 짧게 땋았는데 공연 후 앞구르기를 할 때 가볍게 흩날린다. 무희는 보기에도 큰 키에 날씬했으며 길고 마른 어깨와 다리를 가지고 있었다. 그림의 선은 매우 깔끔한데 이는 화가의 뛰어난 표현력을 보여 준다.

춤추는 난쟁이 조형물은 엘리 리스트 지방의 제12왕조 시기의 무덤에서 출토되었으며 현재 미국 메트로폴리탄미술관에 소장되어 있다. 높이는 6여 센티미터에 상아를 사용했고 손 장난감의 일부이다. 이집트박물관에도 이렇게 3명으로 이루어진 춤추는 난쟁이 한 팀(상아 재질, 높이 7.8cm)이 있다. 이는 1934년 엘리 리스트 지방의 하피라는 여자아이의 무덤에서 출토된 것으로 아마도 메트로폴리탄미술관에 소장되어 있는 3명으로 구성된 춤추는 난쟁이 조의 일부분일 것이다. 일찍이 고왕국 시기 이집트에서는 난쟁이에게 춤을 추게 했다는 기록이 있다.

사카라 메레루카의 묘실에는 소녀의 유희를 묘사한 부조가 있는데 이는 고왕국 시기 유희를 묘사한 몇 안 되는 그림으로 4명의 소녀는 2명씩 짝을 이루어 손을 잡은 채로 빙빙 돌고 있다. 중간의 두 사람은 중심축으로 곧게 서 있고 바깥의 두 사람은 발꿈치를 땅에 대고 상체는 뒤로 젖힌 채로 격한 회전 운동을 하고 있다.

사하라사막 암벽화 (撒哈拉沙漠岩畫)

Rock

사하라사막 암벽화(撒哈拉沙漠岩畫)

Rock

사하라사막 암벽화 (撒哈拉沙漠岩畫)

Rock

'무희의 무덤'은 제17왕조 시기의 묘실 벽화로 테베 서부에 있는 카이로 외곽의 기자 지방에서 발굴되었다. 영국 고고학 대학에서 애슈몰린박물관에 기증하여 현재는 애슈몰린박물관에서 소장하고 있다. 이는 묘실 벽화의 단편으로 몇몇 여자아이들이 제사 의식에서(어쩌면 하토르(Hathor)를 기념하기 위해 거행된 것일 수도 있다. 하토르는 춤과 음악의 수호신 또는 서부 테베 무덤의 수호신으로 여겨지곤 한다) 박수 소리와 핑거스냅[114]을 반주로 하여 남자 감독관 두 명 앞에서 춤을 추고 있는데 그 장면이 매우 즐겁고 떠들썩하다.

타실리 나제르 암벽화(阿傑爾的塔西利岩畫)

알제리

Rock Painting, Algeria

고대 이집트 신전 벽에 새겨진 스포츠 관련 그림(古埃及神廟墻上刻畫的體操畫面)

대영박물관 소장

Wall Painting of Gymnastic Performance in Ancient Temple

춤추는 여자(舞蹈的女子)

대영박물관 소장

The dancing Woman

네바문 연회(内巴蒙宴會圖)

이집트 예술 벽화

대영박물관 소장

Nebamun's Banquet

네바문의 새사냥(内巴蒙捕禽圖)

이집트 예술벽화
대영박물관 소장
Egyptian Wall Painting of Catching Birds

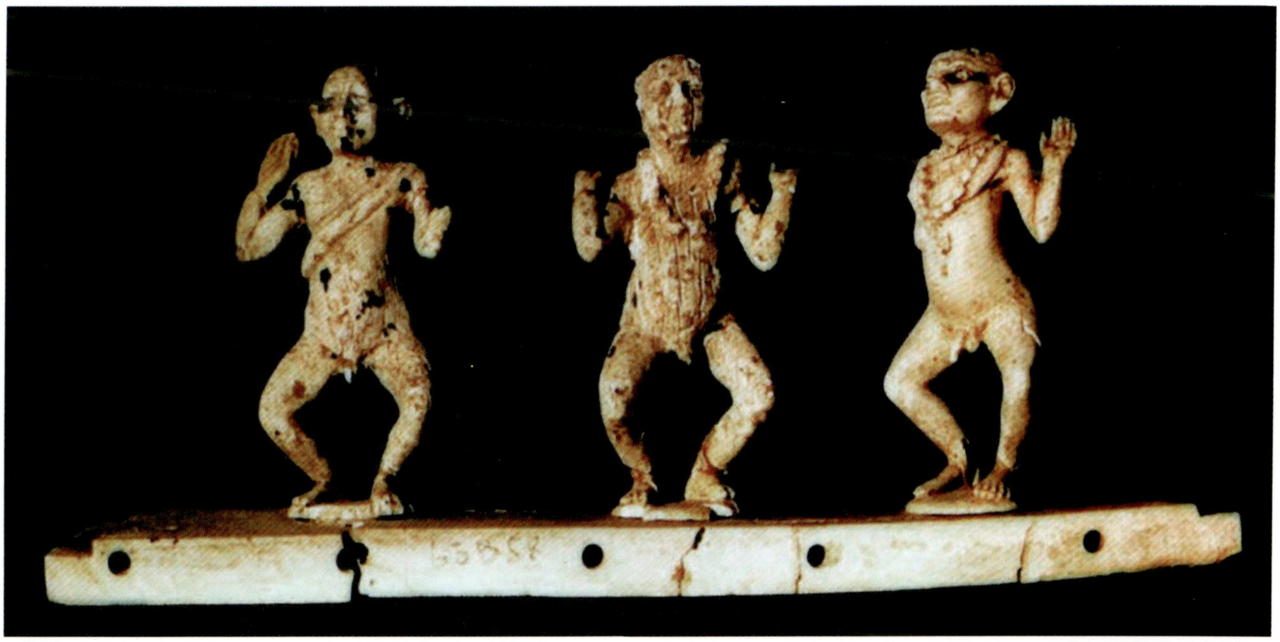

춤추는 난쟁이(跳舞的小矮人)

이집트박물관 소장
제12왕조
Three Short Dancers, Egypt

무용수(기와 조각)(舞者瓦片)

이집트박물관
제19왕조
A dancer, Egypt

(7) 수영

출토된 '화장용 숟가락'은 제18왕조 시기의 물건으로 목제에 색을 입혔다. 현재 프랑스 루브르박물관에서 소장하고 있다. 이러한 숟가락은 화장품을 담는 도구로 쓰였는데 오리 모양을 하고 있으며 소녀의 모습을 하고 있는 손잡이는 조형이 아름다워 신왕국 시기 이집트 장인의 상상력과 기술력을 보여 주고 있다. 이집트박물관과 메트로폴리탄박물관에서는 같은 종류의 화장용 숟가락을 소장하고 있다. 이집트박물관의 화장용 숟가락도 오리 모양으로 되어 있고 양 머리 모양의 덮개도 있다. 이집트고고학박물관의 피트리실에도 다른 종류의 화장용 숟가락이 있다. 손잡이 부분은 현악기를 연주하는 여자아이의 모습으로 여자아이는 파피루스 배에 서 있는데 조형이 매우 정교하다.

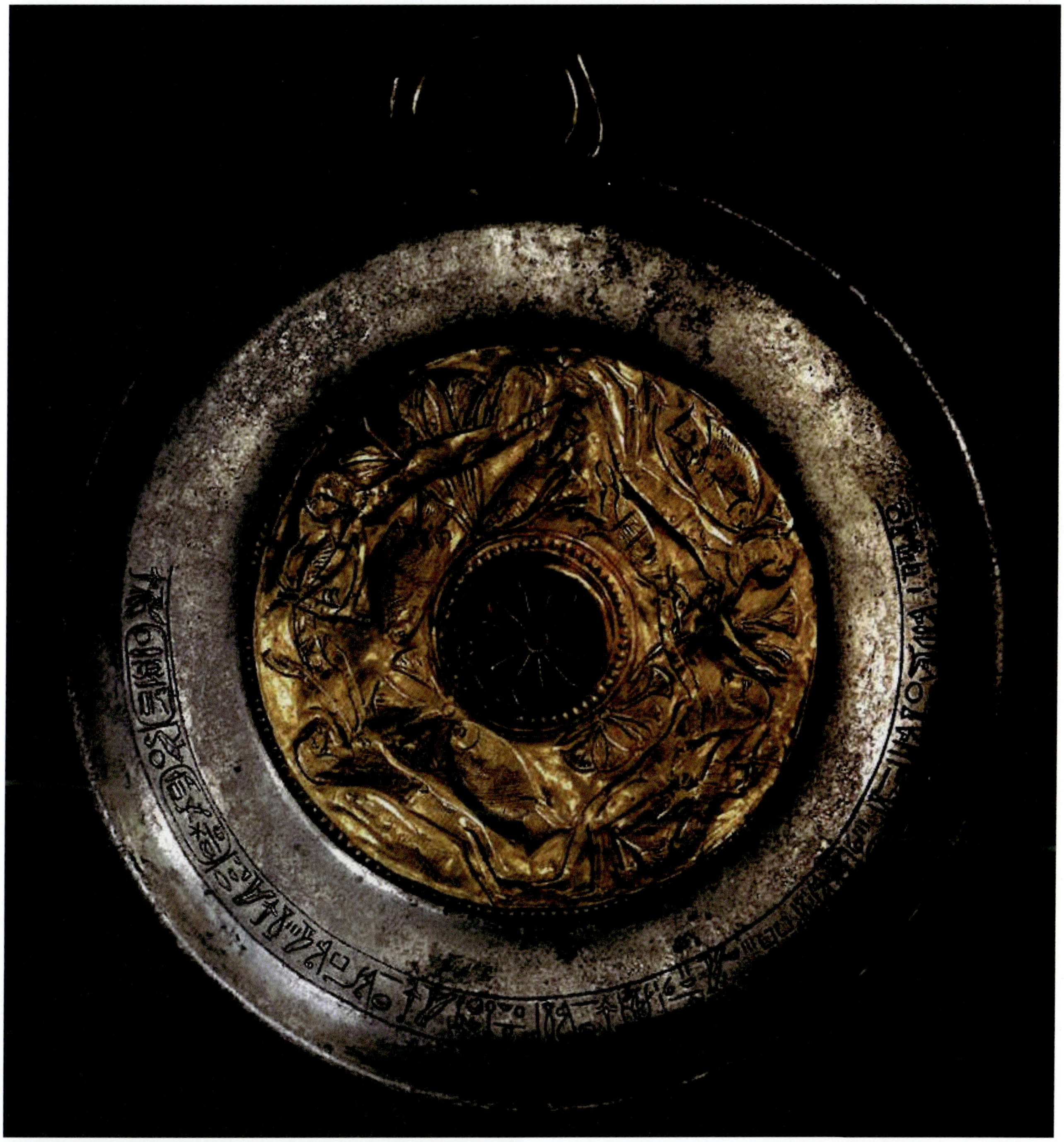

접시—수영하는 여자(刻有女性游泳者的盤子)

이집트박물관 소장
제12왕조
A Plate Carved with the Female Swimmer, Egypt

채색 목제 화장함—수영하는 사람(木製彩繪游泳化妝盒)

이집트 제18왕조

A wooden cosmetics box in shape of swimmer, Egypt

다이빙 하는 사람(縱身跳躍的人)

조소(雕塑)

수영(부조)(游泳浮雕)

Relief of Swimming

승부를 다투는 조정 선수(爭鬪的划船手)
파하르푸르묘실 부조(일부)
카이로 이집트박물관 소장
기원전 2400년
Struggling rowers, Egypt

(8) 씨름

중왕국 시기(기원전 2040년-기원전 1652년) 왕자와 귀족들의 무덤에서는 씨름 벽화가 출토되었는데 122조의 씨름 선수가 각종 씨름 기술을 연마하는 모습을 묘사하고 있다. 또한 400여 개의 부조에서는 인도 씨름의 여러 가지 기술을 보여 주고 있으며 람세스 3세의 묘실 부조 중에도 씨름을 묘사한 그림이 있다.

메소포타미아 문명의 수메르인은 역사시인《길가메시 서사시》에서 영웅이 적과 씨름을 하는 장면을 묘사함으로써 지도자로서의 능력을 증명하고 있다. 또한 고대 인도의 역사시인《마하바라다》에서는 강건한 장군 피타와 Maharashinda 간의 씨름 경기를 묘사하고 있다.

(9) 격투

게임이자 운동인 격투는 젊은 사람들이 자신의 민첩성을 보여 줄 수 있는 기회이자 전쟁을 위한 훈련이었다. 프타호테프(기원전 2400년)[115]는 사람을 시켜 자신의 마스타바 무덤에 그림을 새겼는데 격투사 2명이 서로 마주본 채 손으로 서로의 몸을 잡고 상대방의 균형을 무너뜨리기 위해 애쓰고 있는 장면이다. 격투는 한 사람이 먼저 땅에 쓰러질 때까지 계속되었는데 승부는 눈으로 확연히 볼 수 있었다. 이기면 다른 조의 우승자와 겨루었고 이렇게 계속 하다보면 마지막에는 두 사람이 결승을 치르게 된다. 격투의 금나법[116]은 매우 잔인했고 항상 한 사람이 다치곤 했는데 심지어 들것에 실려 나가는 경우도 있었다. 케이티(기원전 2000년)의 무덤에 그려진 벽화는 가장 뛰어난 격투도로 케이티는 빌 하센 주의 행정장관이었다. 벽화는 다섯 부분으로 나눌 수 있는데 219쌍의 격투사가 격렬하게 싸우는 모습을 볼 수 있다. 이러한 격투는 오락으로 여겨졌을 뿐만 아니라 군사 활동 준비를 위한 체력 훈련으로도 여겨졌다.

고부조—살육(高浮雕上的殺戮)

메디나트 하부 신전

Warfare

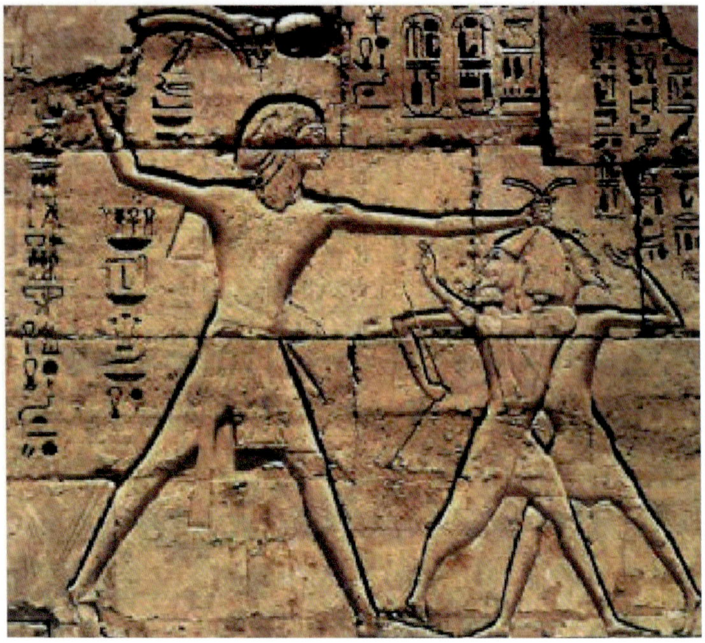

전쟁 포로 학살(屠殺戰俘)

《세계미술사》 발췌

Warfare

부조 벽화—적과 싸우는 람세스 2세(拉美西斯二世重擊敵人的浮雕壁畫)

《세계미술사》 발췌

Relief of Egypt's Pharaoh Rames II Defeated the Enemy

(10) 병진(兵陣)

'궁수'는 높이 55cm, 너비 72cm, 길이 190.2cm의 채색 목조 군상으로 아시우트의 메세티(Mesehti) 무덤에서 발견되었으며 중왕국 시대 제11왕조 시기의 유물이다. 현재 이집트박물관에서 소장하고 있다. 메시티는 상이집트 제13왕조의 놈이다. 누비아 흑인 사병은 각 열에 10명씩, 4열 종대로 대형을 갖추고 있으며 모두 가발을 쓰고 있는데 위에는 아무것도 입지 않았고 아래에는 짧은 치마를 입었다. 배꼽에서부터 묶은 허리띠는 남은 부분이 늘어졌고 치마와 허리띠 모두 빨간색이다. 그들은 함께 전진하는 모습을 하고 있고 모두 왼손에는 활을 오른손에는 화살을 들고 있다.

'사병진'은 높이 59cm, 너비 62cm, 길이 169.8cm의 채색 목조 작품으로 아시우트의 메세티 무덤에서 발견되었으며 중왕국 제11왕조 시기의 유물이다. 현재 이집트박물관에서 소장하고 있다. 맨발에 가발을 쓰고 있는 사병들은 위에는 아무것도 입지 않고 아래에는 짧은 치마를 입었는데 오른손에는 창을(붉은 술의 창, 긴 창) 왼손에는 방패를 들고 있다. 창(혹은 모(矛))[117]은 근접전에 쓰이는 무기였기에 적이 가까이 있을 때 적의 공격을 막을 수 있는 무기가 반드시 필요했고 방패가 바로 이러한 역할을 했다. 한 사병은 오른손에는 모를 들고 적을 공격하고, 왼손에는 방패를 들어 적의 공격을 막고 있다. 공격과 방어에 쓰이는 무기 두 개가 이렇게 결합된 것이다.

출정(부조)(征戰浮雕)
《세계미술사》 발췌
Relief of Fighting

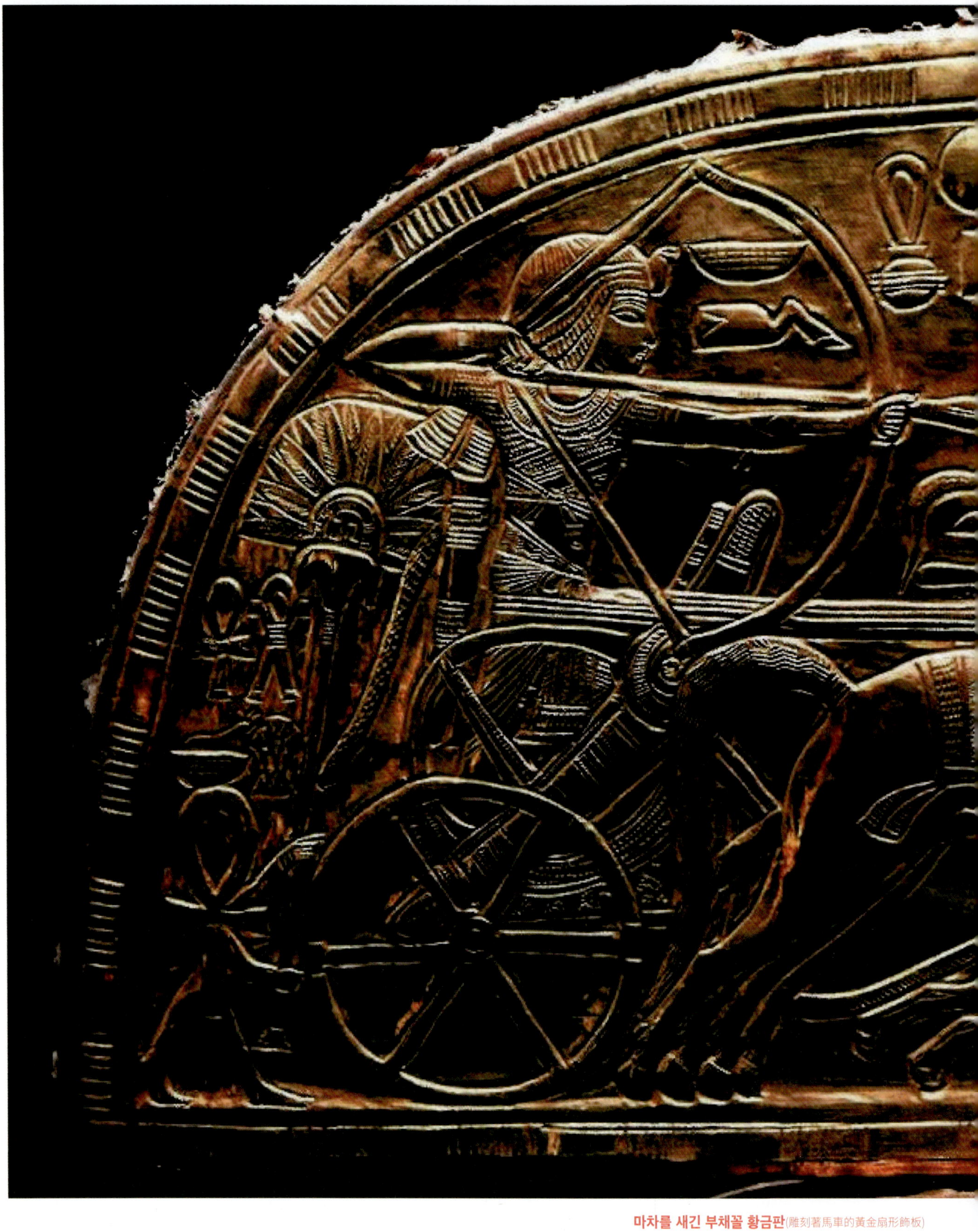

마차를 새긴 부채꼴 황금판(雕刻著馬車的黃金扇形飾板)

이집트 투탕카멘 묘지에서 출토

Gold Plate Carved with Chariot Scene

고대 이집트 벽화 중 씨름, 격투 장면(古埃及壁畫中的摔跤, 格鬪畫面)

Ancient Egyptian Wall Painting of Wrestling

누비아 사격수—채색/목제(木製彩繪努比亞弓箭手)

이집트 아시유트 메세프티묘에서 출토
제11왕조
Colored Wood-made Figures of Archers

이집트 병사—채색/목제(木製彩繪埃及士兵)

이집트 아시유트 메세프티묘에서 출토
제11왕조
Colored Wood-made Figures of Egyptian Soldiers

사격수 채색 벽돌 벽화(弓箭手彩磚壁畫)

프랑스 루브르미술관 소장
다리우스 1세 시기
Colored Wall Brick Design of the Archers

전차를 타고 하는 사자 사냥(부조)(戰車獵獅浮雕)

Hunting Lions

전쟁터의 전차(戰場上的戰車)

War Chariot

기예(雜耍)

프랑스 루브르미술관 소장

Acrobatic Performance

주사위 놀이를 하는 아이들(玩擲骰子游戲的兒童)

Kids are playing dices

양모 그림(羊毛畫)

S.17411

Woolen Painting

(11) 아동 게임

놀이는 아이들의 천성이다. 이집트에서는 부모들이 아이들이 걸음마를 배우고 나면 집 주변에서 언니 오빠 혹은 또래의 이웃집 아이와 놀게 했다. 부모들은 아이들에게 장난감도 준비해 주었는데 이러한 장난감은 매우 볼품없었다. 대부분은 현지에서 재료를 구해 만든 것으로 돌로 깎거나 조각해서 만든 여러 가지 동물의 모습, 천을 말아서 만든 각종 공 모양의 물건 혹은 가죽을 꿰매 만든 원형의 장난감으로 안에는 밀·보리알의 낟알을 가득 채웠다. 또 진흙으로 만든 땡땡이북, 나무로 만든 팽이 역시 아이들이 매우 좋아하는 장난감이었다.

아이들이 크면서 게임도 점차 새로워졌고 스포츠 운동을 모방하기 시작했다. 한 예로 묘기 시합은 어린 남자아이들이 경기에서 그들의 역량과 기개를 보여 주는 것이었다. 남자아이들에게 인기가 있었던 놀이로는 표창 던지기가 있었는데 어느 정도 떨어진 지정된 자리에서 땅에 그린 과녁에 표창을 던지는 것으로 이는 힘을 단련하는 것이자 기교를 연마하는 것이었다. 이 나이 때의 아이들은 이미 성별에 대한 인식이 매우 명확했다. 여자아이들은 경기 운동에 참여하지 않고 춤을 배우며 몸매를 가꾸었다.

조금 더 크면 아이들은 함께 달리기, 씨름, 모방 전투, 단체춤 등 기술이 포함된 여러 가지 놀이를 즐겼는데 이러한 놀이를 통해 각종 기교를 연마할 수 있었고 공동체 의식은 물론 협력의 정신도 기를 수 있었다.

현재 세계 각국의 이집트 연구는 이미 체계적이고 완전한 이집트학으로 자리 잡았다. 스포츠 역시 반드시 연구를 필요로 하는 내용으로 여기서 우리는 잠정적인 연구 성과와 그 고유의 찬란함을 세계인들에게 보여 주고자 한다.

6 페르시아의 고대 스포츠

기원전 약 550년, 페르시아 전역을 통일한 키로스 2세는 영토 확장을 위한 기나긴 전쟁을 시작했다. 그는 먼저 오늘날 터키 서부의 리디아를 굴복시킨 후 바빌론 왕국과 그 서부 접경 지역의 국가를 정복하며 오늘날의 타지키스탄 지역까지 국경을 넓혔다. 또한 기원전 약 525년에는 페르시아 귀족 '다리우스'가 캄비세스 동생인 바르디아와의 전쟁에서 승리하면서 페르시아의 새로운 국왕이 되었고 페르시아 제국은 다리우스의 통치하에서 영토를 더욱 확장했다. 다리우스는 중앙아시아 전역을 휩쓸며 인도 서부 지역까지 진격했고 유럽을 침략했는데 아리아인의 고향인 스키타이 지역(스키타이는 오늘날 우크라이나와 러시아 국경 내의 흑해 북부 지역 중 하나)에도 진출했다. 이 지역은 훗날 페르시아인의 통제를 받지는 않았지만 유럽의 트라키아와 마케도니아는 페르시아인의 통치를(이 지역은 스키타이 남부에 위치하며 오늘날의 마케도니아, 그리스, 불가리아와 터키 서부 국경 내를 말한다) 받았다.

아파나다 궁(阿帕達納宮)
이란
Iran Apadana Palace

한편, 전 지역의 무역을 장악하기 원했던 그리스와 페르시아는 일찌감치 경쟁을 시작하였는데 기원전 490년, 페르시아가 그리스를 침략하면서 두 강대국 간에는 무장 충돌이 발생하게 된다.

그 후 20년 동안 그리스인은 하나로 단결하여 페르시아인을 두 차례나 물리쳤고 다리우스 이후 페르시아 국왕들은 힘을 다해 그리스의 세력을 계속 약화시킨다.

그리스와 전쟁을 거치면서 페르시아 군대의 전투력은 나날이 향상되고 이는 병사의 기마술, 마차 조종술, 사격술, 격투술 등의 발전과 강인한 민족 정신의 함양으로 나타난다. 실제 전쟁은 병기의 각축전이었을 뿐만 아니라 페르시아와 그리스 양국의 풍속·관습·문화·종교 등이 서로 이해하며 교류할 수 있는 계기를 마련해 주었다. 또한 인류 본성의 요구에 따라 기사들은 경마, 기마술, 폴로, 마차 경기 등 다양한 형식의 마상 유희는 물론 씨름 등의 스포츠 활동도 즐겼다. 오늘날 이란 도서관의 문헌과 박물관의 유물을 통해 이러한 스포츠 형태에 관한 기록과 그 양상을 볼 수 있다. 한 예로 아케메네스

페르시아 폴리스 유적지(波斯波利斯遺址)
이란
The Site of Ancient City Persepolis, Iran

제국의 역대 제왕과 같이 파르티아인도 사냥을 즐겼는데 국왕이 사용한 한 인장에는 전차를 탄 국왕이 손에 활을 든 채 사냥을 하는 장면이 새겨져 있다. 이외에도 샤푸르 2세가 사슴을 사냥하는 장면을 그린 은쟁반 한 점, 다리우스가 전차를 타고 사자를 사냥하는 장면을 그린 둥근 인장 한 매, 페르시아의 금위군 궁수를 새긴 금은 그릇 한 점이 있다.

파르티아인은 전쟁의 영향을 받아 레슬링을 잘했다. 씨름을 통해 체력과 지혜를 단련할 수 있었기 때문에 레슬링은 파르티아인의 사랑을 받았다. 당시 수많은 사람들이 '저하난' 이라고 불리는 원형 궁전에서 전문적인 훈련을 받았는데 곤봉을 가지고 무예를 연마했으며, 음악 반주와 함께 시가를 노래하고 읊었다. 이러한 훈련은 격투 능력을 향상시키고 전문적인 신체적 조건을 강화시켰다는 점에서 의의가 있다.

'저하난'에서 훈련을 받은 우수한 씨름 선수들은 그 힘과 기교 덕택에 사람들의 존경을 받았다. 근대에 들어서도 과거 페르시아의 통치를 받았던 지역에서는 여전히 달리기 경주, 투석, 표창 던지기 등의 운동을 즐기며 '저하난' 의 씨름은 이라크, 타지키스탄, 아

프가니스탄 등의 국가로까지 전해진다.

한편, 전차는 당시 전쟁에서 주요한 무기였다. 전차 운전병은 반드시 전문적인 전차 조종 기술을 갖추어야 했다. 현재 이란 박물관에서는 페르시아 제국의 황금 전차 한 대를 소장하고 있다.

또한, 전문가의 조사와 연구에 따르면 폴로는 고대 중앙아시아의 이란, 터키 지역에서 생활했던 유목 민족이 만들어 발전시켰을 것이라고 한다. 최초의 폴로는 페르시아 사산 왕국의 호라산 지역에서 탄생한 것으로 보이는데, 파르티아 왕조(기원전 247-224) 시대에는 폴로가 크게 유행했기 때문이다. 문헌의 기록에 따르면 사산왕조의 아르다시르 1세(224년-241년 재위)는 파르티아 왕조 말기의 군왕 아르타바누스 5세(212년-224년 재위)의 왕자들과 황궁의 폴로 경기장에서 경기를 하였는데 결국 아르다시르가 승리했다.

9세기 후반 이란 동남부에 세워진 사파르왕조(867-900)의 제2대 왕 암루는 폴로에 심취해 있었다. 그리고 사만왕조(895-1005)의 압드 알 말리크 1세(954년-961년 재위)는 폴로를 하다

조공도(朝貢圖)

페르시아 폴리스 유적지 유물
기원전 6세기-5세기
Paying tribute

늑대 사냥도(射狼圖)

이란 이스파한 사파비 왕조 시대
1642년
Hunting

다리우스 묘(大流士墓)

이란
Tomb of Darius

가 말 위에서 떨어져 경추가 부러졌다. 이외에도 페르시아의 시인 피르다우시(940-1020)는 6만여 행에 달하는 민족 서사시인 〈열왕기〉를 지었는데 그중 폴로를 묘사한 서사시로는 〈하옥십표연구예(夏沃什表演球藝)〉, 〈하옥십폴로(夏沃什打馬球)〉가 있다. 시에는 하옥십에서 유랑하다 토란국에 도착하여 폴로를 한 이야기와 당시 페르시아의 폴로 규칙을 기록해 놓았는데 이는 문학 작품으로 사실인지는 믿을 수 없지만 분명 참고할 만한 가치가 있다.

그리고 두뇌 향상에 도움이 되는 세계적인 오락 중 하나인 장기는 기원이 비교적 빠른데 인류 문명의 출현에 따라 원시적인 수싸움 게임이 등장하여 사람들에게 유희를 제공했다고 할 수 있다. 고대에는 페르시아, 이집트, 메소포타미아와 인도에서 모두 다양한 다이아몬드 게임이 유행했다. 게임 방법은 비교적 간단하며 정해진 규칙에 따라 말을 앞으로 움직이고 먼저 종착지에 도착하거나 상대방의 말을 모두 먹으면 승리한다.

오늘날 세계의 수많은 수싸움 게임 중 영향력이 가장 큰 것은 체스이다. 현재 체스의 기원에 대해서는 페르시아 기원설, 인도 기원설 등 수많은 견해가 있지만 현재의 사료를 보면 유라시아 대륙에서 체스의 유행을 촉진하는 데 중대한 공헌을 한 것은 페르시아다.

페르시아 기병(波斯騎兵)
현 이란 국립박물관 소장
The Persian Cavalry

셀주크 기병(塞爾柱騎兵)
현 이란 국립박물관 소장
The Seljuk Cavalry

셀주크 여기수(塞爾柱女騎手)

현 이란 국립박물관 소장
The Seljuk Female Rider

수렵 장면을 그린 은쟁반(射獵銀盤)

현 미국 뉴욕 메트로폴리탄박물관 소장
기원전 5-6세기
Hunting

은쟁반: 샤푸르 2세의 사슴 사냥(沙普爾二世獵鹿銀盤)

A silver plate with the design of Shapur II hunting deer

황제의 사냥 장면을 그린 은쟁반(帝王狩獵銀盤)

이란 북부 출토
이란 국립박물관
5-6세기
A silver plate with the scene of the Emperor's hunting Activity

사냥(양탄자) (狩獵圖織毯)

파리 디자인 예술 박물관 소장
16세기
Weaving carpet with design of hunting

금을 입힌 장식판: 무사와 사자의 결투(武士獅子爭鬪紋金飾牌)

테헤란 고고학박물관 소장
기원전 9세기-7세기
A gold decorative plate with the design of warrior struggling with lion

궁수를 새긴 은 그릇(刻有弓箭手的銀碗)

《세계미술사》 발췌

A silver bowl carved with the archers

황제 수렵도(帝王狩獵圖)

마애부조 이란 타쿠아 이 부스탄

5세기

The Emperor is hunting

황금전차(黃金戰車)
이란박물관
Gold chariot

사산왕조의 은 주전자(薩珊銀壺)

영하 고원 이현 묘(寧夏固原李賢墓) 출토
A Silver Kettle

도기 항아리: 출정(征戰陶罐)

An Earthen Pot

전쟁(戰爭)

중앙아시아
현 아랍 국가박물관 소장
Fighting, Middle Asia

전쟁(戰爭)

현 이란 국립박물관 소장

Fighting

전쟁(戰爭)

현 이란 국립박물관 소장

Fighting

출정도(征戰圖)

현 아랍 국가박물관 소장
Fighting

출정도(征戰圖)

현 아랍 국가박물관 소장
Fighting

페르시아인의 씨름(波斯人摔跤)

현 이란박물관 소장

Persian Wrestling

전쟁(戰爭)

현 이란국가박물관 소장

Fighting

씨름(摔跤圖)

현 이란박물관 소장

Wrestling

반구형의 은색 유금 그릇(銀鎏金半球碗)

사산왕조

A gold gilding silver bowl with the design of wrestling

전쟁(戰爭)

현 이란 국립박물관 소장
Fighting

폴로(馬球) **〈열왕기**(列王紀)**〉 삽화**(插圖)

현 메트로폴리탄박물관 소장
Polo

폴로(馬球)

F1932.23 이란 작품
현 프리어 미술관과 아서 M. 새클러 갤러리에서 소장
셀주크제국 시대
Polo

폴로 경기를 하는 사람들(打馬球者)

이란 사파비조
현 프리어 미술관과 아서 M. 새클러 갤러리에서 소장
Polo

폴로를 그린 소묘화(馬球素描)

현 프리어 미술관과 아서 M. 새클러 갤러리에서 소장
Polo

폴로(馬球圖)

F1932.49 정면
현 프리어 미술관과 아서 M. 새클러 갤러리에서 소장
a polo game

폴로(馬球圖)

F1935.19
현 프리어 미술관과 아서 M. 새클러 갤러리에서 소장
polo

폴로(馬球)

13.228.4
현 메트로폴리탄박물관 소장
polo

폴로(馬球)

S1986.190
현 프리어 미술관, 아서 M. 새클러 갤러리에 소장
polo

폴로(馬球)

현 이란 국립박물관 소장
polo

폴로(馬球)

현 메트로폴리탄박물관 소장
Basin with Figural Imagery

폴로(馬球)**(당나라 사람과 하는 폴로경기**(與唐人打馬球比賽)**)**

현 이란 국립박물관 소장

Playing Polo

체스를 하는 아랍인(阿拉伯人弈棋圖)

현 이란 국립박물관 소장

The Arabs are playing chess

체스(弈棋圖)

현 이란 국립박물관 소장

A Christian believer is playing chess with a Muslim

페르시아 세밀화 중 체스를 하는 장면(波斯細密畫上的下棋場面)

현 이란 국립박물관 소장

Persian playing chess, Iran

알현전(부조)(謁見殿浮雕)

현 이란 국립박물관 소장

Relief on the Wall of the Royal Great Hall

도기 항아리(陶罐)

현 테헤란 고고학박물관 소장

An Earthen Pot

맹수를 사냥하는 황제(帝王擊猛獸圖)

페르시아 폴리스 유적지 유물
기원전 6-5세기
The Emperor is attacking beast

파르티아 기사 조각상(帕提亞騎士造像)

현 이란 국립박물관 소장

Portrait of a Parthia Knight

맹수들의 싸움(猛獸爭鬪圖)

페르시아 폴리스 유적지 유물
기원전 6-5세기
Struggling Beasts

한편, 페르시아에서 탄생한 메디신볼은 페르시아 의사가 발명한 다이어트 치료법이다. 문헌의 기록에 따르면 페르시아의 한 국왕이 비만으로 거동이 불편하여 전국의 의사들을 소집해 진료하게 하였으나 오랫동안 차도가 없었다. 당시 똑똑한 의사 한 명이 있었는데 그는 국왕이 과체중에 지방이 너무 많아 병이 생긴 것이라 여기고 운동을 적당히 한다면 체중을 감량할 수 있을 것이라 판단했다. 이에 공을 의료 도구로 삼아 공 속에 약이 있다고 하며 공을 자르지 못하게 했고 연습을 계속하게 하여 스스로 치유되게 하였다. 국왕이 이를 믿고 수개월간 연습하였더니 과연 체중이 많이 줄었다. 후대에 이 연습공은 '메디신볼'이라 불렸고 이 운동은 체중 감량에 비교적 효과가 있었기에 머지않아 유라시아 각국으로 전파되어 널리 확산되었다.

7
메소포타미아의 고대 스포츠

메소포타미아는 그리스어에서 '두 강 사이의 지역'을 의미한다. 즉, 페르시아만으로 유입되는 유프라테스강과 티그리스강 사이의 지역으로 오늘날 이스라엘, 요르단, 레바논, 터키, 이란과 이라크 등의 광범위한 지역이 포함된다. 기원전 5000년경 하류의 충적평야에는 최초의 원주민인 우바이드인이 출현했고 뒤이어 '수메르'라고 불리는 민족이 이곳으로 이주해 먼 옛날의 미개한 문화를 계승하면서 초기 문명 시대에 들어섰다. 이를 시작으로 수메르인, 아카드인, 아시리아인, 히타이트인 등 모두가 이 지역의 주인이 되었고 왕조의 교체를 겪으며 3,000년 넘게 이어지니 가히 상전벽해라 할 수 있다.

대영박물관 아시리아 전시관(大英博物館亞述展廳)
The Assyrian Hall of the British Museum

수렵 필통 1(狩獵筆盒—1)

현 하버드대학교 예술 박물관 소장
Hunting

수렵 필통 2(狩獵筆盒—2)

현 하버드대학교 예술 박물관 소장
Hunting

전쟁(부조)(戰爭浮雕)

아시리아 부조
대영박물관
Relief of fighting,the ancient assyrian relief in the British Museum

신들과 거인의 전쟁(衆神與巨人作戰)

그리스 시프노스의 보고 장식 부조
기원전 6세기 말
The Gods are fighting with the Giant

출정(부조)(征戰浮雕)

아슈르바니팔의 군대와 엘람인의 전쟁
Fighting

출정(부조)(征戰浮雕)

Fighting

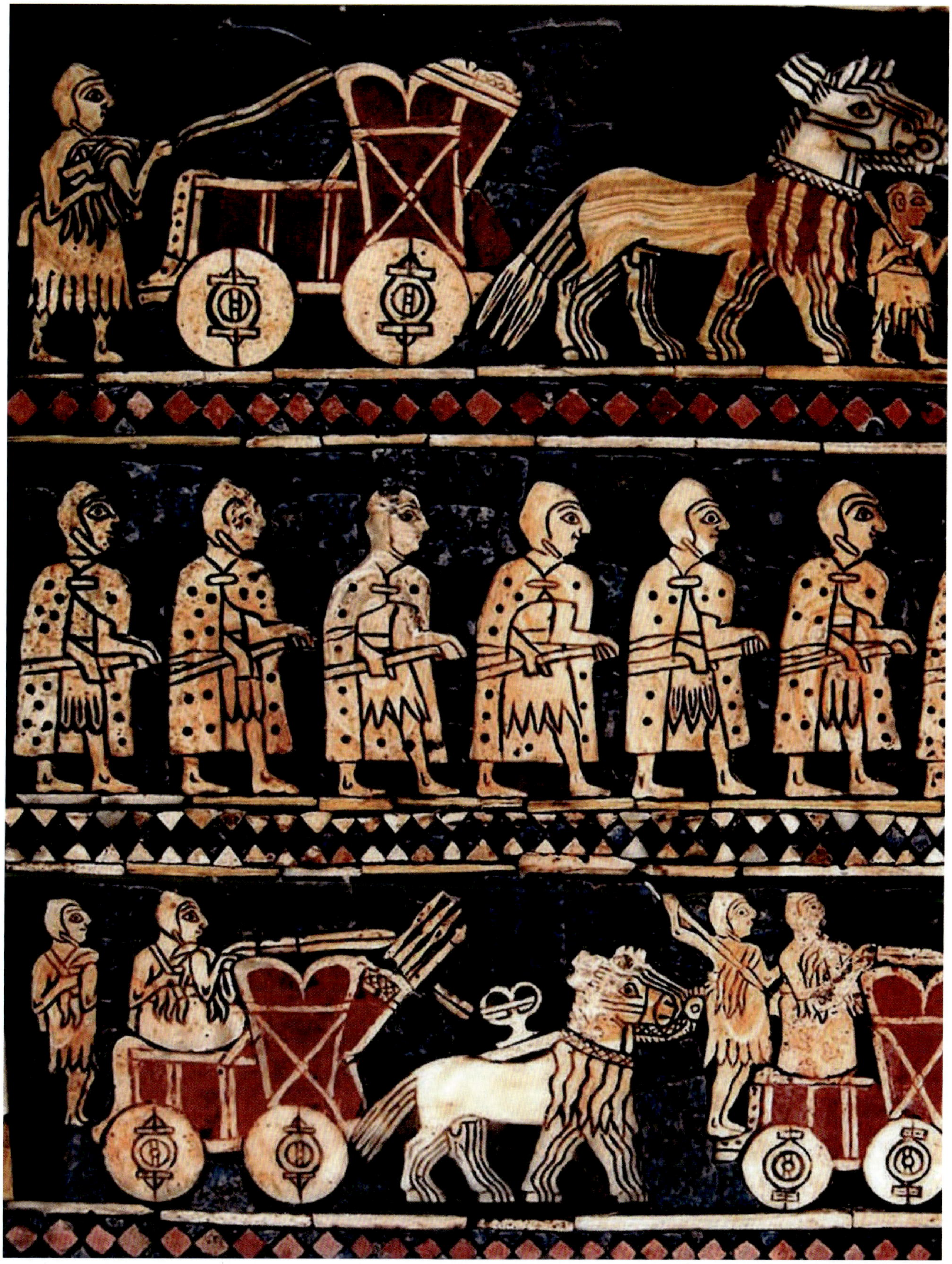

우르에서 출토된 군기(烏爾出土的軍旗)

Ensign

한편, 수메르 왕조 성의 사원에서는 석판에 새긴 부조가 다량으로 발견되었는데 대부분 주인이 신을 위해서 진행한 대규모 토목공사의 업적을 찬양하거나 전쟁 장면 등을 새겨 놓은 것이다. 한 예로 라가시에서는 전쟁을 소재로 한 부조 한 점이 발견되었다. 이는 라가시의 제2대 국왕 에안나툼이 이웃나라인 움마를 정복한 것을 기록한 것으로 부조의 윗부분에는 국왕이 사병들을 이끄는 모습을 새겨 놓았는데 그들은 사각형의 갑옷을 입고 있고 적군의 시체를 밟으며 대열을 지어 전진하고 있다. 밑에도 국왕이 새겨져 있는데 홀로 전차를 몰면서 황야로 도망간 움마 병사들을 추격하여 소탕하라고 지시하고 있다.

부조는 석비뿐만 아니라 종교용 제기에도 새겨져 있다. 원기둥 모양의 인장에서는 스포츠와 관련된 내용이 다수 발견되었다. 원기둥 모양의 인장은 메소포타미아 유역 특유의 물건으로 이 인장은 중국의 인장과는 다르게 원기둥의 가로 단면이 아닌 세로 단면에 도안이 새겨져 있다. 예를 들어 현재 런던의 영국박물관에서 소장하고 있는 인장 부조인 〈길가메시와 사자무리의 싸움〉은 높이 2.5cm에 직경 1.6cm로, 우루크의 국왕 길가메시가 힘이 대단한 영웅이자 완벽하고 지혜로운 화신임을 찬양하고 있다.

한편, 아카드 왕조에서 조각한 기념비는 대부분 원정을 나간 왕의 개선 장면을 표현한 것으로 왕이 가지고 온 다량의 전리품과 포로를 통해 왕의 찬란한 전쟁 업적을 찬양하고 있다. 약 기원전 2250년 전에 새겨진, 나람 신을 기념한 공적비가 바로 그 대표적인 예이다. 석비는 높이 2m에 붉은 사암석으로 당시 나람 신이 산간지역의 소수 민족을 정벌하러 간 역사적 사실을 기록하고 있다. 석비 전체에는 웅장하고 기세 등등한 장면이 새겨져 있고 키가 큰 나람 신이 산 정상에 우뚝 서 있다. 나람 신은 활을 들고 있는데 그 자태가 매우 거만하고 작은 산 위의 쐐기문자에는 이번 원정의 과정이 기록되어 있다. 현재 이 석비는 파리 루브르미술관에 소장되어 있다.

수메르인은 상아와 조개껍데기를 이용하여 생동감이 넘치는 인물들을 새기는 데 뛰어났다. 예를 들어 우르에서 출토된 상감화 한 폭은 조개껍데기, 석회석 또는 천청석으로 상감한 사다리꼴 모양의 목판인데 이는 우르의 제3왕조 초기의 작품으로 고고학자들은 이를 '우르의 군기'라 부른다. 위에는 격렬한 격투, 개선, 노예 쟁탈, 공납, 축하 연회를 하는 장면 등 여러 장면이 있다. 그림은 가로로 배열되어 있고 각 층의 장면은 기하학적 도형으로 경계를 나누었다. 군기(軍旗) 정면의 제일 윗줄에는 우르 왕이 전리품을 살피는 장면이 묘사되어 있는데 왕은 긴 창을 들고 있으며, 중무장한 병사들의 동행하에 포로들을 감시하고 있다. 제2열은 전쟁 장면을 묘사한 것으로 장군들과 병사들이 방패와 검을 들고 적군과 싸우고 있다. 제3열은 중무장한 고대 전차들이 전장에서 질주하는 장면이다. 군기의 뒷면에는 노래하고 춤추면서 승리를 축하하는 성대한 연회의 장면은 물론 전쟁에서 약탈한 소, 양 등의 가축들과 수많은 전쟁 포로의 모습도 묘사했다.

고고학자는 1922년부터 1927년까지 우르 왕릉을 포함한 수메르 왕조 시대의 지하 고분 450개를 연이어 발굴했다. 왕릉에서는 일찍이 국왕이 사용했던 단검, 투구 등 황금으로 제작된 정교한 물건들이 다량으로 출토되었는데 그중 황금 단검은 길이가 37.3cm, 황금 투구는 높이가 23cm로 이 귀중한 유물 두 점은 현재 바그다드 이라크 국립박물관에 소장되어 있다.

기원전 1700년, 바빌로니아 왕 함무라비가 사망한 이후 메소포타미아는 다시금 제후들의 전장으로 전락했다. 기원전 1500년경에는 티그리스강 상류에서 생활하던 아시리아인의 세력이 커지기 시작했다. 그들은 정예 철갑 부대로 전쟁에 뛰어들었고 순조롭게 각 지역의 제후들을 굴복시키며 아시리아 왕국을 세웠다. 무력으로 나라를 세운 아시라인은 메소포타미아 지역을 300여 년간 통치하였는데 거의 대부분 전쟁 중이었기에 그들의 역사는 대규모 전쟁으로 이루어졌다고 할 수 있다.

한편, 현재 남아 있는 궁전 조각을 통해 아시리아인이 그림으로 이야기를 새기는 것을 좋아했고 이를 통해 사람들의 이해와 감상을 도왔다는 것을 알 수 있다. 한 예로 현재 파리 루브르에서 소장하고 있는 부조 〈'길가메시'라고 불리는 사자를 든 영웅〉은 메소포타미아 고대 전설의 영웅인 길가메시가 사자와 싸우는 이야기를 그려놓은 것이다.

아슈르나시르팔 왕의 궁전 부조에는 왕의 혁혁한 전과(戰果)들이 자세히 기록되어 있다. 그중 한 부조는 아시리아 군대의 마차가 전장을 누비고, 적군의 궁수들이 도망을 가며 다급하게 공격을 하는 장면을 묘사하고 있고, 다른 하나는 아시리아 군대가 성지를 함락하는 장면을 그렸다.

앞서 말한 아슈르나시르팔 2세(기원전 9세기)의 궁전 부조는 높이가 99cm에 달하며 현재 런던의 대영박물관에 소장되어 있다.

무(武)를 숭상했던 아시리아인은 대규모로 전쟁의 모습을 그렸고 사자를 사냥할 때의 조마조마하고 긴장되는 장면들 역시 열의를 가지고 표현했다. 아시리아 제국은 메소포타미아 유역 북부에 있었는데 강가의 습지에 사는 사자는 우환거리였다. 사자는 사람들을 해치고 소와 양을 물어뜯어 그곳 거주민의 생활을 크게 위협했기에 사자 사냥은 아시리아 왕의 일상에서 매우 중요한 일이었고 그 성과 또한 아시리아 왕의 위대한 공적이었다. 아시리아 왕의 궁전 부조에는 대부분 이러한 내용이 담겨있다. 아슈르나시르팔 2세의 궁전 부조를 살펴보면 국왕이 전차를 몰며 위풍당당하게 사자 무리를 활로 쏘아 죽이고 있고, 보병들이 전차 옆에서 뒤따르고 있다. 전차의 후방에는 수사자 한 마리가 이빨을 드러내고 발톱을 치켜 세운 채 전차를 향해 돌진하는데 앞발은 이미 전차의 축(軸) 위를 덮쳤고 전차 위의 아슈르나시르팔 왕은 전혀 두려워하지 않고 전력을 다해 싸우고 있다. 전차 앞에서는 전투마가 질주하며 철제 편자로 땅 위의 죽은 사자를 밟고 지나가고 말의 복부 아래에는 상처를 입은 사자 한 마리가 있다. 사자는 이미 몸에 여러 발의 화살을 맞았는데, 불행히 땅에 떨어진 병사 하나를 물어뜯고 있어 전체 장면이 손에 땀을 쥐게 한다. 아슈르나시르팔 2세의 〈수렵도〉(기원전 9세기)는 높이 99.1cm, 넓이 254cm로 현재 런던의 대영박물관에 소장되어 있다. 아슈르바니팔 궁전에 있는 부조판 위에는 나무 우리에서 풀려 나와 날뛸 때 화살 한 발을 맞은 사자 한 마리가 맹렬하게 날뛰며 적에게 돌진하고, 아슈르바니팔 왕과 그의 병사들이 방패를 들고 있는 장면이 묘사되어 있다. 그림에서는 여러 동작들을 표현했는데 사자가 풀려날 때 국왕은 활을 당기고 있고 수행 병사들은 긴 창을 사용하여 죽을 힘을 다해, 달려 드는 사자의 심장을 찌르고 있다.

위에서 언급한 아슈르바니팔 왕의 사자 수렵도는 기원전 7세기의 작품으로 아시리아 북궁 유적지에서 출토되었으며 현재 대영박물관에서 소장하고 있다. 아슈르바니팔 왕의 사자 수렵도와 사냥도는 기원전 640년의 작품으로 현재 아슈르바니팔 궁전 유적지에 보존되어 있다.

또한 아시리아인의 궁에는 다양한 용도의 상아 조각이 매우 많다. 이러한 상아 조각품은 표면이 깨끗하고 윤이 나는 것도 있고 조각이 정교한 것도 있다. 또, 때로는 상아 위에 색을 칠하거나 색깔이 있는 보석을 끼워 넣기도 했으며 어떤 부분은 금박으로 싸기도 했다. 가장 큰 다량의 상아 제품은 넴루트다으(Nemrut Dag)와 코르사바드(Khorsabad) 성 두 곳에서 발견되었는데 그중 하나는 어미 사자 한 마리가 흑인 한 명을 기습하는 장면을 새긴 것으로, 어미 사자는 이미 흑인의 목을 물고 있고 흑인은 도망치거나 발버둥칠 힘도 없이 가만히 앉아서 죽음을 기다리고 있다. 이 외에도 고대 아시리아 왕국에는 정복 전쟁, 말 타고 활쏘기, 수렵 등의 장면을 표현한 조각품들이 여전히 남아 있다.

그 밖에도 고고학자들이 우르 왕릉에서 발굴한 기원전 26세기 경의 육박(博戱)용 도구 한 점은 쌍륙과 비슷하다. 우리는 역사의 기록, 유적지, 유물들을 통해 고대 메소포타미아 유역의 군사 전쟁은 물론 사냥, 경기와 관련이 있는 생생한 그림도 볼 수 있고, 고대 메소포타미아 유역 사람들이 매우 좋아했던 씨름, 수영, 바둑, 폴로, 히브리 민족 무용 등의 유희와 스포츠 운동도 이해할 수 있다. 바빌로니아와 니네베의 고고학은 이곳에도 인도의 요가, 중국 양생의 신체단련법과 유사한 것이 있었음을 보여 준다.

마차 경주를 그린 도자기 장식 접시(陶賽車圖飾板)

기원전 530년

Pottery ornamental plate for the Racing Chariots

전쟁(부조)(戰爭浮雕)

대영박물관
아시리아 부조
Relief of fighting, the ancient assyrian relief in the British Museum

출정(부조)(征戰浮雕)

대영박물관 소장
아시리아 부조
Fighting

고대 아시리아 부조(古老的亞述浮雕)

The ancient assyrian relief

출렵(出獵)

아시리아 부조
대영박물관 소장
Hunting

국왕 어가도(國王御駕圖)

아시리아 부조
대영박물관 소장
Chariot of the Emperor,the ancient assyrian relief in the British Museum

우르의 체스판(烏爾棋盤)

대영박물관 소장

Ur chess board

아시리아 부조(亞述浮雕)

대영박물관 소장

The ancient assyrian relief

출렵(出獵)

아시리아 부조

대영박물관 소장

Hunting

공납(進貢圖)

아시리아 부조
대영박물관 소장
Paying the tribute, the ancient assyrian relief in the British Museum

다친 사자(受傷的獅子)

아시리아 부조
대영박물관 소장
An injured lion, the ancient assyrian relief in the British Museum

수렵도(狩獵圖)

아시리아 부조
대영박물관 소장
Hunting, the ancient assyrian relief in the British Museum

수렵도(狩獵圖)

아시리아 부조
대영박물관 소장
Hunting, the ancient assyrian relief in the British Museum

포획한 사자(被獵射的獅子)

아시리아 부조
대영박물관 소장
A hunted lion, the ancient assyrian relief in the British Museum

포위 사냥도(圍獵圖)

아시리아 부조
대영박물관 소장
Hunting, the ancient assyrian relief in the British Museum

포위 사냥도(圍獵圖)

아시리아 부조
대영박물관 소장
Hunting, the ancient assyrian relief in the British Museum

바니팔 왕의 수렵도(巴尼拔王狩獵圖)**(일부)**

아시리아 부조
대영박물관 소장
기원전 7세기
Hunting, the ancient assyrian relief
in the British Museum

사자 사냥도(獵獅圖)

아슈르바니팔 궁전 부조(일부)
기원전 640년
Hunting the lion

수렵도(狩獵圖)

아시리아 부조
대영박물관 소장
기원전 9세기
Hunting, the ancient assyrian relief
in the British Museum

수렵도(狩獵圖)
아시리아 부조
대영박물관 소장
Hunting, the ancient assyrian relief
in the British Museum

수렵도(狩獵圖)
아시리아 부조
대영박물관 소장
Hunting, the ancient assyrian relief
in the British Museum

포위 사냥도(圍獵圖)
아시리아 부조
대영박물관 소장
Hunting, the ancient assyrian relief
in the British Museum

수렵 장면을 그린 금 접시(狩獵金盤)

A plate with the hunting design

황제의 수렵 장면을 그린 은 접시(帝王獵獅銀盤)

러시아 예르미타시미술관 소장

4세기

A silver plate with the design of the Emperor hunting lion

아나톨리아 전쟁도(安納托利亞戰爭圖)
현 이스탄불박물관 소장
Anatolian War

아나톨리아 전쟁도(安納托利亞戰爭圖)
현 이스탄불박물관 소장
Anatolian War

아나톨리아 전쟁도(安納托利亞戰爭圖)
현 이스탄불박물관 소장
Anatolian War

아나톨리아 전쟁도(安納托利亞戰爭圖)

현 이스탄불박물관 소장

Anatolian War

출정도(征戰圖)

현 이스탄불박물관 소장

Fighting

8
고대 그리스의 경기 스포츠

기원전 10세기를 전후로 사회 발전에 대한 요구 및 정신적·육체적 노동의 분리로 그리스 문화는 매우 빠르게 성장하고 발전했다. 고대 그리스는 천혜의 자연 조건을 갖추고 있었는데 지중해는 그들을 고대의 동방 문명 국가인 페니키아, 이집트, 메소포타미아 유역의 수많은 국가들과 이어 주었으며 그들이 일찍이 동방 민족의 지혜를 이해할 수 있게 했다.

고대 동방 국가의 찬란한 예술적 창조는 그리스인들에게 가장 좋은 모델이었다. 그들은 이를 통해 자양분을 흡수하여 그리스의 도시 국가 아테네가 지중해에서 최고의 영향력을 발휘할 수 있게 했다. 이후 이탈리아 반도에서 굴기한 로마도 철학의 사상부터 스포츠 활동까지 그리스 문화로부터 토대를 받아들였는데 심지어 어떤 이는 고대 로마의 스포츠는 그리스 스포츠가 소멸하기 직전 잠시 빛을 발한 것이라고 말하기도 했다. 루브르박물관, 대영박물관, 바티칸미술관, 예르미타시미술관 등 서양의 모든 대형 박물관에서는 수많은 고대 그리스의 조각과 소조들이 고대 로마의 답습을 통해 오늘날까지 전해져 내려오고 있음을 볼 수 있다.

파르테논 신전(帕臺農神廟)
Parthenon

원반 던지는 사람(擲鐵餠者)
고대 로마 작품 이탈리아 하드리아누스 별장
The Discus Thrower

한편, 기원전 8세기 이후로는 올림픽 등 4대 경기 외에도 각 폴리스에서 단독으로 치른 경축 행사도 있었다. 아테네에는 1년에 50개의 기념일이 있었는데 모두 신께 제사를 드리기 위해 만든 것으로 페이시스트라토스 집권기부터 아테네에서 가장 중요한 기념일은 '파나테나이아제(Panathenaea)'와 '바카날리아(Bacchanalia)'였다. 참가자 중에는 다른 폴리스의 사람도 있었다.

검투사(泊爾蓋茨的角鬪士)

기원전 1세기 초
1.57m
Gladiator

소년 권투 벽화(少年拳擊壁畫)

기원전 16세기
현 프랑스 루브르 아테네 고고 박물관 소장
Teenager boxers

그리스인은 항상 장례식에서 경기와 공연을 치렀다. 이러한 풍습의 기원은 어쩌면 미노스 문명 시대까지 거슬러 올라갈 수 있을 것이다. 사람들은 보통 고대 그리스인이 권투를 발명했을 것이라고 여기지만 사실 이러한 격투 방식은 선사시대의 크레타 문명에서 기원한 것으로 널리 미케네 문명까지 전해진다. '암흑시대'[118] 도기병의 권투 선수 그림과 호메로스 서사시에서 묘사한 권투 시합은 이러한 운동 방식이 오늘날까지 이어져 내려오고 있다는 것을 말해 준다.

한편, 고고학자들은 아크로폴리스 유적지의 수많은 건축물 폐허에서 아름다운 벽화의 흔적을 다수 발견하였다. 그중 가장 유명한, 훼손된 벽화 일부는 이른바 '소년 권투도'로 벽화 속의 남자아이 두 명은 나체인데 허리에만 비단 끈 하나를 매고 있다. 선사시대 크레타 문명의 남자들은 종교 제사, 소싸움, 권투 시합에 참여할 때 보통 허리에만 천을 감싸고 허리띠를 맸다. 또한 벽화 속에 등장하는 권투 선수 두 명은 허리띠만 매고 있는데 이는 성년이 되지 않은 남자아이임을 말해 준다. 또, 대영박물관에서 소장하고 있는 미케네 도기 파편은 키프로스에서 출토된 것으로 권투 그림이 그려져 있으며, 선사시대의 크로노스 궁전에서는 일찍이 소싸움을 제재로 한 일부 벽화가 다량으로 출토되었는데 그중 하나는 보존 상태가 매우 우수하며 '소 뛰어넘기'로 불린다. 이러한 소재의 훼손된 벽화 일부는 크노소스의 '미궁'에서만 볼 수 있고 다른 궁전에서는 볼 수 없다.

이를 통해 크레타섬에서 크노소스는 투우사의 주요 훈련 장소이자 투우 공연이 열리는 중심지였다는 것을 알 수 있다.

미케네인은 전투마와 전차를 잘 몰았고 사냥을 매우 좋아했다. 그리스에서 발견된 최초의 말 뼈는 약 기원전 1800년-1700년 사이의 것으로 최초의 전투마와 전차 그림은 미케네 문명의 가장 초기 단계인 '수갱식 분묘'[119]시기에 출현했다.

또한 미케네성 내의 왕족 묘지인 '무덤군 A'에서는 글자가 없는 비석이 출토되었다. 비석에는 11개의 부조 그림이 새겨져 있고 대부분 무사가 전차를 모는 모습을 묘사한 것인데 그 내용은 아마도 마차 경주, 수렵, 전쟁 등과 관련이 있을 것이다. 그중 하나는 마부 한 사람이 전차를 모는 장면으로 투구를 쓴 것처럼 보이며 검을 차고 몸을 앞쪽으로 기울인 채 오른손에 고삐를 쥐고 질주를 재촉하고 있다. 말 전방에는 방망이를 든 한 사람이 서있고 두 사람은 거의 나체이다. 일반적으로 이 장면은 미케네 전사가 전차를 몰고 적을 쫓는 장면을 표현한 것으로 여겨지나 그리스의 고고학자 조지 밀로나스(George Mylonas)는 전차에 무사는 오직 한 명으로 전차를 몰면서 무기를 사용할 수는 없었을 테니, 이 그림은 전투 장면이 아닌 국왕의 장례식에서 치른 귀족들의 전차 경기를 표현한 것이라고 주장했다.

수갱식 분묘에는 전차 운전이나 사냥을 주제로 한 금속 부장품이 더욱 많은데, 4호 고분에서 출토된 금반지 인장은 윗부분에 전차를 몰며 사슴을 사냥하는 부조 그림이 있다. 광분한 말 두 마리는 쌍륜 전차를 이끌고 있고 전차에는 마부와 궁수 등 두 명의 무사가 있는데 앞에는 황급히 도망가는 야생 사슴이 있다. 그림은 전체적으로 생동감이 넘치며 매우 생생하다. 또, 3호 고분에서도 황금 인장 하나가 출토되었는데 인간과 사자의 격투 장면을 묘사한 것으로 보병 한 명이 정면으로 달려오는 수사자를 단검으로 찌르고 있다. 또한, 미케네인은 '수갱식 분묘 시기'에도 청동 검에 다양한 색상의 금속 '회화(繪畫)'를 그렸는데, 그중 금속화 한 폭은 '사자 사냥'을 주제로 하여 남자 5명과 사자 3마리의 격투 장면을 묘사하고 있다. 사자 두 마리는 황급히 달아나고 있고 제일 큰 사자는 사냥꾼에게 반격을 가하고 있는데 가장 앞에 있는 사냥꾼은 고개를 젖힌 채 엎어져 있다. 다른 이들은 전투 태세를 갖추고 사람만큼 높은 8자 방패와 큰 직사각형 방패를 들어 자신을 보호하고 있고 긴 창을 높이 들어 사자를 찔러 죽이거나 던져서 맞추려는 자세를 하고 있다. 또 다른 사냥꾼 한 명은 화살을 시위에 걸고 활을 최대한 당겨 수사자를 겨누고 있다. 전체 그림은 미케네인이 사자를 사냥할 때의 긴박하고 위험한 순간을 생생하게 재현했다.

한편, 미케네 귀족 무사들에게 있어 사냥은 없어서는 안 될 생활 방식으로 이는 유희를 즐기는 방식이자 군사 훈련의 기능도 갖추고 있었다. 사냥을 하는 자는 전차 운전, 기마, 활쏘기, 창던지기 등의 수준을 전반적으로 향상시킬 수 있었고, 싸움에 뛰어나고 용맹한 상무 정신도 기를 수 있었다.

그리고 사냥 역시 궁궐의 귀족들이 좋아했던 유희이다. 한 벽화에서는 남자 하인이 사냥꾼을 위해 앞에서 사나운 얼룩무늬 사냥개를 끌고 있고, 사냥용 매가 사냥감을 향해 공중에서 급강하하는 장면을 묘사했는데 이는 바로 티린스(Tiryns), 필로스(Pilos)의 '출렵도(出獵圖)'와 현재 남아 있는 훼손된 벽화 일부에서 볼 수 있는 사냥 장면이다. 그중 가장 생동감이 넘치는 것은 사냥개가 다친 멧돼지를 물어뜯는 장면으로 필사적으로 도망치는 멧돼지의 머리에는 이미 표창이 박혔고, 얼룩무늬 사냥개 세 마리가 뒤에서 돼지를 덮쳐 물어뜯고 있다.

또한, 필로스의 궁전 벽화 한 폭에는 사냥꾼이 사냥감을 향해 표창을 던지는 장면이 있다. 그림에서는 허리를 조인 얼룩무늬 반팔 등 사냥꾼 복장을 한 사냥꾼이 표창을 높게 들어, 정면으로 내달려 개울을 뛰어넘으려는 야생 산양을 향해 던지고 있다.

금은 장식의 청동 단검(帶有金銀裝飾的青銅短劍)

기원전 16세기 중엽

고대 그리스 고분 출토

A bronze dagger with gol

양 손잡이 항아리에 그린 운동선수(雙耳罐上的運動員)

Double-ear pot with the scene of athletes

양 손잡이 얇은 목 타원형 항아리: 사냥하는 기사(狩獵騎士雙耳細頸橢圓陶罐)

기원전 520-기원전 515년

A double-ear thin-neck earthen pot with the scene of hunting knight

코린토스의 검은 무늬 양 손잡이 컵(科林斯黑紋克拉蒂爾雙耳杯)

현재 예르미타시박물관 소장

Corinth Black lines carat Teal cup ears

기름을 담았던 공 모양의 얇은 목 병(盛油細頸球形瓶)

현 뉴욕 메트로폴리탄박물관 소장

Spherical flask

아티카의 검은 무늬 양 손잡이 병(阿提卡黑紋雙耳瓶)

현 예르미타시박물관 소장

Attica Black Lines double-hand pottery bottle

적색 화법을 사용한 아티카 단지(阿提卡赤像畫法罐)

현 이스라엘 국가 박물관 소장

War Pots

도기 항아리 그림: 소 머리와 인간의 몸을 한 괴물(牛頭人身怪物陶罐畫)

An earthen pot with painting of the Minotaur

고대 그리스 신화 중 헤라클레스와 테세우스는 모두 '크레타의 황소'를 굴복시킨 영웅이다. 고고학에서는 선사시대 크레타의 투우 풍습이 그리스 본토의 미케네 사회로 전파되어 미케네인의 일상생활에 녹아 들었고 대중들의 사랑을 받고 즐길 수 있는 운동 종목으로 자리 잡았음을 입증했다. 또한, 미케네 성 내의 '비탈 집'에서는 일찍이 파손된 작은 벽화 한 폭이 출토되었는데 그중 두 여자는 '특별석'에 앉아 투우 경기를 관람하고 있다. 또 미케네 고성 밖에 있는 유명한 돔형 천장 고분인 '아트레우스(Atreus) 보고'의 묘실 입구 앞에도 투우 혹은 소 사냥을 주제로 한 부조 일부가 두 점 남아 있는데 이는 현재 영국박물관에 보관되어 있다. 한 파편에서는 광분하며 질주하는 수소를 표현하고 있고 다른 파편에는 수소의 앞다리 두 개만 남아 있다.

그리스 본토에서 출토된 인장도 투우를 소재로 삼은 것이 많다. 필로스의 선사시대 궁전인 '네스토르 왕궁' 유적에서도 투우를 소재로 한 벽화가 발견되었다.

에게 문명의 투우 풍습은 미노스 문명과 미케네 문명의 붕괴에 따라 소실된다. 역사시대에는 그리스 북부의 테살리아 지역만이 고대의 투우 풍습을 여전히 유지했는데 말을 타고 투우를 즐기는 테살리아인의 풍습은 오늘날 미국 서부의 카우보이와 매우 흡사하다. 그들은 먼저 말을 타고 경기장에서 수소를 몰아 소가 지칠 때까지 기다린 후 소에 올라타는데 미노스의 투우사처럼 소뿔을 잡아 뒤집어 쓰러뜨리거나 종종 수소의 목을 비틀어 끊는다.

고고학에서는 새로운 조사를 통해 기원전 2000년에 미노스식의 투우 공연이 이미 시리아 북부에서 유행하였고, 이는 당시 인장 도안에 반영되었음을 밝혔다. 또한 최근에는 북시리아의 고성 아라라크 왕실의 기록 보관소(1939년 발굴)에서 유물이 출토되었다. 학자들은 봉니(封泥, 봉함을 위해 묶은 노끈의 이음매에 붙이는 것으로 인장을 눌러 찍은 점토 덩어리)에 도안을 눌러서 찍은 원통형 인장 도장에 주목했는데 이 역시 투우와 관련이 있으며 잡기 예술인 두 명이 소 한 마리의 등 위에서 두 손으로 물구나무 서기를 하는 공연 장면을 묘사하고 있다. 제작 연대는 기원전 1700년경으로 크레타의 '신궁전 시대' 초기에 해당하며 근동지역에서는 유사한 투우 그림이 많이 발견된다. 흥미로운 것은 'Minoan Bull Leaper'가 나체의 젊은 여성과 매우 비슷하다는 것이다. 전문에서 서술한 것과 같이 이집트 나일강 삼각주의 델타 유적지에서도 투우 벽화 조각이 발견되었다. 그 외에도 멀리 남아시아와 청동기 시대의 고대 인도에서도 투우 활동이 한 때 크게 유행하였다. 고증학에서는 대부분 투우 풍습이 실제로 미노스에서 기원했다고 여기는데 분명한 것은 투우가 국한된 지역 문화 현상이 아니었다는 점이다.

스페인 투우의 영향을 받아 현재 미주 지역에서도 투우가 크게 유행하고 있다. 또한 프랑스 남부에서도 고대의 투우 전통을 보존하고 있고 중국의 남방 지역, 특히 묘족(苗族) 거주지에서도 투우는 크게 유행하고 있다. 중국 영하박물관에서는 서하 시대의 채색목판화 한 점을 소장하고 있는데 그림에는 투우사 한 명이 손에 빨간색 천을 들고 투우를 하는 격렬한 장면이 묘사되어 있다.

미케네 문명의 붕괴 이후 그리스 사회는 기원전 1100년부터 기원전 800년까지 300년 동안 상대적으로 정체기를 겪었다. 기원전 8세기가 되어서야 그리스의 위대한 시인 호메로스가 고대 트로이 전쟁 이야기를 정리하여 저명한 서사시인 〈일리아스〉와 〈오디세이〉로 각색하는데 2편의 서사시에는 모두 마차 경주, 씨름, 권투, 격투, 활쏘기, 달리기 경주, 표창, 원반던지기, 멀리뛰기 등 스포츠 경기에 관한 묘사가 있다. 고고학에서 발견한 암흑시대 후기의 도기병에서도 전차 경기와 씨름 장면의 그림을 볼 수 있는데 이 또한 당시 스포츠 경기가 크게 유행했음을 말해 준다.

한편, 그리스 영웅 중 오디세우스는 신체가 강건하고 무예가 출중했으며 머리도 비상했다. 그리스인은 '트로이 목마 전략'을 통해 지혜롭게 트로이를 쟁취하고 불태웠다. 오디세우스는 아이아스와 한 차례 스포츠 경기를 한 적이 있는데 그는 젊은 귀족들과 씨름, 멀리뛰기, 원반 던지기, 권투, 궁술, 경주 등을 겨루었고, 결국 그가 승리했다.

호메로스는 파트로클로스의 장례 경기를 자세하게 묘사했고 테베의 국왕 오이디푸스와 엘리스의 귀족 아마린케우스의 장례 경기에 대해서도 언급했다. 〈일리아스〉 제23장을 보면 필로스의 국왕 네스토르는 아킬레우스가 준 양손잡이 항아리를 받고 감동하여, 자신도 모르게 젊은 시절 아마린케우스의 장례 경기에 참가해 세웠던 눈부신 업적들을 회상한다. 그는 권투, 씨름, 달리기 경주, 표창 던지기 등 4종목에서 모두 우승을 차지했지만 마차 경주에서 쌍둥이 형제에게 패배하여 준우승에 머문다. 또한 호메로스는 네스토르의 아버지 넬레우스가 준마 네 필과 전차 한 대를 택해 엘리스 지역의 시합에 참가하게 한 것은 값비싼 세발솥을 받는 데 목적이 있었다고 언급했다.

그리스인은 각종 비경기 운동 종목들도 매우 좋아했다. 그중 석탄자,[120] 오석놀이(오늘날 아이들이 즐기는 놀이와 비슷하며 돌을 공중에 던진 후 손 등으로 받는 놀이이다), 각종 주사위 던지기, 구기운동 등 간단하고 쉬운 운동이 가장 인기가 많았다. 또한 일종의 장기판, 바둑판 등 판 놀이도 있었다. 이는 외관상 서양의 다이아몬드 게임과 비슷하며 경기 규칙은 알 수 없다. 또한, 포도주의 유행으로 '코타보스(κότταβος)'가 고대 그리스인들이 밤에 즐기는 운동으로 자리 잡았는데 이는 포도주의 남은 앙금을 목표물에 던지는 운동이다.

한편, 팔씨름은 고대 민간의 전통 스포츠 활동이다. 이는 고대 그리스에서 전해진 것으로 남자들은 술을 마신 후에 이러한 방식으로 자주 팔의 힘을 겨루곤 했다. 이외에도 닭싸움 등이 있었다.

게임과 오락, 경기를 생활화한 그리스인은 경기장에서 스포츠적인 재능을 드러내고 몸을 풀고 단련하는 것을 즐겼으며 운동 경기를 통해 스포츠가 가져다 주는 기쁨을 누렸다. 그리스인은 문명사회에서 스포츠는 일종의 이상이자 고귀하고 자연스러운 생활 방식이며, 모든 국민들이 반드시 지녀야 할 소양이라고 여겼다. 라오다마스 왕자가 오디세우스에 대해 '살아 있는 모든 이는 자신의 손과 발로 직접 영광을 얻을 때 가장 영예롭다.'라고 말한 것처럼 말이다. 우리는 운동에 대한 그리스인의 열렬한 애정을 통해 그리스 사회의 축소판을 볼 수 있다.

(1) 올림픽 운동의 형성과 발전

서기 2세기, 그리스의 여행가인 파우사니아스(Pausanias)는 올림피아의 성지를 방문했을 때, 엘리스 학자에게 제전의 기원에 관한 이야기를 듣게 된다. 그들의 말에 따르면 황금시대의 인간들은 그들의 천계를 다스리는 통치자인 크로노스를 위해 올림피아에 신전 한 채를 짓는다. 훗날 여신 레아가 포대기로 싼 아들 제우스를 크레타섬 이다산에 있는 쿠레테스 다섯 형제에게 부탁했고 후에 이들은 올림피아로 이주한다. 그중 장남인 헤라클레스는 형제들과 자주 달리기 시합을 즐겼고 우승자에게는 야생 올리브 가지로 엮은 관을 씌워 주었다. 당시 헤라클레스가 형제들 간의 경기를 '올림픽 대회'라 불렀기에 헤라클레스는 올림픽 대회의 창시자로 여겨지고 있다. 파우사니아스는 또 다른 견해를 제시했다. 제우스와 그의 아버지 크로노스는 천계 최고신의 지위를 차지하기 위해 올림피아에서 힘을 겨루는데 결국 제우스가 승리한다.

이 승리를 기념하기 위해 제우스는 올림피아에서 직접 경기를 개최했고 아폴론이 경주와 권투 종목에서 각각 헤르메스와 아레스에게 승리를 거두며 대회의 첫 우승자가 된다.

역대 고대 올림픽에서는 아폴론이 첫 대회의 우승자임을 기념하기 위해 다섯 종목에 전부 참가한 자들이 멀리뛰기 경기를 할 때 악사가 쌍관 피리를 사용하여 '피티아의 플루트 곡'이라는 아폴론의 성스러운 노래를 연주했다.

독일의 고고학자인 알프레트 말비츠(Alfred Mallwitz)는 올림피아의 종교 제사 활동은 기원전 10세기에 시작되었으며 대상은 아마도 하늘의 신 제우스로 펠롭스 숭배와 대회의 창

올림픽 메달(奧運會奬牌)

The Medal of Olympic Games

설에 관한 신화는 비교적 늦게 만들어졌을 것이라고 추측했다. 그리스 신화에는 여전히 제우스가 올림픽 경기를 만들었다는 이야기가 있는데, 그 목적은 올림픽 제전의 창시자가 일반인이 아니라 신들의 왕인 제우스임을 설명하는 데에 있다. 크로노스도 올림피아에서 숭배를 받는데 이는 '제우스의 아버지'라는 덕을 본 것이다. 또한 제우스 어머니인 레아를 숭배하는 것은 올림픽의 달리기 경주가 유구한 역사를 지니고 있음을 증명하기 위한 것이다. 달리기 경주와 그 우승자에게 올리브 왕관을 씌워주는 풍습은 '이다산의 헤라클라스'가 창시한 것인데 후자는 헤라클레스가 레아 여신의 부탁을 받고 유년기의 제우스를 돌봤기 때문이다.

올림픽 제전이 처음에 등장했을 때에는 단순한 스포츠 경기가 아니었다. 이는 본래 순수 혈통의 그리스 민족이 천신에게 제사를 지내는 성대한 축제로, 제사에 스포츠 오락 경기 등이 추가되고 경기 종목이 나날이 발전하고 많아지면서, 기존에 천신에게 제사를 지내던 다른 활동들은 뒤로 밀려나게 되었다. 또한 올림픽 스포츠 경기의 규모가 점점 커지고 규범을 갖추게 됨에 따라, 기존의 천신에게 제사를 드리는 의식은 올림픽 제전에서 장중한 경축 제전의 한 부분으로 남게 되었다.

이밖에도 만약 제1회 올림픽이 기원전 776년에 이미 치러졌고 범그리스적 특징 또한 가지고 있었다면, 호메로스의 서사시에도 반영되어 있을 것이다. 왜냐하면 호메로스 서사시는 기원전 8세기 후반에나 그 형태를 갖추었기 때문이다. 하지만 호메로스는 단지 파트로클로스의 장례 경기만 묘사했을 뿐 올림픽 제전에 대해서는 전혀 알지 못했는데 이 점이 매우 이상하다. 이외에도 파우사니아스에 따르면 '디아울로스(Diaulos)'는 제14회 올림픽에서 비로소 정식 종목으로 편입되는데 그 이전의 13번의 경기에서는 '스타디온

횃불 릴레이 경주(火炬接力賽)
Torch race

(Stadion)'[121]이 유일했다. 근 반세기 동안 올림픽 경기에는 단조로운 200m 경기 하나만 있었고 30초 안에 경기가 끝났던 것이다. 그렇다면 과연 어떻게 엄청난 매력을 유지하며 그리스 각 지역의 관중들과 운동선수들을 매료시키고 그 먼 거리와 여행 경비에도 여러 번 올림피아를 방문하게 만들었을까? 이는 확실히 아이러니하다.

고고학자들은 올림피아 운동장 근처에서 약 200개의 우물을 발견하였다. 이는 운동선수와 관중들이 물을 마실 수 있도록 판 것으로 그중 가장 초기의 우물은 기원전 700년경 만들어졌다. 독일의 고고학자 알프레트 말비츠는 제1회 올림픽 제전이 개최된 시기는 기원전 776년이 아니라 기원전 704년이며 개최 시기 또한 4년에 한 번이 아닌 매년 개최되었을 것이며, 경기 종목은 계속 추가되어 기원전 680년 제25회 올림픽에서는 사두마차 경주가 경기 종목에 편입되고 이후 4년에 한 번 개최하는 것으로 바뀌어 지속되었을 것이라는 가설을 내놓았다. 우리는 이러한 해석이 비교적 합리적이라고 본다. 만약 제1회 올림픽 개최 시기가 776년이 아니라 704년이라면 많은 의문점들이 쉽게 풀리게 된다.

고대 올림픽의 경기 종목은 점점 많아졌고 다양해졌다. 제1회 올림픽 개막 당시 경기 종목은 약 200m의 스타디온 종목 하나뿐이었고 엘리스의 선수 코로이보스가 우승하였다. 달리기는 올림피아 축제에서 역사가 가장 오래된 운동 종목으로 그 탄생은 제우스를 위한 제사와 관련이 있다. 초기 달리기 경주는 올림피아 성전에서 진행하였는데 제

올림피아 체육관 복원도(奧林匹亞體育館復原圖)
Recovered painting of the ancient stadium at Olympia

우스 제단이 그곳에 있었기에 선수들은 가장 초기에는 크로노스산에서 달려 내려오거나 제단 동쪽 부근에 있는 트랙에서 경기를 하였을 것이다. 이후 성전 건물이 많아지면서 운동장을 성전 동쪽의 넓은 땅으로 이전하였다.

한편, '펠롭스 신전'의 건설은 올림픽 제전에 대한 피사(그리스의 도시국가)의 주권적 요구를 반영한 것이다. 펠롭스는 펠로폰네소스 반도에서 가장 오래된 영웅으로 피사인이 숭배하는 조상이지만 그 기원이 피사인지에 대한 의문은 여전히 존재하는데 그 이유는 펠롭스와 펠로폰네소스 반도 동부가 밀접한 관련을 맺고 있기 때문이다. 현지 사람들은 펠롭스의 아내 히포다메이아가 올림피아의 '헤라의 날'을 처음으로 만들었고 기념일에 여자아이들의 달리기 시합을 진행했다고 믿는다. 그러므로 비록 정설은 아니지만 펠롭스 부부가 숭배를 받는 이유는 아마도 아르고스의 영향을 받았기 때문일 것이다. 펠롭스 숭배의 기원이 어떻든 간에 피사인들은 제전의 기원과 관련된 자신들만의 신화를 만들었다.

그들은 펠로폰네소스 반도의 전설에서 가장 뛰어난 영웅은 고대 피사성의 선왕이며 마차 경주의 승리를 기념하기 위해 올림픽 제전을 창설했다고 주장한다. 올림픽 제전은 막대한 영향력을 가지고 있었기 때문에 이 신화는 매우 빠르게 그리고 널리 인정을 받게 되었다. 펠롭스는 피사의 초기 군주로서의 지위를 신화 속에서 확립했다.

이 외에도 기원전 680년 사두마차 경주 신화는 널리 인정을 받고 있는 사실로서 페이돈의 침략과 관련이 있는 듯 하다. 이러한 이유로 멜비츠는 기원전 680년, 즉 제25회 올림픽이 개최된 시기는 아마도 페이돈이 침략한 시기일 것이라고 추측했다. 피사인이 펠롭스가 제전을 창설했다고 선전한 이유는 엘리스인과 스파르탄의 선전, 즉 헤라클레스와 옥실루스가 제전을 창설했다는 전설에 맞서기 위해서였다. 신화의 계보상 펠롭스의 항렬이 헤라클레스보다 높았기 때문에 피사인은 펠롭스를 추종했고 여론을 동원해 올림픽 제전의 첫 개최권을 얻었다. 개최권 경쟁으로 엘리스인 또한 신화를 적극 선전하며 올림픽 제전의 역사는 훨씬 더 예전으로 거슬러 올라가야 한다고 호소했고 그 공을 엘리스의 신화 속 조상인 옥실루스에게 돌렸다.

결론적으로 올림피아의 초기 역사, 특히 제전의 기원에 관한 전설의 이면에는 항상 아르고스인과 스파르타의 투쟁, 피사인과 엘리스인의 투쟁, 엘리스인과 스파르타의 투쟁 등 각종 이익 집단의 투쟁이 있다. 이러한 이익 집단은 모두 제전의 개최권을 노리며 제전에 대한 영향력을 높이고 유지하기 위해 힘썼는데, 이 때문에 초기의 제전은 각자의 정치적 이익을 위해 이용되었고 심지어는 '에케케이리아(Ekecheiria, 대회 개최와 동시에 휴전하는 것)' 위반도 불사하며 무장 충돌로 이어지곤 했다. 신화와 전설은 비록 때때로 터무니없고 사실과도 다르지만 올림피아의 초기 역사를 연구하는데 실마리를 제공하며, 고고학이 조사하고 발굴한 실제 증거들은 안개로 덮힌 신화의 본질을 꿰뚫어 보고 올림피아 선사시대의 흐릿한 자취들을 엿볼 수 있게 한다. 또한 믿을 만한 문헌 기록들은 역사 시대 올림피아 발전의 실제 양상을 보여 준다.

사두마차 도기 항아리 그림(四馬拉車陶罐畫)
An earthen pot with painting of a four-horse driven chariot

가는 목의 채색 타원형 항아리: 사두 쌍륜 마차 경주(彩繪四馬雙輪賽車雙耳細頸橢圓陶罐)
A double-ear thin-neck earthen pot with the scene of racing chariot

마차 경주(賽車圖)
The racing Chariots

기원전 6세기 초, 그리스에서는 일찍이 다양한 경기가 등장했다. 예를 들어 그리스의 크린토스 협곡 제전(크린토스에서 거행), 네메아 제전(제우스에 대한 존경심을 나타내며 펠로폰네소스 동북의 네메아에서 거행)은 2년에 한 번 개최되었으며 델포이에서 개최된 피티아 제전(아폴론 추모)은 4년에 한 번씩 열렸다. 가장 유구한 역사를 가진 올림피아 제전은 기원전 776년에 창설, 4년에 한 번 개최되었으며 서기 396년까지 계속 지속되며 총 1,170여 년의 시간 동안 293차례 개최되었다.

널리 알려진 현대 올림픽 경기(1896년에 시작)도 바로 여기서 탄생한 것이다. 이외에도 그리스에는 파나테나이아제(Panathenaea), 헤라 제전, 델로스 제전과 아스클레피오스 제전 등 지역적 특색을 띠는 경기가 여전히 많다. 이러한 경기는 정치적·문화적으로 중요한 기능을 했을 뿐만 아니라 고대 그리스인의 사회 생활도 다양하고 풍부하게 만들었다.

1) 올림픽 제전

순수한 의미로서의 스포츠 경기는 초기에 종교적 행사였던 올림픽 제전을 통해 그 첫 시작을 알렸다. 펠로폰네소스 반도 서북부에 위치한 올림피아산은 신들의 왕 제우스를 섬기는 제사의 중심지로 축제는 항상 한여름에 개최되었고 5일 동안 이어졌다. 또한, 엘리스성(올림피아산의 귀속지)에서는 경기 시작 몇 주 전부터 그리스의 모든 폴리스에 초청장을 보내 참가자를 초청했고 관중들을 유치했다. 이뿐만 아니라 각 폴리스에 '에케케이리아(Ekecheiria, 올림픽 휴전)'를 제의하여 몇 주간 휴전 협정을 반드시 준수할 것을 알렸는데 이는 경기 참가자가 그리스 국경 내의 다른 폴리스를 안전하게 지나 올림피아까지 무사히 도착할 수 있게 하고, 설령 전쟁 중이라도 경기 참가자에게 길을 비켜주도록 한 것이다. 이는 실제로 폴리스 간의 전쟁을 막을 수는 없었지만 경기에 출전하는 모든 이는 '적'의 영토 혹은 전쟁 지역을 자유롭게 지나갈 수 있었고, 억류 또는 부상으로 인해 경기에 불참하게 되는 것(또는 경기 관람)을 걱정할 필요가 없었다는 것을 말해 준다.

한편, 올림픽 대회의 종목은 초기에 단지 200야드(약 182m) 달리기 종목 하나에 지나지 않았지만 이후 씨름, 펜타슬론(Pentathlon)[122], 권투, 경마, 마차 경주, 예술 경기, 전령, 나팔수 경기, 표창 던지기, 원반 던지기 등의 종목이 계속 추가되었다. 선수들은 경기장에서 자신의 명예를 위해 전력 투구하며 끝까지 싸웠고 관중들은 목이 쉬도록 환호하고 소리를 지르니 경기장 전체가 시끌벅적했다. 그중 사람들을 가장 흥분케 한 것은 마차 경주와 경마였다.

이외에도 올림피아에 여신 헤라를 찬양하기 위한 부녀자들만의 경기 종목도 있었다는 점도 주목해 볼만하다. 물론 이는 올림픽 정식 종목이 아니었고 경기자들이 허리를 묶은 상의를 입고 달렸다는 것 외에는 알 수 있는 것이 없다. 이 경기는 유일하게 여성들이 스포츠 훈련을 받을 수 있었던 폴리스인 스파르타에서 주최한 것이었다.

고대의 제전은 후대에 훌륭한 스포츠 문화의 기풍을 남겨 주었다. 우승자는 최고의 명예를 얻고 대중적인 존경을 받았지만 부당한 수단을 사용하여 부정행위를 한 자는 즉시 경기장에서 쫓겨났고 사람들의 멸시와 조소를 받았다.

경마 장면을 그린 도자기 병(繪有賽馬場景的陶瓶畫)

Colored pottery bottle with the scene of horse racing

아티카 양 손잡이 병(阿提卡雙耳瓶)

현 베를린 국가박물관 소장

Attica double-hand pottery bottle

검은 무늬 삼각 병(黑紋三角瓶)

현 예르미타시박물관 소장

Black triangle bottle

전차 경주를 그린 도자기 병(繪有賽車場景的陶瓶畫)

Colored pottery bottle with the scene of chariot racing

경주용 전차를 끄는 말(拉賽車的馬)

Horses of the racing chariot

사두 전차 경주(四馬賽車)

An Four-Horse Chariot

경마(賽馬)

The Horse-racing

목이 넓은 나선형 크라테르에 그린 전투 및 경기 장면(螺旋狀雙耳噴口杯上的戰鬪與體育競技場景)

기원전 6세기 말

Scene of wrestling on the double-ear cup

수렵 그림의 항아리(狩獵罐)

현 예르미타시박물관 소장

Hunting

기수의 파스키아를 새긴 조각(雕有騎士的飾帶)

현 아테네 국가 고고학박물관 소장

Lace with Rider

전차 경기(賽車圖)

The racing chariots

고대 로마 전차 경기(석각)(古羅馬賽車石刻)

Ancient Roman paiting of racing chariots

도자기 조각상: 동방 기사(東方騎士的陶製雕像)

현 뉴욕 메트로폴리탄박물관 소장
Clay Statue

아르테미스의 기수(阿爾忒彌西翁的騎手像)

현 아테네 국가 고고학박물관 소장
Rider

출정도(征戰圖)

Fighting

기마병(騎兵畫像)

《세계미술사》 발췌
The portrait of Cavalry

서쪽으로 이동하는 월지 사람들(月氏西遷畫像)

《세계미술사》 발췌
Rouzhi people moving westward

무늬를 새긴 금 주전자: 스키타이 전사(斯基泰戰士繪金圖)

러시아 예르미타시미술관 소장
기원전 4세기
Gold pot with Scythian warriors

2) 피티아 제전

고대 그리스의 4대 범그리스 제전 중 피티아 제전은 올림픽 제전에 다음가는 명성과 규모를 자랑한다. 제전이 열렸던 곳은 그리스 중부 포기스 지역의 델포이로 아폴론 신전의 소재지이기도 하다. 제전은 아폴론이 피톤을 죽이고 델포이 신전을 지은 업적을 기념하기 위해 열렸다고 전해지며 아폴론과 관련된 종교 제례의 한 부분이라고 할 수 있다.

기원전 4세기경 지어진 체육관과 씨름장은 대부분 아폴론 성지와 아테나 성지 사이에 위치한다. 체육관은 두 개의 평행 트랙(약 200m)으로 구성되며 실내 트랙과 실외 트랙으로 나뉘는데 선수들은 흐리거나 비가 올 때는 실내 트랙에서 상쾌하게 훈련을 할 수 있었고 맑은 날에는 실외 트랙에서 야외 훈련을 했다. 체육관 남쪽에 지은 씨름장은 주랑(柱廊, 여러 개의 기둥만 나란히 서 있고 벽이 없는 복도)에 둘러싸인 중앙 노천 정원이다. 씨름장 서쪽의 큰 정원에는 노천 원형 수영장이 있어 훈련을 마친 선수들이 탈의실에서 샤워를 한 후 시원한 노천 수영장으로 뛰어 들어가 수영을 했다.

수영(游泳圖)
《세계미술사》 발췌
Swimming

경기장과 경마장은 아폴론 성지에서 어느 정도 거리가 있다. 경마장은 매우 넓은 공간을 필요로 했기에 산 아래 평원에 지어야 했는데 이는 델포이 지형 때문으로 현재는 그 흔적을 찾을 수 없다. 또한 경기장은 아폴론 성지 서북쪽의 비교적 높은 지대에 지어졌으며 서쪽 '페드리아데스 절벽' 아래에 위치한다. 이 경기장은 기원전 5세기 중엽에 건설된 것이지만 더 이른 시기에는 '나체 경기' 종목이 크리사 평원의 한 지역에서 치러졌을 것이다. 현재 볼 수 있는 경기장 유적지는 서기 2세기 헤로데스 아티쿠스(Herodes Atticus)의 후원을 받아 재건한 것으로 트랙의 한 쪽에는 고대 관람석이 있다. 헤로데스는 로마시대 아테네의 대부호이다.

아폴론 성지에 있는 유물은 매우 풍부하여 고대 그리스의 박물관이라고 할 수 있다. 그리스의 각 지역, 심지어 해외에서 점을 보러 온 자들은 유명 운동선수들의 수많은 조각상 등 진귀한 기념품을 많이 바쳤는데, 대부분은 역대 피티아 제전 우승자들의 조각상이었다. 비록 로마의 독재자 술라와 폭군 네로가 델포이의 수많은 보물들을 로마로 이전했으나, 여전히 다량의 조각상과 기념물이 남아 있어 서기 2세기 그리스의 여행가 파우사니아스(Pausanias)가 유람을 하고 묘사를 할 수 있었다. 델포이에서 출토된 운동선수 조각상은 올림피아에서 출토된 것보다 많았으나, 올림피아 선수의 조각상이 델포이의 조각상보다 확실히 더 우수했다. 현재 델포이 박물관과 아폴론 성지에서는 일부 경기를 제재로 한 조각상을 볼 수 있으며 이 중에는 걸작이 매우 많다.

한편 기원전 600-590년, 델포이는 전쟁을 통해 독립 도시로서의 지위를 얻었고 아폴론의 제사장은 자주권을 더 많이 얻게 된다. 델포이와 '안피사 인보동맹(amphiktyonia)'[123] 또한 더욱 강화되었는데 델포이가 동맹 의사회의 제2개최지가 되면서 이 동맹도 '델포이 인보 동맹'으로 불렸다. 파우사니아스에 따르면 기원전 586년, 인보동맹은 델포이의 피티아 기념일을 다시 조정했고 올림픽의 방식을 모방하여 스포츠 경기를 추가했으며, 4년에 한 번 대회를 개최하게 하고 음악 경연도 풍부하게 했다. 이 당시 제전 경기는 동시

남성을 새긴 대리석 받침(刻有男性雕像的大理石底座)

아테네국립고고학박물관 소장
기원전 510-500년경
Marble tomb base carved with male servants

경기(競技像)
아테네국립고고학박물관 소장
Wrestling

대 올림픽 경기의 전 종목을 대부분 수용하여 스타디온, 디아울로스, 돌리코스, 씨름, 권투, 격투 등 전 종목과 전령관, 나팔수의 경기를 종목에 포함시켰고 사두 전차 경주는 없었다. 또한 청소년부 디아울로스와 돌리코스 종목도 만들었다. 기원전 582년에는 대회의 우승 상품이 진귀한 상품(예를 들면 황금 삼족정(三足鼎))에서 저렴한 월계관으로 바뀌었다. 파우사니아스는 기원전 586년에 첫 피티아 제전이 열렸다고 생각했지만, 다른 자료에서는 582년 월계관을 수여한 대회가 피티아 제전과 피티아 해(Pythiad)의 시작이라고 말하고 있다.

이후 다른 경기 종목이 계속 추가되었다. 제23회, 제48회, 제53회, 제61회 제전 경기에서는 각각 짐 들고 달리기, 쌍두 전차 경주, 사두 망아지 전차 경주, 소년 격투 종목이 생겼다. 또한 제62회 경기에는 망아지 경주가 생겼고, 제69회 제전에는 쌍두 망아지 전차 경주가 추가되었다. 올림픽과 다른 점은 피티아 제전은 소년부, 청년부, 성인부 등 연령대를 3개로 나누어 진행했다는 것이다. 청년부 경기는 성년을 맞이하는 젊은 사람들을 위해 특별히 만든 것이다.

청동상(青銅像)

이탈리아 고성 헤르쿨라네움에서 출토

Bronze statue

궁수(弓箭手)

아테네국립고고학박물관 소장

The Archer

궁수(弓箭手)

아테네국립고고학박물관 소장

The Archer

씨름(摔跤像)

아테네국립고고학박물관 소장

Wrestling

헤라클레스와 안타이오스상(赫拉克斯與安泰像)

아테네국립고고학박물관 소장

Heracles and Antaios

완벽(동상)(完美)

아테네국립고고학박물관 소장

Bronze statue

사냥꾼(청동)(青銅獵人)

현 대영박물관 소장
Bronze Hunter

경기를 준비하는 권투 선수(準備上場的拳手)

현 아테네국립고고학박물관 소장
A boxer is ready for fighting

사냥꾼(청동)(青銅獵人)

현 대영박물관 소장
Bronze Hunter

대리석상: 운동선수(大理石運動員雕像)

현 아테네국립고고학박물관 소장

Marble Statue of Athletes

사냥꾼 고분의 부조(獵手的墓葬浮雕)

현 뮌헨 고대 조각 박물관(글립토테크) 소장

Burial relief

오일을 바른 운동선수(塗油的運動選手)

현 뮌헨 고대 조각 박물관(글립토테크) 소장

thlete statue

원반던지기 선수 조각상(擲鐵餠者雕像)

현 파리 루브르 소장

The discus thrower

채색 도자기 병: 달리기 경주(彩繪賽跑陶瓶)

아테네국립고고학박물관 소장

Colored pottery painting of racing

목이 가는 양 손잡이 항아리, 도자기 타원형: 달리기 경주(賽跑圖雙耳細頸橢圓陶罐)

아테네국립고고학박물관 소장

A double-ear thin-neck earthen pot with the scene of runners

운동선수를 그린 양 손잡이 항아리(繪有運動員的雙耳罐)

아테네국립고고학박물관 소장

Double-ear pot with the painting of athletes

다이빙(跳水運動)

고대 그리스 벽화
아테네국립고고학박물관 소장
Diving, the ancient Greek wall painting

리본을 묶은 펜타슬론 우승자(係緞帶的五項運動冠軍)

아테네국립고고학박물관 소장
A champion of pentathlon with ribbon

양 손잡이 항아리에 그린 운동선수(雙耳罐上的運動員古希臘作品)

아테네국립고고학박물관 소장
고대 그리스
Double-ear pot with the scene of athletes

아티카의 술 그릇(阿提卡酒碗)

현 독일 베를린 국가박물관 소장

Attica Wine Bow

달리는 사람(跑步者)

현 아테네국립고고학박물관 소장

The Runner

씨름도(摔跤圖)

현 아테네국립고고학박물관 소장

Wrestling

도자기 병 그림: 운동선수(競技者陶瓶畫)

An earthen pot with painting of athletes

경기도(競技圖)

Struggling

씨름선수(摔跤手)

Wrestlers

경기 장면을 그린 양 손잡이 항아리, 목이 가는 도자기, 타원형(競技圖雙耳細頸橢圓陶罐)

A double-ear thin-neck earthen pot with the scene of wrestling

표창 던지는 선수를 그린 도자기 병(擲標槍者陶瓶畫)

An earthen pot with painting of Javelinist thrower

한 손잡이가 달린 목이 가는 병: 씨름 선수(摔跤者單耳細頸瓶)

A single-ear thin-neck bottle with the painting of wrestlers

펜타슬론(五項運動)

Pentathlon

아리스토텔레스(亞里士多德)

〈정치학(政治學)〉 삽입 페이지(插頁)
An inserted page in Aristotle's Politics

목이 넓은 양 손잡이 컵에 그린 씨름도(雙耳噴口杯上的摔跤圖)

Double-ear bottle with the scene of wrestling

세발솥에 그려진 씨름도(三足摔跤圖容器)

Three-foot pot with wrestling painting

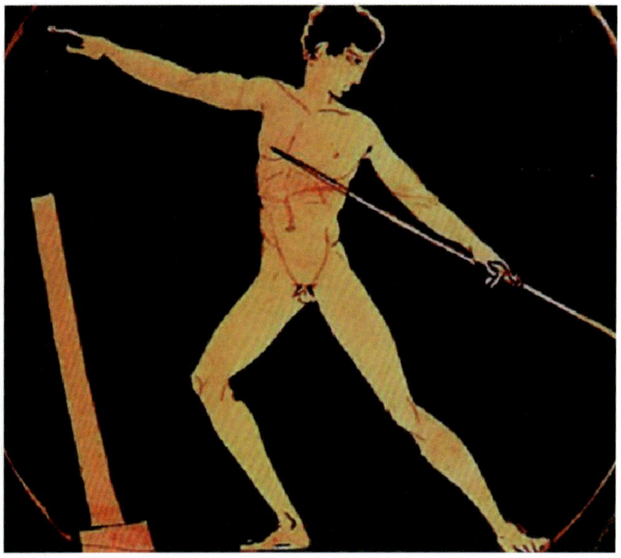

표창 던지기(投擲標槍)

Spear Hurling

원반 던지기(擲鐵餅圖)

The Discus Thrower

원반에 그린 멀리뛰기(鐵餠上的跳遠圖案)

아테네국립고고학박물관 소장
Painting of long jumping on the discus

원반에 그린 표창 던지기(鐵餠上的投標槍圖案)

아테네국립고고학박물관 소장
Painting of spear hurling on the discus

도자기 병 그림: 돌을 들어 역도 연습을 하는 사람(舉石練力的小夥子陶瓶畫)

고대 그리스

An earthen pot with painting of weight lifters

권투(拳擊圖)

Boxing

그리스 도자기 병에 그린 운동선수(希臘陶瓶上的運動員)

Painting of athletes on the Greek pottery pot

권투 시합(拳擊比賽圖)

Boxing match

권투(拳擊圖)

Boxing

도자기 병 그림: 원반을 던지는 사람(擲鐵餠者陶甁畫)

An earthen pot with painting of the discus thrower

권투 시합(拳擊比賽圖)
Boxing match

3) 네메아 제전

네메아 제전의 기원과 관련하여 고대 그리스 신화에는 두 가지 견해가 있다. 그중 하나는 영웅 헤라클레스가 '네메아의 사자'를 죽인 것을 기념하기 위해 네메아 제전을 창설했다고 믿는 것이다. 다른 하나는 오펠테스 장례 경기에서 유래했거나 신화에서 유래한 것이라고 믿는 것이다.

고고학자들이 먼저 우리에게 답을 주었다. 미국의 고고학자는 네메아 제전 유적지에서 아기 오펠테스를 기념하는 '영웅 신전'을 발견하였다. 이는 기원전 4세기 말에 건축된 것으로 오각형 벽으로 둘러싸인 노천 지역인데 올림픽 신전의 일종인 '펠롭스 신전'과 비슷하다. 전신(前身)은 인공적으로 쌓아 올린, 남북쪽으로 넓힌 대무덤으로 기원전 6세기 초에 쌓아 만든 것인데 이 때 바로 네메아 제전이 탄생했다. 또한 제전 최초의 '경기장'과 '경마장'은 '무덤'의 동쪽과 서쪽에 있고 '무덤'은 두 경기의 관람석이었다. 이러한 경기장은 비교적 후기가 되어서야 비로소 다른 지역으로 이전되었다. 이는 네메아 제전이 처음에는 장례 경기의 특징을 보이고 있었으며, 아기의 죽음을 추모하는 신화도 최초의 제전 창설 신화로 제전의 특징에 부합한다는 것을 보여 준다. 이외에도 심판은 검은 두루마기를 입고 야생 샐러리 잎으로 만든 관을 우승자에게 수여하였는데 이는 모두 장례 경기의 특징을 표현한 것이다.

사실 네메아 제전은 올림픽 제전을 모방한 것이다. 두 제전은 모두 제우스를 기리는 기념일로, 모두 장례 경기의 특징을 보이고 있다. 올림픽 제전은 기원전 480년 여름에 개최되었고 네메아 제전은 기원전 479년과 기원전 477년 여름에 개최되었다. 네메아 제전은 올림픽보다 조금 뒤인 늦여름 9월에 열렸다는 견해도 있다.

네메아 제전의 경기 종목도 '나체 경기'와 '경마' 두 종류로 나뉘는데 각각 '경기장'과 '경마장'에서 진행되었다. 현재 네메아 1,2차 제전에 사용되었던 경기장 두 곳은 이미 모두 발견되었고 초기 경마장도 '영웅 신전'의 서쪽에서 발견되었는데 남북축을 향하고 있다. 발굴자는 그 곳의 흙모래 층에서 전차의 뚜렷한 흔적을 발견하였다.

4) 이스트미아 제전

어떤 이는 바다의 신 포세이돈을 기념하기 위해 이스트미아 제전을 창설했다고 주장한다. 이스트미아 제전은 2년에 한 번씩 열렸던 범그리스적 제전으로 매번 '올림피아의 해'의 첫 해와 세 번째 해에 열렸기에, 항상 올림피아 제전과 피티아 제전과 돌아가며 겹쳤고 늦봄 4월부터 5월 사이에 열렸다.

이스트미아 제전은 작은 피티아 제전이라고 할 수 있다. 경기 종목은 완전히 피티아 제전을 모방한 것으로 '나체 경기'는 물론 '경마'도 있었다. 그러나 오늘날까지 성지(聖地)에서는 경마장이 발견되지 않았다. 음악 경연은 피티아 제전의 특징인데 이스트미나 제전에서도 이를 모방했고 음악 경연을 치를 극장도 지었다. 네메아 제전은 올림픽 제전을 모방한 것으로 음악 경연은 없었다. 초기 이스트미아 제전의 우승자에게는 소나무로 만든 왕관을 수여했는데 기원전 5세기 초에는 마른 야생 샐러리 관으로 바뀌었으며 기원전 2세기 이후에는 소나무관과 야생 샐러리 잎으로 만든 관을 모두 사용했다.

5) 판아테나이아 제전

'판아테나이아 축제'는 아테네의 수호신인 여신 아테나를 기리는 날로, 신화에 등장하는 아테네의 국왕 에리크토니오스가 만들었다고 전해진다. 이 국왕에게는 특별한 내력이 있는데 대지의 아들이라 한 걸 보면 땅 속 깊은 곳에서 탄생한 것이다. '판아테나이아 축제'의 역사는 유구하지만 아티카 반도 국경 내로 한정된다. 축제 기간에는 전통적인 여행·제사, 성찬과 횃불 달리기 등 전통 경기를 했고 규모는 비교적 작았으며 토가(Toga, 고대 로마 시민이 입던 긴 겉옷)를 바치는 장중한 의식 또한 없었다. 기원전 566년-565년에는 아테네에서 처음으로 '판아테나이아 축제'를 개최하였는데 축제 본래의 내용과 경기 종목을 바탕으로 올림픽의 방식을 모방하여 '나체 경기'와 '경마'를 추가하였고 피티아 제전의 방식을 모방하여 음악 경연을 추가하였다. '판아테나이아 축제'의 창설은 매번 아테네의 참주(僭主)[124] 페이시스트라토스(Peisistratos)에게 그 공을 돌리지만, 그가 아테네의 정권을 쟁탈한 것은 기원전 561-560년이므로 그의 공로는 아마도 단지 기념일의 규모를 확대하는 데 그쳤을 것이다. 문학적 소양이 깊었던 페이시스트라토스는 대회에 호메로스의 서사시를 암송하는 대회를 마련하여 호메로스 서사시를 편집하고 보존하는 데 공헌하였다.

대리석 부조: 환원(大理石還願浮雕)

현 아테네 국가 고고학박물관 소장

Marble relief

'판아테나이아 축제'의 경기는 두 부분으로 나뉜다. 하나는 모든 그리스인에게 개방된 축제로 국제적 관례에 따라 경기 종목을 만들었다. 다른 하나는 아테네 시민에게만 개방한 것으로 매년 '판아테나이아 축제'의 지역 전통 경기를 그 종목으로 하였다. 그리스인 모두에게 개방했던 경기 종목은 모두 올림픽 대회의 정식 종목들로, 스타디온, 펜타슬론, 씨름, 권투와 격투가 있었다. 다만 새로운 연령대의 '청년부' 경기를 추가했을 뿐이었다. 현재 일부 남아 있는 명문(銘文)에는 두 종목(쌍두 전차 경주·쌍두 망아지 전차 경주)의 전차 경주만 기록되어 있으나 대회 상품이었던 암포라 도기 항아리에 새겨진 스포츠 관련 그림을 살펴보면, 축제에 올림픽의 모든 전차 경주와 경마 종목이 존재했음을 알 수 있다.

아테네 시민에게만 개방된 전통 지역 경기 종목은 명문(銘文)에 종목 리스트가 나와 있는데 경마, 쌍두 전차 경주, 쌍두 전차 퍼레이드 경기, 마상 창 시합,[125] 상하차(上下車) 경기,[126] 마상 창 돌격 경기, 횃불 릴레이 경기, 카누 시합, 마을을 한 단위로 나이에 따라 세 팀으로 나눠 진행한 '피리키오스(Pyrrhichios) 무용' 경기, 경기에 참가한 마을 남성들을 대상으로 한 미남 선발 대회가 있었다. 그중 경마와 쌍두 전차 경기는 올림픽 대회 종목과 차이가 없었던 듯하지만 다른 종목들은 아테네 지방의 특색이 강했다.

대회의 전통 경기 종목인 '피리키오스 무용'은 '피릭(Phyrrhic) 무용'이라고도 불리며 무사들이 공연하는 무용으로, 무장을 하고 방패를 든 무용수들이 공연을 했다. 독무 공연도 있었고 단체 공연도 있었는데 '피리키오스 무용'은 '판아테나이아 축제'의 전통적인 단체 경기 종목으로 나이에 따라 세 팀으로 나누어 진행하였다.

아이아스(阿賈克斯), **아테나**(雅典娜), **아킬레우스**(阿喀琉斯)

아이기나 서쪽 산 벽
현 뮌헨 고대 조각 미술관 소장
Athena Ajax Achilles

헤라클레스(赫拉克利斯)

아이기나 동쪽 산 벽
현 뮌헨 고대 조각 미술관 소장
Heracles

그리스의 사냥꾼(궁수)(希臘弓箭獵手)

아이기나 서쪽 산 벽
현 뮌헨 고대 조각 미술관 소장
Greek bow hunter

아테나와 그리스 무사(펠레우스)(雅典娜與希臘武士珀琉斯)

아이기나 동쪽 산 벽
현 뮌헨 고대 조각 미술관 소장
Peleus

6) 라리사 제전

라리사(Larissa)는 테살리아 동부에 있는 고성(古城)으로 페니우스강 남쪽 연안에 위치하며 문화와 전통이 유구하다. 라리사는 선사시대 전설 속의 토착민 펠라스기인(Pelasgi)이 거주했던 곳인데 도시의 이름은 펠라스기인의 시조 펠라스고스(Pelasgus)의 딸인 님프 라리사에서 기원한 것이다. 라리사 경기의 전통은 신화 속 이야기에 기록되어 있다. 역사적으로 라리사는 그리스 북부 테살리아 연방의 수도였다. 이곳에서는 지방 제전 경기를 개최했고, 또 범테살리아적이고 범그리스적인 특색을 가진 '독립 기념일' 제전 경기도 열었다. 다수의 명문(銘文)에는 제전의 종목과 우승자의 이름이 기록되어 있다. 그 중에는 스타디온, 짐 들고 달리기, 펜타슬론, 권투와 격투 등 올림픽 경기 종목에 속했던 종목이 매우 많고, 성인부 경기와 소년부 경기도 있었으며 나팔수와 전령관의 경기도 있었다. 이외에도 각종 전차 경기와 말 경기도 있었다.

한편, 독립기념일 제전의 전차 경주와 경마는 테살리아의 지역적 특색을 가장 잘 구현한 종목이다. 이 지역은 그리스에서 가장 광활한 평원을 가지고 있어 기마병이 빠르게 달릴 수 있었기 때문이다. 이에 테살리아 사람들은 말 사육과 말 타고 활쏘기에 매우 능했고 기마 부대가 제일 뛰어났으며 무예를 매우 숭상했다. 명문(銘文)에는 제전에 쌍두 전차 경기, 쌍두 망아지 전차 경기, 사두 전차 경기, 사두 망아지 전차 경기 종목이 있었고 경마와 망아지 경주도 있었다고 나와 있다. 지역적 특색을 보이는 종목은 '횃불 기마 경기'이다. 트라키아에서 기원한 횃불 기마 경기는 기원전 5세기 아테네의 피레우스 항구로 전해진다. 이 경기는 '벤디스(Bendis) 여신 축제'의 경기 종목으로 편성되며, 이후 그리스의 다른 지역으로 전해지며 그리스와 로마 시대에 매우 유행한다. 지역적 특색을 보이는 또 다른 종목으로는 '상마(上馬) 경기'가 있는데 경기 규칙이 비교적 복잡하였고, 매우 위험하였다.

경기에 참가한 기수는 트랙의 일부 지점에서 질주하는 말 위에서 뛰어내린 후 고삐가 빠지지 않게 말고삐를 쥔 채로 말을 쫓았고 후에 다시 말의 등에 올라타야 했다. 이러한 경기는 그리스인의 식민지였던 퀼른, 시칠리아섬과 이탈리아 반도 남부 지역에서도 유행하였다. 이외에도 독립기념일 경기에는 피리와 키타라(Kithara, 고대 그리스의 발현 악기) 경연도 있었다.

라리사에서는 범테살리아, 더 나아가 범그리스적 특성까지 띠는 독립기념일 제전 외에도 순전히 지역적 특징만 가진 경기도 개최하였다. 이들 제전의 구체적인 명칭은 분명치 않고 섬기는 신도 확실하지는 않지만(아테나와 아폴론이었을 것) 아마도 매년 개최되었을 것이며 5명의 도시 행정장관이 제전의 준비를 책임졌을 것이다. 일부 명문(銘文)에서 발견한 내용에 따르면, 이러한 지방 제전 경기에는 스타디온, 디아울로스, 짐 들고 달리기, 소년부와 성인부의 권투와 격투 경기, 소년들의 횃불 경주, 투우, 횃불 기마 경기와 '상마(上馬) 경기'가 있었고, 또 말 타고 활쏘기, 걸으면서 활쏘기 등 활쏘기 시합도 있었다. 이외에도 군사의 진격 장면을 모방한 경기도 있었는데 기병, 보병, 쌍두 전차병 등 각기 다른 세 부류의 병사들이 적진으로 돌격하는 경기가 바로 그것이다.

땀을 닦는 운동선수(淸潔汗漬的運動選手)

아테네국립고고학박물관 소장

Two athletes are cleaning perspiration

스포츠 경기(體育競技圖)

아테네국립고고학박물관 소장

Competitions

운동 장면을 그린 양 손잡이 채색 도자기 술잔(彩繪運動場景雙耳陶酒杯)

아테네국립고고학박물관 소장

Colored double-hand pottery bottle with scene of sports

도자기 항아리: 체조하는 운동선수(做體操的運動選手陶罐畫)

아테네국립고고학박물관

An earthen pot with painting of gymnasts

멀리 뛰기(跳遠圖)

아테네국립고고학박물관 소장

Long jumping

씨름 장면을 그린 도자기 컵(摔跤圖陶杯)

아테네국립고고학박물관 소장

Pottery cup with the painting of wrestling

무용수를 그린 양 손잡이 채색 도자기 컵(彩繪舞蹈者雙耳大飮杯)

아테네국립고고학박물관 소장

Colored double-hand pottery bottle with scene of dancing

운동 장면을 그린 채색 도자기 컵(彩繪運動場景陶杯)

아테네국립고고학박물관 소장

Colored double-hand pottery bottle with scene of sports

운동 장면을 그린 양 손잡이 채색 도자기 술잔(彩繪運動場景雙把陶酒杯)

아테네국립고고학박물관 소장

Colored double-hand pottery bottle with scene of sports

7) 에피다우로스의 '의술신의 날' 제전

에피다우로스(Epidaurus)는 펠로폰네소스반도 동해안에 있는 한 도시로 영토는 매우 작았으나 서쪽의 강대국 아르고스(Argos)와 인접하여 줄곧 독립적인 지위를 유지했다. 이곳이 매우 유명한 까닭은 단지 이 도시에 아폴론의 아들인 의술의 신 '아스클레피오스(Asclepius)'를 모시는 신전이 있었기 때문이었다. 모든 그리스인들이 이곳에 와 병을 묻고 진찰을 받았고 향로의 불이 활활 타올랐기에, 에피다우로스도 범그리스에 영향력을 유지할 수 있었고 이를 통해 '의술신의 날'과 제전을 개최했다. 에피다우로스의 '의술신의 날'은 그 지역에서 개최한 축제 중 범그리스적 영향력을 가진, 잘 짜여진 축제이자 경기였다. 대회는 2년에 한 번씩 개최되었고, 늦봄에 이스트미아 제전이 끝난 지 9일째 되는 날 열렸다. 경기 종목에는 '나체 경기'와 음악 경연이 있었지만 전차 경주나 경마와 관련된 증거는 없다. 음악 경연에는 키타라와 피리 경기가 있었고 시가 암송과 희극 경연도 있었다. 시합은 유명한 에피다우로스의 고대 극장에서 열렸는데 이곳은 그리스가 현재까지 보존하고 있는 가장 완벽하고 웅장한 고대 극장이다.

'나체 경기'에 대해 확실하게 알 수는 없지만 스타디온, 펜타슬론과 격투 종목이 있었다는 것은 알 수 있다. 고고학자들은 일찍이 아스클레피오스 신전의 남쪽에 위치한 경기장을 발견하였는데 이는 약 기원전 4세기 후반에 지어진 것이다. 관중들은 경기장 양쪽의 흙으로 된 관람석에 앉았고, 출발선과 결승선 양쪽에는 석대를 추가했다. 올림피아와 네메아의 경기장처럼 에피다우로스의 경기장에도 탈의실로 연결된 아치형 터널이 있었는데, 이는 운동선수와 심판이 입장하는 곳이었다. 경기장 동쪽에는 체육관이나 씨름장이 있었다.

사람들은 고대 그리스 시기 유명했던 4대 범그리스 제전(올림픽 제전, 피티아 제전, 이스트미아 제전, 네메아 제전)을 '관(冠) 운동회'라 부르며 다른 제전 경기와 구별했는데, 이는 제전의 우승 상품으로 돈이나 귀한 물건이 아닌 야생 식물의 가지를 엮어서 만든 화관(花冠)을 수여했기 때문이다. 올림피아 제전에서는 우승자에게 야생 올리브 관을 수여했고, 네메아 경기에서는 신선한 야생 샐러리 잎으로 만든 관을 수여했으며, 이스트미아 제전에서는 소나무나 건조된 야생 샐러리 잎으로 만든 관을 수여했다. 물론 모두 식물로 만든 화관이었지만 고대 그리스인들은 천금으로도 얻을 수 없는 큰 영광으로 여겼다. 그 중에서도 올림피아 제전의 올리브 관은 가장 영예로운 것으로 올림피아 제전만 역대 우승자들의 명단을 남겨 놓았다. 명단이 전부 남아 있지는 않지만 4년을 주기로 한 '올림피아 해'는 현대 올림픽 부흥의 역사적 토대이자 그리스 사회에서 보편적으로 인정을 받는 연대 기록법으로 자리 잡았다.

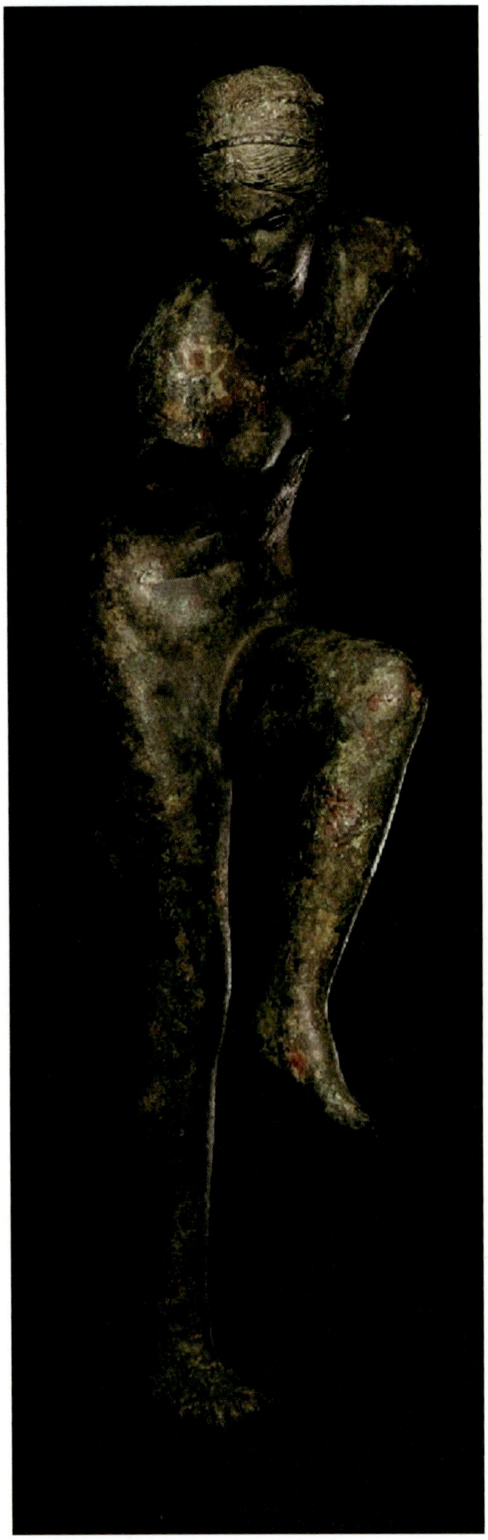

여성 나체 청동상(女性裸體青銅像)

고대 그리스 작품
기원전 200년-100년
Bronze statue of a female naked body

여성 운동선수(女子運動員)

이탈리아 팔레스트리나에서 출토
기원전 300년경
A Female Athlete

(2) 고대 그리스의 여성 스포츠

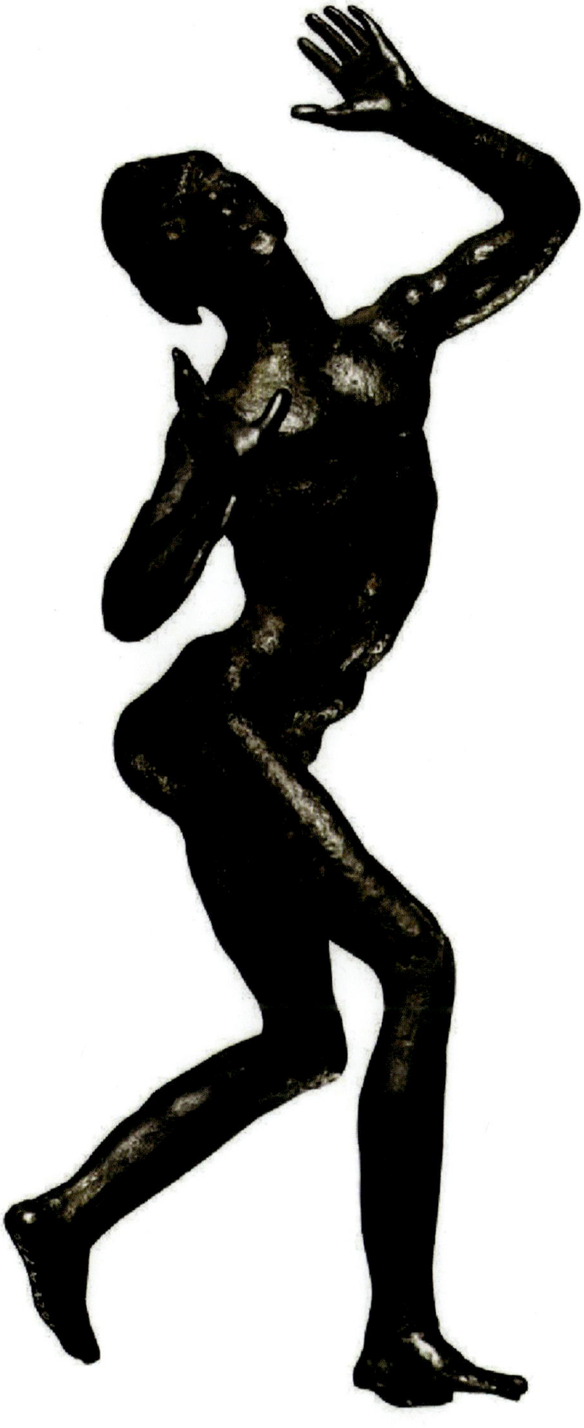

무용수(청동)(青銅舞者)

고대 로마
1-3세기
Bronze-made figure of dancer

고대 그리스는 여성의 지위가 낮았던 남성 중심 사회로 여성들은 사회적 약자에 속했다. 여성들의 사회적인 영향력과 신체적인 잠재력은 모두 억압을 받았다. 여성들은 독립적이고 구속을 받지 않는 인격과 자유를 얻길 원했고 남성 중심 사회의 속박에서 벗어나고자 했다. 사실 고대 그리스 신화에는 아르테미스, 아테나, 아탈란테(Atalante, 그리스 신화 속의 처녀 사냥꾼), 아마존(Amazōn, 그리스 신화 속의 여무사족) 등 건장하고 용맹한 여신들이 나오는데, 이들은 모두 남자에게 뒤지지 않는 여성 영웅들이었다. 남존여비사상이 만연한 그리스 신전에서 여신들은 지혜와 뛰어난 경기 역량으로 존귀한 자리에 올라 건장한 남신(男神)들도 감히 얕잡아 볼 수 없었다. 특히 올림피아 제전 등의 제전 경기는 여신들과 뗄레야 뗄 수 없다. 아테네의 소녀들은 아티카의 브라우론과 무니키아에서 아르테미스 여신을 기념하는 '곰 축제'때 달리기 경주[127]를 했고 '판아테나이아 축제'의 경기들은 모두 아테나 여신을 기리는 것이었다. 한편, 올림피아에는 남성들이 주최했던, 제우스를 기리는 '올림피아 제전' 외에도 헤라 여신을 기념하는 소녀 스포츠 대회가 있었고 스파르타에는 헬레네를 기념하는 소녀 스포츠 대회가 있었다. 이는 모두 사춘기 소녀들이 과도기 때 치렀던 의식(儀式)과 관련이 있었다. 또한 스파르타 특유의 국정(國情)에 따라 스파르타의 소녀들은 남성과 같은 나체 훈련을 받았고 여성들의 사회적 지위도 그리스의 다른 어떤 폴리스보다 높았다.

또, 아탈란테는 고대 그리스의 영웅 이야기에서 독보적인 지위를 지닌 여성 영웅이다. 그녀는 수많은 인재들이 모인 곳에서 유일한 여성이었는데, 뭇사람과 다르게 비범했기 때문에 '남자에 버금가는 여자'라는 별명을 얻었다. 아탈란테는 달리기를 잘했을 뿐만 아니라 뛰어난 씨름 선수였다. 이올코스 국왕 펠리아스의 장례 경기에서 그녀는 아킬레우스의 아버지인 펠레우스와 씨름 경기를 하여 승리한다. 아탈란테는 유명한 '칼리돈의 멧돼지 사냥'에도 참가한 적이 있다. 신화에서는 아탈란테가 경주에 참가한 이야기도 묘사했다.

붉은 도자기 인형: 척골 던지기 게임을 하는 소녀(擲跖骨游戲的少女赤陶小俑)

현 아테네국립고고학박물관 소장

Two pottery figures who are playing game

도자기 인형: 게임을 하는 사람들(游戲陶俑)

이탈리아 남부

약 기원전 4세기 말

Two pottery figures who are playing game

청동 조각상: 면사포를 쓴 무용수(披紗蒙面舞者青銅小雕像)

뉴욕 메트로폴리탄박물관 소장

Bronze statue

도자기 병 그림: 수영하는 사람(游泳者陶瓶畫)

고대 그리스

아테네국립고고학박물관 소장

An earthen pot with painting of swimmers

고대 그리스 신화에는 아탈란테와 비슷한 소녀가 나오는데, 바로 라피타이 국왕 플레기아스의 딸 코로니스(Coronis)이다. 시인 핀다로스의 아홉 번째 〈피티아 송가(Fourth Pythian Ode)〉에는 그녀의 이야기가 등장한다. 코로니스는 어릴 적 펠리온산 밀림의 깊은 골짜기에서 성장하여, 자유분방하고 용맹무쌍하였으며, 꾸미는 데는 관심이 없었고 오히려 운동만 즐겼다. 그녀는 청동 표창과 검을 잘 다루었으며, 야생동물을 사냥하였고 사자와 격투를 하기도 했다.

한편, 헤라는 여성과 혼인의 수호신으로 올림피아는 제우스 부부 공동의 성지(聖地)였다. 기원전 600년경에 건설된 '헤라 신전'은 이곳 최초의 신전으로 제우스와 헤라에게 합동으로 제사를 지내는 성소(聖所)였다. 그러므로 올림피아의 헤라 축제도 분명 유구한 역사를 지니고 있을 것이다. 또 헤라 축제는 제우스의 기념일처럼 4년에 한 번씩 열렸는데 운동 경기가 있기는 했지만 단지 달리기 경주 한 종목에 불과했다.

'헤라 축제'에서 여자아이들은 연령대별로 팀을 나누어 경기에 참여했다. 이 역시 플라톤이 주장한 소녀 경주 시합 방식으로 13세 이하의 여자아이들은 나체로 달렸고, 결혼을 앞둔 여성들은 옷을 입은 채로 달렸는데 달리는 거리는 모두 달랐다. 이외에도 소녀들의 트랙은 남자들의 트랙보다 길이가 1/6정도 짧았는데 이는 정확하게 묘사한 듯하다. 고고학에서 발견한 바에 따르면 여자들의 달리기 트랙은 약 155미터, 남자들의 트랙은 약 192미터였다. 소녀 선수들은 차림새가 단정하고 건강미가 넘쳤는데 신화 속의 여성 무사인 아마존과 매우 흡사했다. 여성들 중 우승자는 올리브 관을 쓰는 영광을 누릴 수 있었으며, 자신의 조각상을 제작하여 올림피아 성지에 진열할 수 있었다.

바티칸박물관에는 여성 육상 선수와 크기가 같은 대리석상 한 점이 있다. 여자 선수는 소매가 없는 튜닉[128]을 입고 있고, 오른쪽 어깨와 오른쪽 가슴이 모두 밖으로 드러나 있어 파우사니아스가 묘사한 모습과 완전하게 일치한다. 이 석상은 로마시대의 모사품으로, 그리스 원작의 제작 년대는 약 기원전 460년인데 '헤라 축제'의 육상 경기 우승자가 올림피아 성지에 바친 조각상일 가능성이 크다. 또, 대영박물관에서는 달리기 자세를 취하고 있는 청동 소녀 조각상(小) 한 점을 소장하고 있고 머리 모양과 옷차림으로 볼 때 분명 '헤라 축제' 육상 경기의 우승자이다. 이 조각상은 알바니아(고대 이피로스)에서 출토되었고 제작 기법은 스파르타 풍에 속하나 더 이른 시기인 약 기원전 580년대의 것이다.

고대 그리스의 여성 스포츠는 여성들의 자유에 대한 갈망을 반영하고 있다. 그들의 건강미와 자존감, 삶의 자주권에 대한 추구는 당시 사회의 남성들에게 적지 않은 충격을 안겨다 주었다. 고대 그리스 여성들이 스포츠 경기에서 표출한, 구속 받지 않는 자유분방한 정신은 올림픽 경기를 추진하고 세계 여성들의 지위를 향상시키는 데 큰 공헌을 하였다.

흑화식 기법의 '암포라' 항아리(黑像式 "阿法拉" 罐)

고대 그리스 아테네
기원전 540년-기원전 520년경
Colored double-ear earthen pot

흑화식 기법을 사용한 아티카 항아리(阿提卡黑像畫法罐)

현 이스라엘 국립박물관 소장

Attica Black pottery bottle

적화식 기법을 사용한 아티카의 술 단지(阿提卡赤像畫法樽)

현 이스라엘 국립박물관 소장

Attica Black pottery bottle

주둥이가 넓은 도자기 주전가: 리프팅을 하는 그리스인(顚球的希臘人廣口陶壺)

영국 이스트앵글리아

An Greek is balancing ball with the leg

양 손잡이 채색 도자기 항아리(彩繪雙耳陶瓶)

기원전 530년

Colored double-ear earthen pot

레키토스 도자기 병(米基托斯陶瓶)

현 이스라엘 박물관 소장
Bronze ware rack

아르테미스의 제우스상(阿爾忒彌西翁的宙斯像)

현 아테네국립고고학박물관 소장
Zeus

바퀴가 달린 청동 갑(青銅有輪器皿架)

현 영국박물관 소장
Pottery

9
고대 로마의 경기 스포츠

고대 로마인은 영토 확장에 강한 욕망을 보였던 민족이다. 작은 어촌에서 시작한 그들은 시간이 지나자 이탈리아반도를 점령했고 로마 도시를 건설하였으며 왕정 통치의 기틀을 확립하며 줄곧 넘치는 활력을 보여 주었다. 로마인은 문화적으로 그리스 문명을 계승하고 더욱 발전시켰다. 로마 공화국 시대, 스포츠 경기는 기념일에 빠질 수 없는 것이었다. 경기 종목은 매우 다양했는데 활쏘기, 달리기 경주, 권투, 씨름, 기마술, 전차, 격투, 짐승 격투 등이 있었다.

(1) 수렵

수렵은 경기적 특성이 강한 운동이다. 수렵은 엄청난 운동량을 필요로 하기 때문에, 신체적 잠재력을 발휘할 수 있었다. 사냥꾼들은 곰, 멧돼지, 늑대, 여우, 사슴, 토끼를 사냥할 때 나무를 가볍게 두드려 야생 동물들을 밖으로 나오게 한 뒤, 걸어서 또는 말을 타고 쫓아갔다. 사냥꾼은 끈을 사용하여 발에 동으로 된 박차[129]를 묶었고, 손에는 긴 밧줄을 들었다. 밧줄에는 깃털과 빨간 천 조각을 묶어 그물로 사냥감을 낚았다. 사냥 도구는 종류가 매우 다양했으며 투창, 화살, 방망이는 물론 심지어 도끼도 있었다. 사냥꾼들은 올가미를 사용하여 빠르게 달아나는 사냥감을 포획하였고 사냥개도 옆에서 적극 보조

고대 로마 콜로세움(古羅馬鬪獸場)
The ancient Colosseum

무사(武士像)

이탈리아 박물관 소장

Warriors

청동상: 몸을 깨끗이 씻는 사람(淸潔身體的人靑銅像)

이탈리아 아레초에서 출토
기원전 500년-기원전 475년경
The Bronze Statue of a Person Cleaning himself

했다. 사냥꾼은 짧은 털에 귀가 처진 얼룩무늬 개를 사육하였는데 어떤 사냥개는 공격을 담당했고 어떤 개는 빠르게 사냥감을 쫓았다. 사냥꾼은 휘파람을 불어 사냥개를 훈련시켰고 사냥개가 죽어서 딱딱해진 동물과 볏짚으로 만든 가짜 동물을 식별할 수 있도록 가르쳤다. 사냥꾼은 사냥감을 쫓을 때 가시가 달린 복대를 사냥개에게 채웠는데 이는 사냥개를 보호하는 동시에 사냥감을 찔러 상처를 입히게 했다.

한편, 황제들도 원형경기장에서 동물 격투 시합을 즐겼고 관람석 앞에는 안전을 위해 도랑과 미끄러운 벽을 설치했다. 또한 병영에서는 짐승과 결투를 벌이는 검투사를 훈련시켰는데 이들은 긴 창으로 표범을 사냥하는 데 능했다. 검투사들은 긴 내의(때로는 흉갑(胸甲)[130]를 입기도 함)를 입었고, 팔과 다리에는 가죽띠로 된 보호대를 맸다. 그들은 맹수와 대치하면서 종종 그들의 몸에 올라타 그 앞까지 달려와 공격을 하였는데 일부 장면은 투우와 매우 비슷했다. 투우사는 긴 모(矛)나 창(槍)을 사용하여[131] 소와 싸웠고 가시 방망이로 소들을 자극하거나, 말을 타고 소를 몰아 기진맥진하게 만든 후, 적절한 때를 봐서 소의 목 위에 올라타 소를 죽이기도 하였다. 간혹 투우는 잡기와 체조로 변해 소의 옆에서 위험하게 뛰어오르기도 하였다. 로마인은 도랑을 파서 사자나 표범을 잡았고, 종종 올가미를 사용하여 짐승을 포획하기도 하였는데 그들은 긴 창과 큰 방패를 들고 짐승의 동굴로 들어가서 사냥감을 잡았다. 또한 누미디아인들은 사냥감을 포위한 후 나뭇가지와 끈으로 엮은 울타리 안에 몰아넣었고 동물을 회양목 우리나 철제 우리에 가둔 후 강을 건너 로마로 갔다. 이러한 사냥은 매우 위험하였기 때문에 모두가 긴밀하게 협조해야만 성공할 수 있었다. 짐승에 대한 수요가 갈수록 높아지자 군대도 많은 대대로 나뉘었고 쾰른 부근의 미네르바 제1군단에는 곰을 사냥하는 대대가 있었다. 로마의 상인들은 세를 내고 짐승을 빌렸으며 잘 훈련된 사냥꾼을 고용하기도 하였다. 심지어 귀족들은 자녀가 표창이나 올가미를 사용하여 작은 야생동물을 잡는 것을 영광으로 생각했다. 로도스 섬의 국왕 틀레폴레모스는 세라실과 함께 사냥을 하였는데 멧돼지를 만나면 마지막에 세라실이 긴 창을 사용하여 멧돼지를 찔러 죽였다. 로마인은 사냥을 고상한 운동 중 하나라고 여겼다.

(2) 펜싱

펜싱은 스포츠 종목의 하나이자 신체 단련의 방식이다. 펜싱을 하는 사람은 수비 자세를 취하고 사지를 둥글게 오므려 재빠른 걸음으로 상대방의 공격을 피한다. 후퇴를 하면서도 빠른 속도로 상대방을 공격한다. 때로는 상대방의 흉부를 찌르기도 하고 때로는 예기치 못하게 상대방의 등을 찌르기도 한다. 또, 흔히 페인트(feint)[132] 동작을 이용하여 더 좋은 공격을 펼치는데 펜싱은 체력과 스피드가 결합된 운동 경기 중 하나로 로마인들에게 많은 사랑을 받았다. 현재 남아 있는 문헌과 유물을 통해서 당시 펜싱의 모습을 상상할 수 있다.

(3) 수영

로마인들은 남녀노소 모두 수영을 할 수 있었다. 그들은 저수지나 테베레강, 처녀의 샘에서 수영하였다. 로마박물관에서는 1520년에 그린 〈목욕하는 소녀들〉 한 폭을 소장하고 있다. 이 그림은 로마의 여성들이 물에서 목욕하고 수영하는 장면을 생동감 있게 표현했다. 한 문헌의 기록에 따르면 카이사르는 왼손을 들고 50미터 가량 수영할 수 있었는데, 이때 왼손에 든 책이 물에 젖지 않았다고 한다.

로마인들은 대부분 수영을 좋아했고 부유한 귀족의 집에는 모두 수영장이 있었다. 로마인은 수영은 물론 다이빙도 잘했다.

(4) 구기 운동

고대 로마인이 갖고 놀았던 공은 크기가 다양했고 규격을 잘 갖추고 있었으며 일반 공보다 색이 화려했고 공 속의 충전물은 모두 달랐다. 약간 딱딱한 공은 충전물로 솜털을 사용했고 서로 주고 받으며 놀았다. 약간 큰 공은 가죽 공으로 깃털을 넣었다. 사람들은 이를 파가니쿠스(Paganicus)라 불렀는데 그 이름은 아마도 공의 발원지의 명칭일 것이다. 또한, 폴리스(follis) 공은 공기나 깃털을 채울 수도 있었는데 격렬한 운동을 하기 어려운 노년층에게 적합했다. 구기 운동은 혼자 즐길 수도 있었고 몇 사람이 서로 공을 패스할 수도 있었다. 또 벽을 향해 공을 던질 수도 있었는데, 공이 튕겨져 돌아오면 다시 손바닥으로 그 공을 쳐서 돌아가게 하였다. 경기에서 공은 벽과 손바닥 사이를 왔다갔다하며 움직이게 되고 바닥에 떨어지는 횟수가 적은 사람이 승리하였다. 또, 당시에는 트리곤(Trigon)이라고 불리는 구기 놀이가 있었다. 먼저 경기자 3명은 삼각형 모양으로 자리를 잡고 모두 공을 하나씩 든다. 모든 사람이 공을 던질 수 있었고 때로는 한 사람이 동시에 두 개의 공을 받아야 했다. 이 게임은 경기 참가자 3명 외에도 공을 줍는 사람 3명과 점수를 매기는 사람 3명을 필요로 했다.

고대 로마 사람들은 트리곤과 같은 단체 운동을 매우 좋아했다. 예를 들어 한 구기 운동에서는 선수들이 두 팀으로 나뉘어 경기장 경계선 양쪽에 선다. 각 팀의 뒤에는 사이드 라인이 한 줄씩 있고 공은 중간의 경계선에 있다. 공을 선점한 선수는 공을 최대한 먼 곳으로 던져야 했는데 멀리 던질수록 유리하였다. 일단 상대편 선수가 공을 차지하게 되면 움직일 수 없었고 반드시 본래 그 자리에서 공을 던져야 했다. 상대편 선수들이 공을 가진 선수로 하여금 공을 사이드 라인 밖으로 던지게 하면 점수를 얻을 수 있었다. 그 밖에도 선수들을 두 팀으로 나누고, 공을 든 선수가 상대 선수의 이름을 부를 수는 있으나 공을 반드시 그 선수에게 던지는 것이 아닌 다른 선수에게 던질 수도 있는 타구법도 있었다. 상대편 선수가 공을 받지 못해 공이 바닥에 떨어지면 진다. 세 번째 방법은 서브를 넣는 선수가 공중으로 공을 던지면 모든 선수들이 우르르 몰려와 서로 앞을 다투며 공을 빼앗는 놀이인데, 서로 밀고 밀치면서 적지 않은 선수들이 밀려 넘어졌다. 네 번째는 팀원들이 말을 타고 출전하여 공을 가지고 다른 공을 치는 놀이로 '황실 스포츠'라 불렸다.

(5) 격투

검투사 경기는 일부 특수 집단이 주최한 것으로 바로 사람들 앞에 나서기를 좋아했던 사람들이었다. 장례 의식 때에는 행정관이 조직했고, 생일 연회나 개선 행진 때는 황제가 주최하였으며 정기적으로 열리는 경기는 대법관이 주최하였다. 유명한 검투사는 몸값이 매우 높았는데 티베리우스 시대, 유명 검투사의 몸값은 10만 세스테르티우스[133]에 달했다. 아우구스투스와 트라야누스(로마의 2대 황제)는 각각 625쌍, 10만 명의 검투사를 양성하였으며 라니스타(Laniste, 검투사 훈련사)는 주최자에게 검투사를 제공하였다. 1세기부터 경기를 주최하는 관리들은 자신들의 검투사단을 소유하고 있었는데, 검투사들이 격투를 하지 않을 때는 세를 받고 자신들이 소유한 검투사를 빌려주었다. 다른 지역에서는 시 행정관이 매년 경기를 주최하였고 비용은 시 행정관들과 폴리스가 공동으로 부담하였다. 한편, 국가에서 설립한 병영(兵營)이자 황제의 루두스(Ludus) 역할을 했던 학당은 국가에서 인정한 유일한 검투사 훈련 학교였다. 사냥꾼을 훈련하는 루두스 마투티루두스 외에도 루두스 카푸아, 루두스 다키쿠스, 루두스 마그누스가 있었는데, 이러한 루두스들은 결투장과 하나의 지하도로 연결되어 있었다. 가장 오래된 루두스는 카푸아(Capua)에 있고, 가장 유명한 루두스는 폼페이의 루두스이다. 그중에는 매우 큰 사각형 모양의 건물 한 채가 있는데, 주변에는 주랑(柱廊)이 있고 주랑 사이 사이에는 수많은 작은 방들이 있다. 모든 루두스에는 병사들이 보초를 섰고, 루두스의 규율은 엄격하고 공정했으며 노예를 훈련시키는 사람은 체벌을 할 수 있었다. 검투사들은 모두 생사를 건 계약을 했고 이 계약으로 인해 화형, 노역, 채찍질, 심지어는 사형까지 받아들여야 했다. 그들은 단지 검만 무기로 사용할 수 있을 뿐이었다.

검투사의 종류는 매우 다양했다. 술라(Lucius Cornelius Sulla) 시대부터 트라키아 출신의 검투사들은 갑옷을 걸치고 작은 방패 하나를 들었고 붉은색 로인 클로스(Loin cloth)를 허리에 묶고, 반원 기둥 모양의 쇳조각 하나를 정강이뼈 자리에 묶어 다리를 보호했다. 검투사들은 오른쪽 팔에 덮개를 달았는데 가죽 덮개 위에 쇳조각 하나를 더하여 손목을 보호하였다. 그들의 무기는 단검 한 자루로 안쪽으로 휘어져 있어 마치 낫과 비슷하였다. 삼니움 족의 방패는 더 컸는데 허리에는 로인 클로스를 둘렀으며 왼쪽 정강이뼈에는 쇳조각을 묶었고 손목과 오른쪽 복사뼈, 오른쪽 무릎에는 가죽 덮개로 단검 한 자루를 고정시켰다. 격투 공연은 매우 잔혹한 경기였다. 검투사는 원형 방패와 긴 창을 사용하였다. 검투사에는 전차를 몰며 싸우는 전차 검투사, 긴 창을 사용하는 호플로마키(Hoplomachi), 올가미를 사용하는 레티아리우스(Retiarius), 투구와 안면 보호구를 착용하는 무밀로(Murmillo) 등이 있었다. 때때로 검투사는 승리를 한 직후 바로 두 번째 상대, 세 번째 상대 혹은 교체 선수와 싸워야 했는데 이러한 격투에서는 삼지창과 비수, 그물을 무기로 사용하는 검투사가 급히 그 뒤를 쫓기도 하였다. 이들은 투구를 쓰지도 않았고 방패를 들지도 않았다. 사람들은 보통 검투사들이 유리한 위치에 있게 했고, 무대 위에서 겨루게 했는데 이때 그들은 흔히 방어 태세를 취했다. 검투사의 왼쪽 어깨에는 쇠붙이 한 조각이 있고 삼지창을 앞쪽으로 겨누고 있어 상대 선수가 가까이 다가갈 수 없었고 오른손에서는 그물이 빠르게 돌면서 움직였다. 추격자는 긴 사각형 모양의 방패를 들고 검으로 공격하였다. 왼쪽 다리에는 정강이 보호대를 착용했고 오른쪽 팔에는 보호 갑옷을 착용하였으며 머리에는 투구를 썼다. 그들의 어깨는 넓은 편이었고 짧고 굵은 체형이었다. 추격자는 방패로 상대방의 삼지창을 떨어뜨리고자 했고 검투사는 왼손에 들고 있던 비수를 오른손으로 옮겨 쥐며 잔혹한 육박전을 계속 했다. 모든 벽에 '어떻게 해서든 패배자를 죽여야 한다'는 승리자를 위한 격언이 새겨져 있던 것처럼 말이다. 우승자는 야자수 가지로 엮은 화관과 상금 및 귀한 상품을 받았고 승리한 검투사는 자유를 얻을 수 있었는데 판결을 상징하는 작은 나무 막대를 그들에게 주었다. 작은 막대는 훈련 시 검투사를 구분하는 데 사용되었다.

검투사의 격투는 일련의 동작으로 각각의 요령에 따라 펼쳐졌고 이러한 요령이 상징하는 의미는 때로 설명하기가 어렵다. 관중들이 격투의 모든 수와 전략을 잘 알고 있었기에 검투사는 경기에서 어느 정도 한계가 있었다. 검투사는 항상 세쿠터(Secutor, 추격 투사) 혹은 투구를 쓰고 검과 방패를 든 검투사와 맞붙었다. 우리들은 문헌을 통해 15종의 검투사 유형을 알 수 있는데 고대 로마박물관의 바릴리프(얇게 만든 부조) 두 점에는 매우 특이한 검투사 한 명이 묘사되어 있다. 검투사는 한쪽 면에 갈고리가 달린 방망이를 사용하여 상대방의 그물에 건 후 다시 검을 사용하여 격투를 마무리한 것처럼 보인다.

이를 통해 고대 로마에서는 일반 격투 시합 역시 매우 잔인하였고 목숨을 걸어야 했음을 알 수 있다. 이러한 야만적인 경기는 405년이 되어서야 로마 제국의 황제인 호노리우스에 의해 금지된다.

격투장에서 열린 해전 모방 공연(角鬪場中模擬海戰表演)

Mimic sea battle held in wrestling court

마르쿠스 아우렐리우스를 기념하는 기둥
(馬克·奧勒留紀念柱)
이탈리아 박물관 소장
로마 서기 180-196년
Marcus Aurelius Memorial Column

보르게세의 검투사(波爾格塞的鬪士)

기원전 100년
프랑스 루브르미술관 소장
Borghese Gladiator

씨름 장면을 그린 도자기 그릇(摔跤陶碗)

영국박물관 소장
Wrestling

고대 로마 기념비(古羅馬紀念碑)

이탈리아 박물관 소장

The Monument of Ancient Rome

검투사(角鬪士)

《세계미술사》 발췌
Wrestler

씨름(摔跤)

17세기 말
현 크렘린궁 박물관 소장
Wrestling

야곱과 천사의 씨름 조각도(雅各與天使摔跤雕刻圖)

이탈리아 박물관 소장

The Sculpture of Jacob Wrestling With the Angel

씨름하는 사람을 새긴 석영 인장(刻有摔跤者圖案的石英印章)

이탈리아 박물관 소장

고대 로마 작품

서기 1-3세기

A Quartz-made Stamp with the Picture of Wrestling

검투사 조각도(角鬪士雕刻圖)

이탈리아 박물관 소장

A Sculpture of Wrestler

격투(角鬪圖)

이탈리아 박물관 소장

Wrestling

고분 벽화 중의 격투도(墓葬壁畫中的角鬪圖)

이탈리아 박물관 소장

The Painting of Wrestling on the Tomb Wall

검투사(角鬪士)

이탈리아 박물관 소장

Wrestler

권투 선수를 그린 상감화(拳擊手鑲嵌畫)

이탈리아 박물관 소장

고대 로마 작품

서기 1-2세기

The Mosaic of Ancient Roman Boxer

건장한 로마 권투 선수(健壯的羅馬拳擊運動員)

이탈리아 박물관 소장

The Strong Roman Boxer

권투선수 형상의 작은 주전자(청동)(拳擊手形狀的青銅小壺)

이탈리아 박물관 소장

고대 로마 작품

서기 1-3세기

The Boxer-shaped Bronze Kettle

(6) 권투

권투는 로마인의 경기 종목 중 하나로 권투 경기에는 카에스투스(caestus) 글러브[134] 경기와 미튼(mitten) 글러브[135] 경기가 있었다. 전자는 권투선수의 손목을 징(재질은 구리, 길이는 약 2미터)이 박힌 소가죽 끈으로 감싼 것으로 이러한 격투는 매우 위험하였다. 일반 대중들은 미튼 글러브 경기에 참여할 수 있었다. 참가자들은 팔꿈치까지 오는 긴 특수 미트 글러브를 꼈는데 두꺼운 가죽은 네 손가락을 감쌌고 엄지 손가락만 밖으로 드러났다. 가죽끈 하나가 주먹을 원 모양으로 감쌌기 때문에 사람들은 이를 '원형 글러브 권투'라 불렀다. 권투 시합에서 두 선수는 주먹으로 상대방을 때리거나 발로 찰 수 있었고 상대 선수를 쓰러뜨린 후에는 밟을 수도 있었다. 시합의 비인간적인 격투 방식은 경기장 관중들이 원하는 짜릿함을 안겨 주었다.

(7) 전차

로마에는 전차 경기를 치르기 전, 카피톨리노 언덕에서 출발하여 고대 로마 광장을 지나 강 하류, 마을, 오일 시장을 거친 후 종착지인 로마 대전차 경기장으로 가는 장중한 퍼레이드가 있었다. 집과 건물에는 오색 리본과 휘장을 걸었고 선수들은 많은 사람들의 박수를 받으며 한 바퀴를 행진하였다.

네로 황제 시대부터 경기 종목은 하루에 12종목에서 24종목으로 늘어났고, 정오에는 휴식 시간을 가졌다. 전차 경기를 시작하기 전에 먼저 제비를 뽑았는데 경기는 백팀, 홍팀, 남색 팀, 녹색 팀 등 4팀으로 구성되었다. 먼저 작은 관으로 된 항아리에 작은 공 4개를 넣고, 항아리를 뒤집으면 색이 다른 작은 공 4개가 작은 병 4개 속으로 들어가 마차 조종사의 출발선 위치를 결정했다. 쌍두, 사두 또는 십두 전차가 울타리 안으로 들어가면 위원장은 부스에서 트랙을 향해 흰색 천 하나를 던져 출발 신호를 보냈고 보조원들은 앞으로 달려가 울타리를 닫아 둔 끈을 당겼다. 선수들은 몸을 약간 앞으로 들어 말고삐를 허리에 두르고 출발했다. 선수들의 복장은 시대별로 달랐는데 옷에 있는 작은 끈은 그들의 허리와 흉부를 보호하였다. 그들은 때때로 다리를 동여 묶고 깃털 장식의 투구를 썼으며 상대 선수를 최대한 방해하며 상대편 선수가 전방을 방해하지 못하도록 했다. 또, 전차는 경계석 가까이에서 질주했는데 전차가 파손되지 않도록 해야 했다. 전차 조종사가 전차 뒤에 있는 수송 상자 뚜껑을 열면 낮은 바퀴 위에서도 서 있을 수 있었다. 만약 전차가 부딪혀 전복되면 생명과 안전을 위해 바로 비수로 허리에 묶여있는 고삐를 끊었다.

판정석 맞은편에는 흰색의 결승선을 그렸다. 결승선을 지나면 우승자는 바로 일어나 왼손으로는 고삐를 잡고 오른손을 들어 관중들에게 인사를 했고, 같은 색 옷을 입은 사람들은 우승자를 향해 나아갔다. 다른 한 전령관은 세 가지 색깔의 천으로 된 띠를 들고 다른 색깔의 띠를 흔들면서 왼쪽에 있는 말의 이름을 외쳤다. 오래된 풍습에 따라 마차 조종사는 전차에서 내려 앞으로 달려갔다. 우승자는 단상으로 가 의장에게 경의를 표하고 야자수 가지로 만든 관을 받은 후 수많은 상품을 받았다.

로마의 조명 도구에 그린 전차 경주(羅馬燈具上的賽車圖案)

이탈리아 박물관 소장

Racing Chariots design on the ancient Roman lamp

고대 로마 시대의 경기용 마차 모형(청동)(古羅馬時代的競技馬車青銅模型)

이탈리아 박물관 소장

Bronze model of ancient Roman racing chariot

로마의 유명한 전차 경주 선수인 디오클레스(104-146)는 홍팀 전차의 제1선수였다. 그는 총 24년 동안 전차를 몰았고, 4,257회 시합에 참여하여 1,462회 승리를 거두었다. 그의 일생은 비문에 새겨져 후대에 기념이 되고 있다. 전차 경주 외에도 일찍이 경마, 당나귀 경주, 노새 경주 등의 시합이 있었다. 로마인은 전차 시합뿐만 아니라 스릴 있고 자극적인 마상재 공연도 좋아했다. 관중들의 기호에 맞춰 마상재 공연을 하는 자들도 말의 등에 우뚝 서서는, 달리는 준마 두 마리의 고삐를 잡아당기며 두 마리 말의 등 위를 계속 왔다 갔다 하며 뛰어다녔다.

경기장은 씨름 공연장이기도 했다. 아우구스투스는 여성들이 씨름 공연을 보지 못하게 했는데 공연자들이 시합을 할 때 피부에 윤기가 나도록 몸에 기름을 바르고, 밀랍으로 모공을 막아 땀의 배출을 줄이고 몸에 화산재나 나일강의 모래를 잔뜩 묻혀 맨몸을 가렸으나 여전히 속살이 노출되었기 때문이다. 경기를 위해 황제도 때때로 직접 보병과 기마병을 거느리고 출전하였는데, 전투는 정말 잔인했고 사람들은 소리를 지르고 말은 소리 높여 울었다. 그 밖에도 코끼리 공연도 있었다. 코끼리의 등에 병사 60명을 올려놓고 고탑(古塔)까지 옮겼으니 이렇게 훌륭한 공연을 놓치고 싶어하는 자는 없었다.

마차(부조)(馬車浮雕)
이탈리아 박물관 소장
Relief of chariot

전차 모양의 시계(戰車之鐘)
이탈리아 밀라노 폴디 페촐리 미술관 소장
1610년경
Chariot-shaped Clock

짐승 격투(鬪獸)

로마박물관 소장
Beast Fighting

짐승과 검투사의 격투(鬪獸和角鬪士)

로마박물관
Beast Fighting

적화식 기법의 '히드리아' 물 항아리(赤像式 "哈德里亞" 水罐)

로마박물관 소장
고대 그리스 작품
약 기원전 430년
Big jar

(8) 짐승 격투

로마 콜로세움의 건설은 베스파시아누스 왕조의 가족들이 대중들에게 자신들의 입지를 강화하기 위해 시작한 일 중 하나이다. 콜로세움의 실제 명칭은 '플라비우스 원형 극장' 으로[136] 서기 72년-79년까지 8만 명의 유태인 포로를 동원하여 8년에 걸쳐 완성하였다. 콜로세움의 전체 구조는 오늘날의 체육관과 약간 비슷한데 현대의 체육관이 고대 로마의 콜로세움에서 기원했을 가능성도 있다. 건물 전체는 거대한 타원형으로 겉에서 보면 4층으로 나뉘어져 있고 아래 3층은 아치형으로 모든 아치형 문의 양쪽에는 돌기둥이 받치고 있다. 아치형 문은 콜로세움 내부의 관람석으로 올라가는 회랑(回廊)의 입구이다.

콜로세움 내부의 관람석은 아래에서부터 위까지 네 부분으로 나뉘어져 있고, 5만-8만 명의 관중을 수용할 수 있었다. 콜로세움의 중앙에는 동물들과 싸우는 모래 벌판이 있는데 이 역시 타원형 모양이다. 모래 벌판 아래에 있는 지하실은 동물 격투 공연을 준비하는 곳으로, 안에는 탈의실, 무기실, 감독실, 기계실과 맹수를 가둬두는 우리와 시체를 두는 영안실이 있었다. 사료에서는 콜로세움 준공 당시 사자, 호랑이 등의 맹수 5,000마리와 노예, 포로, 범죄자 3,000명의 결투가 100일 동안 진행되었다고 기록하고 있다.

고대 로마인들은 계층을 막론하고 잔인한 공연에 푹 빠져 있었다. 위로는 황제와 원로원 의원, 아래로는 도시 빈민층까지 사람과 짐승의 결투, 결투사들의 대결, 대규모의 집단 처벌 등 일반적으로 3가지 종목을 포함하는 경기에 열광했다. 그중 노예와 짐승의 격투는 짐승 격투 공연이라 불렸는데, 노예의 주인은 사자, 호랑이 등의 맹수를 전문적으로 사육하였다. 사람들은 관람석에서 노예와 맹수의 치열한 싸움을 감상하였고 노예와 동물 중 누구 하나가 죽어야 경기가 끝이 났다.

수렵 장면을 그린 상감화(狩獵鑲嵌畫)
고대 로마 작품
The Ancient Roman Mosaic of Hunting

공연이 시작되면 우리에서 맹수를 풀어주었고 노예들은 경기장으로 내몰렸다. 맹수들이 노예를 잡아먹으려 했기에 노예들은 맹수와 싸울 수밖에 없었는데, 오랜 시간 허기진 맹수 앞에서 살아남은 사람은 극소수였다. 결투의 전 과정은 매우 참혹했으며 엄청난 비극이었다. 물론 사냥도 있었고 사자, 표범, 하마, 코뿔소와 기린 등 이국적 정취를 물씬 풍기는 아프리카 대형 포유류들의 격투도 있었다.

(9) 폴로

비잔틴제국은 불림(拂林)[137]이다. 서기 4세기, 폴로는 제국의 황실과 귀족들 사이에서 매우 유행했다. 테오도시우스 2세(408-450)는 통치 기간 동안 콘스탄티노플에 대형 폴로장을 지어 황실의 귀족들과 폴로를 즐겼다. 바실리오스 1세(867-886)도 폴로를 매우 좋아했고 뛰어난 기술을 구사했다.

(10) 돌 게임

고대 로마에서는 주사위 놀이와 돌 게임이 유행했는데 이는 현대의 오목과 약간 비슷하다. 고대 로마의 황제 클라우디우스는 〈주사위 놀이에서 이기는 법〉을 썼다. 또한 당시 고대 로마에서는 각종 기관(棋館)과 기원 100여 곳을 지었고 돌 게임은 널리 유행했다. 그중 가장 유행한 것은 지금도 즐기는 군기(軍棋, 군대 체제와 무기를 응용한 장기의 일종)와 유사한 놀이이다. 사람들은 각각 색깔과 역할이 다른 30개의 돌을 가지는데 어떤 돌은 큰 역할을 했지만 어떤 돌은 역할이 크지 않았고 직선으로만 갈 수 있는 돌이 있었는가 하면 칸을 뛰어넘어 갈 수 있는 돌도 있었다. 두 사람은 전략을 세워 상대방의 돌을 먹거나 공격을 막았고 한 쪽이 더 이상 갈 곳이 없을 때 상대방이 승리하게 된다. 잃은 돌이 적을 수록 이

길 가능성이 높았다. 또 다른 게임은 공 던지기 놀이와 비슷하다. 게임판은 가로, 세로 12줄에 24개의 칸이 있었고 사람들은 각각 15개의 말을 가지는데 흑백으로 나뉜다. 게임이 시작되면 사람들은 돌아가며 주사위를 던져 각자의 말을 전진시켰다. 이러한 오락은 상류층의 사람들은 물론 평민들도 매우 즐겨 했다. 오늘날에도 여전히 직사각형 모양의 대회장이나 병영 근처의 경기장에서 땅에 그려진 게임판을 희미하게나마 볼 수 있다.

(11) 오락

고대 로마인은 모두 오락을 좋아했고 오락의 종류도 매우 많았는데, 일부 오락들은 노인과 아이가 하기에도 적합했다. 아우구스투스 황제는 아이들과 호두 놀이를 즐겼다. 호두 놀이는 고대에 매우 흔한 오락으로 혼자서 즐길 수도 있고 여러 사람이 함께 할 수도 있다. 게임 방법에는 최소 6가지가 있었는데, 가장 간단한 것은 호두 까기 놀이이다. 그리고 가장 흔했던 것은 게임 참가자가 가까이에 있는 항아리에 호두 하나를 던져 넣거나, 손에 호두 몇 알을 쥐고 다른 사람에게 개수를 짐작하게 하여 개수를 맞추면 승리하는 방식이다. 세 번째는 호두를 나무 판 위에 놓고 나무 판을 가볍게 들어올려 호두를 굴러 떨어뜨림으로써 줄지은 호두와 부딪히게 하는 방법으로 맞힌 개수에 따라 호두를 가져갈 수 있었다. 또 땅에 삼각형 하나를 그린 후 평행선 몇 줄을 그려 삼각형을 몇 조각으로 나눈 다음 그 안에 호두를 던지는데 호두가 선 안에 들어가면 승리한다. 이는 난이도가 비교적 높은 편이었다. 또, 바티칸박물관에서 소장하고 있는 석관(石棺)에는 그림 한 폭이 그려져 있다. 이는 당시의 호두 놀이를 묘사한 것으로 땅에는 호두 세 알이 나란히 놓여 있다. 호두를 던졌을 때 세 알의 호두와 동일한 선상에 위치하고 호두의 본래 순서를 흐트러뜨리지 않으면 승리한다. 그림에서는 여자아이 5명과 남자아이 8명이 게임을 하고 있다. 한 아이는 운이 좋아 많은 호두를 딴 듯하고, 운이 나빠 호두를 단 한 개도 얻지 못한 아이는 성질을 부리며 호두를 얻은 아이의 머리채를 잡고 놓아주지 않는데, 아이가 얻은 호두를 나눠 가지려는 듯하다.

한편, 당시에는 게임 도구가 매우 많았는데 동전과 주사위도 있었고 양의 척골(蹠骨, 발바닥 뼈)도 있었다. 동전을 사용한 놀이는 동전의 앞뒷면을 맞추는 게임이다. 주사위 게임 방법 중 비교적 흔한 것은 주사위를 두 개 또는 세 개 사용할 수 있었고, 각 주사위의 면에는 모두 1-6개의 점이 새겨져 있었다. 게임 시에는 주사위를 원뿔형 용기에 넣었는데, 이 용기의 목 부분은 바닥 면보다 다소 좁았다. 용기를 몇 번 흔든 뒤 주사위를 책상 위에 뿌리는데 점수를 기록해 점수가 높은 사람이 승리하였다. 양의 척골을 사용한 놀이 또한 매우 재미있다. 이는 일반 백성들만 좋아했던 것이 아닌 황제도 매우 즐겨 했던 놀이였다. 양의 척골을 사용한 놀이는 보통 '홀수와 짝수'를 맞추는 게임으로 호두 게임처럼 양의 척골이 몇 개인지 맞추는 것이다. 이 밖에도 약간 복잡한 도박 게임도 사람들의 사랑을 받았다. 양의 척골은 보통 진짜 척골이 아닌 모조품이었는데 금속 아니면 돌이었고 점토 또는 상아도 있었다. 척골의 네 면 중 두 면은 약간 넓었고(한 면은 오목했고 한 면은 볼록했다) 두 면은 약간 좁았다(한 면은 투각이고 한 면은 속이 꽉 차 있었다). 대게 넓은 면이 땅에 먼저 닿게 되는데 좁은 면이 땅에 먼저 닿으면 상대적으로 점수가 높았다. 한편, 주사위를 던지는 방법은 두 가지로 손이나 도구를 사용하여 던졌다. 주사위의 네 면에는 모두 점수가 있었는데, 넓은 면의 점수는 1점 아니면 3점이었고, 다른 두 면의 점수는 각각 4점이거나 6점이었다. 모든 사람이 양 척골 4개를 가졌고, 점수는 35종의 조합이 나올 수 있었으며 모든 조합에는 전문적인 명칭이 있었다.

고대 그리스, 고대 로마의 스포츠는 인류 문명의 발전에 중대한 공헌을 했다. 그들은 훌륭한 스포츠 경기와 다양한 스포츠 종목을 만들었을 뿐만 아니라, 각종 놀이에 합리적인 규칙을 만들어 오락의 교육적 의의와 심미관을 승화시켰다. 그들은 인류를 위해 신전, 운동장, 격투장, 콜로세움 등과 같은 고대 스포츠 건축물을 남겼고, 당시 각종 스포츠 경기와 관련된 부조(浮雕), 운동선수의 소상(塑像) 및 경주, 활쏘기, 경마, 전차 경주, 펜싱, 씨름, 권투 등을 그린 도관화(陶罐畫), 병 그림, 고분 벽화도 남겼다. 이러한 유물들은 모두 살아 있는 것으로 생명력을 지니고 있다. 또한 스포츠만 반영한 것이 아닌 인류 생명의 추구와 건강에 대한 소망을 반영하였다는 점에서 더 폭넓은 의의와 가치를 지니고 있다. 특히 그리스인이 창조한 올림픽은 오래도록 자취를 남기며 현재까지도 현대 인류의 생활에 많은 영향을 미치고 있다.

고대 그리스와 고대 로마의 스포츠에서 구현된 인본주의 정신은 그리스·로마 스포츠의 특징으로 먼저 신화를 통해 충분히 구현되었다. 고대 그리스·로마 신화는 무속의 속박에서 벗어나 인간 능력에 대한 인정과 찬양으로 전환하는데, 물론 고대 그리스, 고대 로마인들은 초자연적인 힘의 존재를 완전히 부정할 수는 없었지만 이러한 초자연적인 힘을 인간의 형상으로 성공적으로 전환했고 신에게도 인성(人性)을 부여했다. 그리스 신화는 고대 그리스인의 이성과 지혜, 시가(詩歌)가 결합된 것으로 그리스인 최초의 심미적 의식과 사상, 감정을 표현했다. 그리스 신화는 그리스 스포츠의 엄청난 보고(寶庫)이자, 그리스 스포츠 탄생의 토양이라고 할 수 있다.

체육 역사상 고대 그리스·로마는 실크로드 전체에 영향을 미쳤을 뿐만 아니라, 전 세계 스포츠 문화로 뻗쳐 나가며 수천 년 동안 지속되었다. 그러므로 고대 그리스, 이집트, 인도, 페르시아, 중국이 실크로드에 가져온 문명은 현대인의 지식을 확대하고 발전시키며 국가의 형성, 빈부의 투쟁이 국가 제도 형성에 미치는 영향, 고대 그리스 제국, 고대 로마 제국, 페르시아 제국, 한나라·당나라 제국의 강력함과 상무 정신 간의 관계에 대한 이해를 더 잘 도왔다고 할 수 있다. 또, 고대 그리스, 로마가 창조한 스포츠는 이미 모범이 되어 그 매력을 늘 발산하며 인간의 신체적·정신적 세계 구축에 영향을 미치고 있다. 고대 그리스의 각종 제전은 이미 현대의 올림픽 대회로 발전했다. 고대 그리스 스포츠는 엄청난 열정으로 진선미(眞善美, 참됨과 착함과 아름다움)를 재현하며 '보다 빠르게, 보다 높게, 보다 강하게(Citius, Altius, Fortius)'의 정신을 구현했다.

오늘날까지도 사람들은 고대 그리스와 고대 로마의 스포츠가 지닌 특별한 매력에 심취되고 매료되지만 이들은 이미 지나간 역사로서 재현될 수는 없다. 그러나 우리는 고대 그리스와 고대 로마의 스포츠에서 자양분을 흡수하여 고대의 스포츠 경기를 현대의 스포츠 경기 형식으로 구현할 수 있다. 고대 그리스와 고대 로마의 스포츠는 스포츠 경기의 축제였을 뿐만 아니라 사회문화적 교류의 성대한 장으로 이는 인류 전체에 우수한 문화와 정서적 교류의 기회를 제공하였다고 할 수 있다.

운동 중인 로마 여성(做運動的羅馬婦女)

《세계미술사》 발췌

Roman Ladies Doing Exercises

체조하는 운동선수(做操的運動員)

로마박물관 소장

고대 로마 부조

An athlete is doing exercises

청동거울함(青銅鏡盒)

로마박물관 소장
에트루리아 후기
The Bronze Mirror Box

원반 던지는 사람을 새긴 인장(刻有擲鐵餅者圖案的印章)

로마박물관 소장
고대 로마 작품
서기 1-3세기
Stamp carved with the design of the

대리석상: 원반 던지는 사람(擲鐵餅者大理石像)

로마박물관 소장
그리스 원본 모사품
기원전 425-400년
The Discus Thrower

님프요정이 숲의 신 사티로스의 겁탈에서 탈출하는 장면의 대리석 조각상
(寧芙仙子逃脫森林之神薩梯之侵犯大理石雕像)

로마박물관 소장
고대 로마 작품
2세기
Nymphs and Satyrs

운동하는 로마 여성(做運動的羅馬婦女)

《세계미술사》 발췌

Roman Ladies Doing Exercises

게임을 즐기는 사람들(歡娛圖)

《세계미술사》 발췌

Daily Entertainments

투우(鬪牛圖) **천에 그린 유화**(布面油畵)

현 미국 메트로폴리탄 예술박물관 소장
Bullring

1818년 프랑스 룩셈부르크 화원에서 열린 자전거 대회(1818年在法國盧森堡花園舉行的自行車比賽)

《세계미술사》 발췌
Bicycle Race

제6장

실크로드에서 펼쳐진 동서양 스포츠 문화의 전파 · 교류 · 융합

'서(西)'는 중국인들의 관념 속에서 이국적인 정서를 띠는 개념으로 방위 명사일 뿐만 아니라 문화적 부호이다. 주나라 목왕의 서쪽 정벌,[138] 현장법사의 서행,[139] 칭기즈칸의 서쪽 정벌,[140] 정화의 원정[141] 등 이는 모두 매우 광범위한 지리 문화적 개념이다.

곤륜산은 중국 상고 신화에 나오는 전형적인 서방 세계이다. 곤륜산에 대한 가장 오래된 기록은《상서·우공(尚書·禹贡)》에 나오는데 '직피곤륜, 석지, 거, 수, 서융즉서'[142]로 그 뜻은 '곤륜, 석지국, 거, 수 등 사국(四國)이 모두 가죽 옷을 입었으니 서융이라 한다'이다. 또,《대완열전》에는 곤륜산의 위치가 나오나 이는 순전히 고대 전설에 맞추기 위함으로 사실이 아니다. 곤륜산에 대응되는 곳을 찾을 수 있는지 그 여부를 떠나, 먼저 곤륜산의 의의가 그리스 신화의 올림푸스 산(Mount Plympus)과 인도 신화의 수메르 산(Sumeru)처럼 곤륜산이 모든 신의 거주지를 대표할 수 있는지에 달려 있다는 것을 인정해야 한다. 같은 시기 유럽, 남아시아, 동아시아에는 비슷한 전설이 등장했다. 이는 어쩌면 일부 원초적 관념에 있어서 동서양 문화의 유사성을 보여 주는 것으로 심지어 상고 시기 문화 교류의 가능성을 암시한다. 이후 곤륜산의 개념은 서방의 선인 사상과 결합해 더욱 신비한 매력을 띠게 된다.

과보축일,[143] 서왕모,[144] 곤륜산의 전설은 황하 유역에 살던 선민 화하(華夏)의 미지의 세계 서방에 대한 동경과 갈망을 반영하고 있으며 주관적인 상상과 추측으로 가득하다. 그러나 서주국(西周國),[145] 헌원국(軒轅國),[146] 옥민국(沃民國),[147] 현포(懸圃)[148] 등과 관련된 고대 문헌의 기록은 비슷한 시기의 서양 문헌에서도 동일한 기록을 찾을 수 있다. 이는 상고 시기 중국과 서양 간에 실질적 교류가 있었다는 근거로 봐야 하며 순전히 역사적 우연의 일치로 해석해서는 안된다.

이외에도 중국 고대 문헌에서는 메소포타미아 유역에 대한 초보적 이해도 볼 수 있다.《대황서경》과《해외서경》에는 '옥민국'에 대한 기록이 나오는데 옥민국은 서왕모산보다 더 서쪽에 있는 학산(壑山)과 해산(海山)의 서쪽보다 더 먼 곳이다. 서왕모산은 넓은 의미에서 보면 곤륜산 산맥에 속하며 곤륜산 산맥 서쪽의 학산이다. 이는 당시 힌두쿠시산맥의 또다른 음역으로 페르시아어의 산이며 음역하면 학산이다. 힌두쿠시산맥을 넘으면 바로 이란 고원으로 들어가게 된다. 시스타 하문 호(hamun lake)에는 산이 있는데 이란 전설에서는 광명산이 바다에 떨어진 후 오후르마즈드신이 됐다고 한다. 이에 이 곳에 해산이 있다는 설이 있다. 서쪽으로 더 가면 티그리스강과 유프라테스강이 있는 메소포타미아이다. 이렇게 보면 옥민국의 대략적 위치는 메소포타미아일 수밖에 없는데 이는 이미 기원전 8세기부터 중국과 페르시아가 교류했음을 보여 준다.

중국과 서양의 상고 신화는 유구한 역사를 지니고 있다. 이를 거슬러 올라가 보면 인류 상고 시대 문화의 흔적을 찾을 수 있다.

신화 또한 인류 최초의 서사성 문학으로 문학의 서사적 요소와 그 형식은 신화와 밀접한 관련이 있는데 원시 부족의 종교 의식에서 나타나는 신화는 그리스 로마 신화처럼 완벽하지는 않지만 허구적 이야기의 서사적 기초를 확립했다. 만약 놀이가 인류 행동 문화의 사적을 묘사한 것이라면 신화는 풍부하고 다양하고 기이하고 신비로운 색채로 인간의 심리를 기록한 것으로 문화·스포츠 분야의 개척과 확대라고 할 수 있다.

초기 인류의 두려움은 종교 신화 탄생의 중요한 요소였다. 초기 인류에게 있어 대자

크레타 채색 도기들(克里特彩陶陳列)

미노스 문명기
그리스 헤라클레온 고고학박물관 소장
Minoan pottery

연은 인류가 생존하는 실체이자 두려움을 주는 세계였다. 대자연은 하늘이 맑은 날도 있었지만 천둥 번개가 치기도 했고 평원도 있었지만 높은 산과 깊은 계곡도 있었다. 또 맑은 파도와 잔잔한 물결뿐만 아니라 거세고 사나운 파도도 있었다. 대자연은 때로는 완벽한 타인으로 무한한 힘과 통제불가능한 힘으로 인간과 대립했다. 천적이 오면 사람들은 어떻게든 먼저 자연의 재앙을 피하려 했고 실제 경험에 의존해 기도라는 형식을 만들어 냈다. 이를 통해 신화는 의식의 뿌리이며 민간 제사 의식의 정신적 원동력임을 알 수 있다. 수많은 민간 의식은 신화의 영향을 받아 탄생했다. 신화가 의식을 지배하면서 스포츠는 의식으로부터 독립했는데 후예사일,[149] 여와보천,[150] 동해황공,[151] 치우희[152] 등이 바로 그 예이다. 또한 페르시아, 이집트, 인도, 아랍, 그리스, 로마의 신화는 레슬링, 폴로, 달리기, 전차 경기, 권투, 검술, 하키, 무술, 활쏘기 등 경기 스포츠와 밀접한 관련이 있다. 이 둘을 유기적으로 잘 결합하여 사람들이 환상의 세계와 실제 현실에서 실크로드상의 고대 스포츠의 모습을 찾게 하고 그 문화의 정수도 깨닫게 할 수 있다.

특히 고대 그리스 신화는 역사의 흐름 속에서 무속의 굴레를 벗어던지며 인류의 능력에 대한 확신과 찬미로 전환했고 신에게 인격을 부여했다. 그러므로 그리스 로마 신화 중 자연계와 사회 현상은 사람들의 환상 속에서 자각을 거치지 않은 스포츠 방식으로 가공이 이루어지는데 이는 그리스의 풍부한 보고이자 그리스 스포츠 탄생의 토양이라고 할 수 있다. 신화는 원시 신화, 역사 신화, 민간 신화로 나눌 수 있다. 그중 원시 신화는 무속 의식, 제사 의식 더 나아가 스포츠에도 중요한 영향을 끼쳤다. 신화는 계속 만들어졌고 신화를 만들어야 한다는 관념이 존재하는 한 신화는 계속 창조되었다.

그러나 신화와 종교는 별개의 문제다. 종교는 순종을 강조하지만 신화는 자유로운 상상력에 주목한다. 종교는 대부분 물질적 수단, 특히 의식을 이용하지만 신화는 언어의 발달을 필요로 하며 때로 종교의 자생과 생활의 번영을 기초로 한다. 인류의 원시 생활에서 신화는 종교의 그림자였다. 종교에는 영혼에 대한 믿음, 의존, 공포 등의 심리에서 나온 숭배 대상이 존재했고 그 예로는 자연 숭배·동물 숭배·토템 숭배·조상 숭배·귀신 숭배 등이 있었다. 시바신은 고대 인도 민족의 마음 속에서 인격화된 태양신으로 말 일곱 마리가 모는 화려한 마차를 타고 하늘을 가로지른다. 태양신은 우주의 질서와 가축, 금수를 관리한다. 그리스 신화에 나오는 헬리오스는 건장하고 화려한 태양신으로 설백의 말 네 마리를 타고 하늘을 건넌다. 그는 모든 것을 본다는 뜻의 '포이보스'라고 불리며 인간 또한 그의 관리하에 있다. 술의 신인 디오니소스는 그리스 로마 신화에 나오는 신들 중 영향력이 가장 크며 관련 내용도 상당히 풍부하다. 또, 고대 로마의 태양신 솔 인빅투스(Sol Invictus)는 마차를 모는 자로 은밀한 발견자이자 기마 곡예 경기의 수호자이다. 고대 로마의 태양신은 인류를 도와 하늘의 문을 열고 새벽 빛을 맞았다. 중화민족의 상고 문화에는 태양신을 숭배했던흔적이 더 강하게 남아 있고 신석기 시기의 무늬 장식·고대 토기·진나라 벽돌·한나라 기와(不是并列關係), 문자·회화·민속, 복희(伏羲)[153]·대호(大昊)[154] 등의 전설 등 어디에서나 태양을 숭배했던 중국인들의 마음을 엿볼 수 있다.

1
올림픽 스포츠 문화와 중국 전통 문화의 융합

중국과 그리스의 모계 씨족 사회는 그 역사가 수만 년으로 유구하다. 하지만 모계제가 부계제로 대체되는 방식에서 동서양의 차이가 존재한다. 선사시대 유럽에서는 건장하고 용맹한 북유럽 유목 민족 쿠르간 족이 먼저 부계제를 도입해 강력한 힘을 얻었다. 그들은 남유럽 모계 씨족 사회와 문화를 무기로 제압했고 유럽의 부계제 사회를 완성했다. 그러나 현재까지는 기원전 5000년부터 3000년까지 중국 대륙에서도 비슷한 현상이 발생했었다는 고고학적 증거가 없다. 아시아의 유목 민족이 유럽의 유목 민족보다 진화가 늦었고 자연 환경 또한 차이가 있었기에 상고 시대에 부계제는 동아시아 대륙을 휩쓸지 못했고 기원전 2000년 하나라 건국 후에야 발전을 하게 된다. 멀리는 황제와 염제 시기부터 남자들이 생산과 전쟁에서 주도적인 위치를 차지하기 시작했고 이후 상나라와 주나라 시기에 이르러 부권제 문화는 '주나라의 예'에 따라 점차 발전하게 된다. 그러나 모성을 숭배하는 사회적 분위기는 여전히 강하게 남아 있었다. 또한 일찍이 성숙기에 접어든 농업 문명이 안정적인 발전을 하기 시작하면서 중국인들의 자연 친화 의식,

모성 숭배 심리, 채식 위주의 식습관, 민족의 평온하고 차분한 성격 형성에 적절한 토양을 제공했다.

그러므로 문화와 문화 유형의 차이는 모두 다른 생태 환경에 적응하면서 생긴 산물이다. 그 기원을 살펴보면 농업은 원시 채집에서 시작되었다. 채집은 남성 중심의 수렵과는 달리 주로 여성이 담당했다. 수렵은 남성의 용감함, 기민함, 공격성을 필요로 하는 동적인 활동이지만 채집은 여성의 인내, 세심함을 필요로 하는 정적인 활동이다. 고고학을 통해 중국인의 조상은 세계 대부분의 민족들처럼 긴 유목 생활을 하지도 않았고 유경(游耕, 이동하면서 경작하는 원시시대의 농업 형태) 농업 시기를 거친 후에야 농경 생활을 시작한 것도 아니였음이 밝혀졌는데 이는 중화문명의 기원에서 볼 수 있는 큰 특징이다. 중국 대륙에서는 대략 기원전 5000년에서 3000년쯤 이미 정착 농업이 출현했다.

하지만 그리스에서는 기원전 9세기 혹은 8세기 중엽이 되어서야 유목과 유경과 같은 기나긴 생산 생활 방식을 끝내고 정착 농업을 받아들이는데 이는 중국보다 3,000-4,000년은 늦은 것이었다. 중국에서 원시 농업은 여성이 중심이 된 원시 채집 생활의 과도기에서 왔다. 그들은 하늘에 의지해 살아갔고 고대일수록 더 그러했다. 그래서 중화민족은 은혜에 감사하며 기탁하고자 하는 심리가 더 강했고 부드럽고 자애로운 여성적 특징이 더 많이 남게 된 것이었다.

이는 선사시대의 그리스와는 달랐다. 그리스는 구릉과 산이 많고 크지 않은 반도에 토지는 척박하여 농업에는 적합하지 않았다. 단지 바다에 의지해 바다 바깥의 세상에 도전하며 약탈을 할 수 밖에 없었는데 이는 그리스인의 진취적인 정신과 주체 의식의 형성으로 이어졌다. 이외에도 수렵을 위주로 하는 장기간의 유목 생활은 그리스 남성을 용맹하고 강건하게 만들었고 이에 따라 개인을 존중하는 문명이 탄생했다. 이는 중국과 서양 문화의 역사적 차이가 중국인의 '내재적 감성형', 서양인의 '외재적 감정형'이라는 민족 성격상의 차이를 낳았고 각자의 심리적 원형의 기초를 다지는 데 영향을 미쳤음을 의미한다. 중화민족이 상고 시대 모계 문화의 영향을 받으면서 여성성을 띤 문화적 유전자는 그들의 마음 속에서 유전되었다. 중국 문화가 상고 시대를 계승했음을 깨닫는 것은 중국 스포츠 문화의 특징을 깊이 이해하는 데 있어 중요한 의미를 지닌다.

2
부동한 신앙이 낳은 서로 다른 문명

동서양 스포츠는 자연 지리적 환경, 민족, 생산 방식, 생존 방식, 역사 문화적 배경의 차이 속에서 탄생했다. 문화의 발전은 역사의 연속성, 문화의 공통성, 인류의 정체성을 가지며, 각 민족의 행동 방식, 사유 방식, 가치관, 감정 및 태도는 다른 문화 유형에 상당한 영향을 미친다. 그러므로 민족 지혜의 결정체이자 실천적 산물인 동서양 스포츠를 제대로 이해하기 위해서는 먼저 동서양 문화를 생산·발전시킨 독특한 자연환경과 사회적 조건을 이해해야 한다. 동서양 스포츠는 그 체계의 탄생과 발전에 있어 각각 다른 길을 걸으며 각자의 형식, 방법, 이론을 형성했고 서로의 정보를 받아들였다. 물론 큰 차이를 보이고 있긴 하지만 동서양 스포츠 모두 인류의 즐거움과 쾌감 그리고 인류의 건강에 있어 긍정적인 역할을 했다. 그러므로 중국과 서양의 스포츠 발전상의 차이와 그 시스템의 교류·만남·융합을 연구하는 것은 동서양 스포츠의 차이점을 더 잘 이해하게 하고 향후 교류에 더 많은 도움을 줄 것이다.

우리는 중국과 고대 그리스의 신을 통해 두 문명의 차이를 확실하게 이해할 수 있다. 고대 그리스의 주신인 제우스는 신계와 인간계의 주인으로 고상하며 위엄을 지니고 있다. 그는 인간의 몸과 인간의 본성을 지니고 있으며 인간과 '동형동성(同形同性)'으로 사랑도 한다. 또한 태양신, 미의 신 등 그리스의 다른 신들도 인간처럼 감정과 욕망을 지니고 있다. 그러므로 그리스 신화는 그리스 문명을 잉태했다고 할 수 있다. 물론 중국에서도 신을 믿었고 신화도 있었다. 선진 시기의 문헌에는 수많은 상고 신화가 기록되어 있는데 이러한 신은 대부분 반인반수로 인간의 본성과는 거리가 멀었다. 상고 시대의 신화에는 '곤복생우(鯀腹生禹)'[155]라는 이야기가 나오며《산해경》에서는 신의 세계를 기록하고 있다. 돌로 하늘을 메꾼 여신 여와는 복희와 부부의 연을 맺었고, 이들은 모두 인간의 머리에 뱀의 몸을 하고 있다. 중화민족의 시조신인 염제(炎帝)는 소의 머리에 인간의 몸을 하고 있다. 또 전쟁의 신 치용(蚩尤)은 머리는 구리, 턱은 철로 되어 있고 짐승의 몸에 인간의 말을 한다. 고대 그리스에서 신은 모두 인간의 본성을 지니고 있었고 그것을 숭배했다. 신과 사람은 신체적으로 그리고 외모적으로 차이가 없었으며 신은 가장 아름다운 신체와 인성을 가진 존재였다. 물론 그리스에서 창조한 신은 중국 선조들이 만든 신과 일치하는 부분도 있다. 예를 들어 그리스에도 중국처럼 짐승의 몸을 한 신과 반인반수의 신이 있었는데 이는 모든 민족의 선조들이 이러한 신을 창조한 적이 있었다는 것을 말해 준다. 그래서 짐승의 몸이나 반인반수의 모습을 하고 있는 토템신이 만들어진 것이다. 이는 사람들을 최초의 사회 집단인 민족으로 결집했고 사람과 사람 간의 관계를 제약하는 토템 제도의 형성으로 이어졌다. 그러나 문명은 토템에 대한 숭배에서 그치지 않았다. 집단에서 벗어나 자아를 실현하고 사회의 주체가 되고자 했던 선조들은 인간의 주체 의식을 발현하기 시작했다. 주체 의식을 갖게 된 신인류는 더 이상 토템신의 숭배를 따르지 않았으며 새로운 신, 즉 제우스를 주신으로 하는 올림푸스 신을 만들어 냈다. 신들은 더이상 한 씨족이나 부락에게 숭배를 받지 않았고 머지않아 모든 그리스인들의 숭배를 받았다. 이로써 고대 그리스는 '인간의 발견'과 더불어 인류의 존엄성과 개성의 존중을 인지하며 현대 서양 문명의 뿌리를 형성했다.

고대 그리스는 신을 창조했고 신을 가장 완벽한 인간이라 여겼다. 그러나 고대 그리스인은 자신의 비천함과 간곡함을 나타내기 위해 신의 발 밑에 엎드려 비굴하게 무릎을 꿇거나 머리를 조아리며 절하지 않았고 한 걸음씩 나아가며 머리를 땅에 부딪히지도 않았다. 그리고 자신의 자연적인 욕망을 죄악이라 여기며 고행을 하지도 않았는데 그들은 신을 더욱 존경함으로써 인간의 고귀함, 자존감, 위대함을 한층 더 드러낸 것이다.

스포츠 제전의 개최는 신께 존경을 표하는 또 하나의 방식이었다. 고대 그리스의 신상은 다른 민족의 신상과는 달리 두려움을 갖게 할 정도로 위협적이지 않았고 아름다움으로 사람의 마음을 움직였다. 그리스의 신은 바로 강건하고 아름다운 사람이었다. 고대 그리스인은 신의 인체가 제일 아름답다고 여겼기에 가장 완벽한 인간을 좋아했다. 당시 신에게 존경을 표하는 행사는 대부분 나체로 진행되었으며 신에게 자신의 아름다운 신체와 정신을 보여 주었다.

호메로스 시대부터는 각종 경기 시합 열풍이 불기 시작했고 올림픽 제전이 최고의 인기를 누렸다. 제전은 펠로폰네소스 반도의 올림피아에서 열렸는데 그곳에는 성지로 여겨지는 제우스의 최대 신전이 있었다. 당시에는 전차 경기, 레슬링, 권투, 달리기, 투창, 원반 던지기, 점프, 격투, 활쏘기 등의 경기가 열렸다. 또한 도시 국가들의 경제가 점차 발전하면서 이스트미아 제전, 피티아 제전, 네메아 제전, 해협 제전, 부녀자들만 참여하는 헤라 제전 등 지역적 색채를 띤 스포츠 운동회가 탄생했고 1,169년 동안 293차례의 올림픽이 열렸다. 그리고 고대 그리스에서 제일 유행했던 주요 운동 종목과 올림픽 경기 형식도 전 세계로 퍼져 나갔으며 체육 사상과 인문 정신도 세계 스포츠의 발전에 영향을 미쳤다. 당시 각종 제전은 실제로는 종교 축제였으며 승리자는 엄청난 명예를 얻었는데 이는 신에 가장 근접한 그리고 신이 가장 좋아하는 인간이었기 때문이다. 올림픽 우승자에게는 성스러운 나무로(월계수) 만든 월계관을 머리에 씌워 주었다. 이러한 종교적 분위기 속에서 건강한 아름다움을 숭배하는 것은 그리스인들 사이에서 유행으로 자리 잡았다.

중국 고대의 선조들은 줄곧 토템신을 숭배했다. 이러한 숭배는 집단적인 숭배였기에 사람들의 친화력을 높여야 했고 이는 '예(禮)'의 탄생으로 이어졌다. 예는 사람들의 모든 것을 관리했고 사람을 규범화 및 통일화시켜 일종의 본보기를 만들었다. 백성과 충신, 노비라는 신분에 만족하는 개성, 주체, 자아가 없는 사람들을 만들어 낸 것이다. 이러한 소위 문명이라 하는 것은 토템의 제단 위에서 탄생했다.

그리스인은 씨족과 혈연 관계의 연결 고리를 끊어 냈기에 자유로운 사람이 될 수 있었고 그들의 관계는 복종이 아닌 평등한 것이었다. 그들은 사람을 신성한 존재로 여겼으며 사람의 모든 욕망과 감정을 인정했다. 또한 그들이 인간 세상에 온 목적은 인생을 즐기기 위함으로 세상을 인생의 유희장이자 경기장으로 생각했다. 스포츠 운동과 그리스인이 서로를 강하게 끌어당기고 그들이 한 몸이 되어 거의 물아일체의 경지에 이르렀을 때 거대한 사회문화적 형태, 즉 올림픽이 탄생했다.

3
동서양 차별화된 신체관

중국 경전 사상에서 보이는 신체관은 간단히 말해 '신체는 '예(禮)'의 상징 부호다'라고 할 수 있다. '예'가 존재함으로써 생리적인 몸이 사회적 신체, 도덕적 신체, 기(氣)의 신체, 형(形)의 신체로 바뀌기 때문이다. 이러한 심신 사상은 '합일(合一)'을 근간으로 하며 신(身),

심(心), 기(氣)가 서로 스며들고 형(形), 기(氣), 심(心)이 삼위일체가 되어 모든 호흡이 통하는 것을 그 특징으로 한다. 사람들은 '예'의 정신이 스며든 삶 속에서 생활했고 사람들의 일거수일투족, 머무는 모든 곳은 예와 불가분의 관계에 있었다.

심신이 '예'의 정신 속에 전이되어 자연스럽게 예의 법도에 합하게 되었기에 우아하고 너그럽고 따뜻하고 예의가 바르며 돈후하고 존엄하며 위엄이 있는 군자의 풍모를 갖추게 되었다. 또한 중국인은 전통 문화의 영향을 받아 정신적 균형(마음이 편안하고 도리에 어긋나지 않는)을 추구하기를 원했다. 그리고 이를 위한 유일한 길은 모든 면에서 규범에 따르고 자신을 위계질서에 편입시키며 중용의 도를 지키고 자아의 표현에 소극적인 사람이 되는 것이었다. 결국 사람들은 자아가 없고 표현에 소극적이며 개인 의식이 부족한 사람이 되었는데 특히 자신의 신체를 부끄러운 것으로 여겼고 현실의 세속성 또한 초월하지 못했다. '무사(無私, 사심이 없는)'와 '망아(忘我, 자기 자신을 잊는 것)'만이 중국인들의 지배적인 관념 속에서 찬양을 받을 수 있었고 개체성과 개인화는 모두 '사(私)'로 여겨졌다. 또한 신체의 욕망은 말하기 부끄러운 '사욕'으로 이는 감정과 욕망이 충만한 일반 사람들을 강하게 통제했다. 이로 인해 민족의 정신과 기상은 내향적이고 세심하며 점잖고 유약한 방면으로 발전했고 강건한 품성은 내재화되어 내면의 경외심과 마음의 안정을 유지하게 했으며 자연 신체에 대한 인류의 직관적인 감정은 제약을 받았다. 앞서 언급한 신체관의 영향으로 중국에서는 신체에 대한 광범위하고 보편적인 심미적 관념이 탄생하지 못했다. 신체의 모습에 대한 심도 있는 연구도 부족했고 신체를 단련하는 대규모의 전국민적인 행사도 없었으며 더 빨리, 더 높이, 더 힘차게[156]의 정신을 제창하는 경기 스포츠는 더더욱 없었다.

고대 그리스의 주류 문화는 일종의 신체화의 문화였다. 그들은 즐거움·건강·청춘·열정·경기를 숭상했으며 신체의 아름다움 그리고 고귀한 정신인 조화와 통일의 심미적 이상을 높이 샀다. 또한 자연에 대한 경이, 탐색에 대한 강렬한 충동으로 가득했고 체력·체능·체질을 중시하고 힘과 속도(목적은 군대의 격투와 스포츠 경기를 결합하는데 있었다)를 강조했다. 이는 겨루기, 활쏘기, 투창, 권투 등의 운동으로 나타났다.

고대 그리스 문명은 신체의 '힘'과 '미'를 추구했지만 중국 문명은 신체의 '기'와 '화(和)'의 수양을 중시한다. 또 그리스 문명은 무예의 숭상과 신체의 단련을 중시하는 반면 중국 문명은 정신을 숭상하며 힘으로 승리를 얻는 개인적 용맹함은 멀리한다. 또한 그리스인은 신체 단련에 있어 경기 운동을 중시하는 반면 중국인은 내면의 수양을 중시하며 기의 원활한 흐름, 체내 각 부분의 조화와 맑음, 신체와 자연의 기의 소통을 강조하며 신체의 부드러움·통일·지속·유연성에 관심을 가진다.

또 그리스인은 근육의 발달을 중시한 반면 중국인은 가슴의 '도량과 넓은 마음'을 중시한다. 그리고 그리스인은 줄곧 강한 근육, 신체의 아름다움, 운동 기술을 추구했지만 중국인은 내재적인 조화의 형성을 강조했다. 이외에도 중국과 그리스의 신체관의 차이는 응집과 외연의 차이로 나타난다. '형(形), 붕(綳), 직(直), 립(立)'은 외부로 확장된 신체적 동력이 만들어 낸 운동 형태로 예술 체조가 바로 그것이다. 그리고 '곡(曲), 원(圓), 영(擰), 경(傾)'은 신체적 동력이 내재적으로 응집되어 만들어진 운동 형태로 무술이 있다.

이 둘의 신체관에 대한 차이는 명백하다. 신체 인식의 차이는 내재적 생명의 핵심에 대한 인식의 차이를 보여 준다. 전통적으로 감정과 이성의 분리가 명확하지 않았던 중국은 이성과 감정이 결합된 특징을 보이는데 중국의 스포츠 활동이 경기보다는 감상을 중시하는 것은 바로 이와 관련이 있다. 그래서 대부분의 스포츠 활동은 예술화를 거치게 되며 이는 민족 심리 구조의 차이를 반영한다. 근본적으로 이성과 감정이 결합되었던 중국 문화는 욕망과 감정의 완전한 해방은 물론 생명력의 강렬한 분출도 없었다. 이는 중국인과 중국의 유구한 역사 문화 전통이 짊어진, 무거운 심리적 체적이 만들어 낸 결과였다.

4
중국의 스포츠 문화와 올림픽 스포츠 문화의 충돌과 융합

중국 문화와 서양 문화의 교류와 융합은 그 역사가 유구하다. 고고학을 통해 은상 시기의 갑골문 중 다른 나라에서 온 귀갑(龜甲)이 있었으며 이는 문화적 접촉을 의미한다는 것을 발견했다. 동한과 서한을 시작으로 위진남북조·수·당·송·원·명·청까지 중국과 서양의 문화 교류는 점차 빈번해졌으며 특히 한나라와 당나라 시대 정점을 찍었다. 이는 중국 문화를 활기차고 새롭게 했으며 풍부하고 다채로운 영양분으로 가득 차게 하여 장족의 발전을 거두게 했다.

양한(兩漢)시기, 정치는 통일되고 국가와 국민은 부강해졌다. 한 무제는 기원전 138년부터 기원전 119년까지 사신 장건(張騫)[157]이 이끄는 대규모 사절단을 서역에 연이어 두 차례 파견하여 동서 문화 교류를 촉진하고 중국과 외국 문화 교류의 새로운 장을 열었다. 특히 실크로드가 열린 후 중국과 서방의 문화 교류가 계속 이어지면서 음악, 무용, 잡기, 스포츠 등 서역 제국의 우수한 문화가 계속해서 중국에 들어왔다. 이로써 중국인은 서양 문화를 이해할 수 있었고 중국의 문화와 서양 문화는 융합되기 시작했다. 2,000년이 지난 오늘날 우리는 여전히 이 넓은 실크로드에서 중서문화 교류의 시대를 열고 있다.

사료의 기록에 따르면 기원전 1052년 제나라 도성의 임치(臨淄)에서는 성대한 스포츠 경기가 열렸다. 종목으로는 축국,[158] 활쏘기, 사냥, 마차 경주, 무술 격투, 겨루기, 검술, 투석, 멀리뛰기, 육박,[159] 장기 등이 있었는데 그 기세가 고대 그리스 올림픽에 못지 않을 정도로 대단했다. 수 양제는 대업 2년(607년) 실크로드의 고도 장예(張掖)에서 27개국이 참여하는 상업 무역 축제를 열었는데 백희, 씨름, 기마술, 악무(樂舞) 등의 경기가 열렸다. 또한 당나라와 통상·교역을 했던 국가는 70여 개국에 달했는데 장안만 보더라도 100만 명이 넘는 국내외 사람들이 모였으니 장안은 당시 국제 대도시로 중국 문화와 외래 문화가 널리 교류할 수 있었다. 명말청초에는 서학이 차츰 동방에 전해졌고 서양의 전도사들이 계속 들어와 중국에서 선교 활동을 펼쳤다. 이로써 중국과 서양의 문화 교류는 새로운 전성기를 맞이했고 중국은 서양의 철학·교육·의학·음악·미술·체육 등을 널리 받아들이고 수용했다.

앞서 말했듯이 중국 문화는 서방 문명과 교류하며 각 민족 문화의 정수와 고귀한 자양분을 부단히 흡수·융합했고 조화를 추구하되 본연을 지키며 끊임없이 그 자신을 풍부하게 하며 발전해 왔음을 알 수 있다. 그러므로 동방과 서양 문명의 교류와 융합이 없었다면 오늘날의 다채롭고 풍부한 중국 문화도 없었을 것이다. 스포츠도 마찬가지다. 서양의 현대 경기 스포츠가 전해지지 않았다면 오늘날 올림픽에서의 중국의 찬란함 또한 없었을 것이다.

중국과 외국 문화 교류의 역사적 여정을 살펴보면 대부분은 서로 문화를 흡수하고 융합하는 쪽이었지만 충돌도 자주 발생했다. 한 예로 문화 언어적 환경, 지역 및 지리적 환경, 종교 신앙, 신체관의 차이로 중국 스포츠와 서양 스포츠는 발전 과정 중에서 많은 충돌을 겪었다. 또 인간과 신, 단련과 수양, 강건함과 유순함, 무(武)에 대한 숭상과 조화에 대한 숭배, 운동과 수련, 예술과 경기, 제단과 경기장 등 모두 뚜렷한 문화 차이를 보이고 있다. 중국의 스포츠 문화는 문화 충돌의 영향을 받으면서 전례없는 엄격한 시험대에 올랐으며 서양의 스포츠 문화 요소를 흡수했다.

고대 그리스에서는 인간의 주체 의식을 숭상했고 용감하게 자신을 드러내는 인재만이 경기에 참여하고자 했다. 중국의 문명은 제단이다. 제단은 사람들의 절을 받는 곳으로 사람들은 자연스럽게 무릎을 꿇게 된다. 고대 그리스 문명은 경기장이다. 경기장은 인간이 자아를 실현하고 힘과 아름다움을 다투는 각축장으로 인간의 힘과 아름다움을 마음껏 감상할 수 있다. 또한 우승자는 가장 건강하고 아름다운 사람이자 신에 가장 근접한 사람이었다. 이는 중국 문화와 그리스 문화가 다르다는 것을 여실히 보여 준다. 한 문명은 제단을 쌓았고 한 문명은 경기장을 만들었다. 제단은 고대 문명이며 경기장은 현대 문명이다. 그러므로 그리스 문명은 새로운 문명으로 가장 오래된 현대 문명이라 할 수 있다.

중국의 선조들은 광활한 대지에서 대대로 노동을 하며 번식했다. 이는 그리스에서 일찍이 도시국가가 성행하고 바다를 넘어 정복 전쟁을 하며 상선 무역 과정에서 개인 계약 관계가 발전했던 것과는 다른 것이었다. 또한 농경은 선조들의 생활과 토지, 식물, 세시, 환경, 기후의 순환 및 변화와 밀접한 관련이 있었고 생로병사도 친척, 향촌 사회, 씨족 집단과 연계되었으며 유연한 혈연적 유대 관계가 형성되었다. 또 혈연과 정이 근본이 되었으며 '예(禮)'가 탄생해 인간의 성정을 억제했고 결국 다투지 않는 백성, 즉 부쟁지민(不爭之民, 다투지 않는 백성)이 만들어졌다. 그래서 중국인은 안빈낙도의 삶을 추구하며 하늘에 순종했으며 평온한 삶을 살며 세속과 다투지 않았다. 그 결과 중국은 역사적으로 올림픽과 같은 개성과 국민을 존중하는 경기성 시합이 탄생하지 않았으며 평등과 경쟁을 핵심으로 하는 사상과 체육관은 더더욱 출현하지 않았다.

중국과 서양의 스포츠 문화 비교를 통해 고대 그리스 도시국가들의 시민들은 무예와 용맹을 우선시했음을 알 수 있다. 올림픽은 4년에 한 번씩 개최되었는데 이는 그리스 도시국가 청년들이 역량을 겨루는 장소이자 타고난 재능을 보여 주는 무대였고 그리스 문화 발전을 촉진하는 원동력이었다. 이는 그리스 문화가 중아시아까지, 다시 중아시아를 거쳐 멀리는 인도와 중국까지 퍼져 나가게 했다. 간다라 예술은 그리스 문화가 동방에 영향을 미친 대표적인 예라고 할 수 있다. 또한 1016년 십자군은 동방 원정을 통해 먼 곳의 중국 문화와 인도 문화를 발견했고 로마 군대 또한 중국의 신강과 감숙의 하서회랑에 도달한 적이 있다고 한다. 특히 실크로드의 개통으로 경제 교류와 무역이 이루어지면서 서양의 문화도 중국에 전해졌다. 서양과 중아시아의 상인은 둔황과 장안 등에 오랜 기간 머물렀고 점차 관중(關中, 고대지명으로 지금의 산시성)의 백성들과 융화되었으니 경기 스포츠의 전파 가능성도 배제할 수는 없다. 그러나 유가가 중국 대륙에 영향을 미치면서 중국 고대의 유희·오락·경기는 탄생은 빨랐지만 성숙은 늦었고 '예술화'로 나아가긴 했지만 결국 경기 스포츠로 발전하지는 못했다. 청나라 말, 양무운동[160] 이후 중국에서 서방 문화를 널리 받아들이면서 그제야 현대 경기 스포츠가 중국인들에게 실질적으로 받아들여지게 된다.

고대 장안과 아테네, 로마의 스포츠는 인류 문명의 발전에 큰 공헌을 했다. 이들은 위대한 경기 스포츠와 다양한 종목을 만들어 냈고 각종 축제를 현대 올림픽 축제로 발전시켰다. 특히 고대 그리스 아테네의 올림피아는 체육학자들이 동경하는 성지로 여겨지는데 이는 올림피아에 스포츠 신전과 평화와 우애를 상징하는 올리브와 화환이 있기 때문이다. 실크로드의 고대 스포츠 문화는 필자에게 있어 생소하지 않다. 필자는 수년간의 연구를 통해 이 방면에서 적지 않은 연구 성과를 거두었다. 그 결과 장안에서 아네테, 로마에 이르는 실크로드의 각 나라와 각 민족의 체육 발전의 과정과 맥락을 비교적 온전하고 명확하게 반영하여 책으로 완성했다. 단지 행정 관련 업무와 국제 경기, 교수, 연구 등의 업무로 인해 줄곧 미루어오다 2014년부터 집필을 시작했을 뿐이다.

실크로드의 스포츠 문화는 세계 역사의 큰 배경 속에서 발전·성장했다. 개혁개방 이래 실크로드 각국의 문화 교류는 점차 빈번해지고 있으며 세계를 바라보는 중국의 시야도 점차 넓어지고 있다. 또한 중국이 제시한 '일대일로' 발전 전략의 배경하에 중국에 대한 세계 각국의 관심은 더욱 높아지고 있고 중국의 정치, 경제, 문화, 체육 등 각 방면에 대한 연구도 잘 이루어지고 있다. 이러한 큰 배경에서 보면 실크로드의 스포츠 문화를 연구하고《장안부터 아테네까지—실크로드의 고대 스포츠 문화》를 집필·출판하는 것은 매우 중요하다. 자료의 수집이나 학술적 관점에서 보면 서양 학자들이 펴낸 세계 체육사는 각각 특색을 지니고 있다. 하지만 저작이나 논술 대부분이 서양 중심론과 유럽 중심론의 영향을 받아 아시아 특히 중국 체육사의 반영에 편견을 가지고 있고 역사적 사실에 위배되기도 한다. 공정함을 잃은 체육사는 체육사 지식을 전파하고 각 나라 국민이 서로를 이해하는 데 도움이 되지 않는다. 오늘 우리가 펴낸 원고《장안부터 아테네까지—실크로드의 고대 스포츠 문화》는 전 세계 사람들에게 실크로드 위에서 펼쳐진 장안·아테네·로마의 고대 스포츠 문화의 모습뿐만 아니라 스포츠가 제단에서 체육계로, 신을 위한 제사·축제에서 경기로, 신화에서 인본 정신으로, 의식에서 기록으로 가는 아름다운 여정을 보여 줄 것이다. 중국 고대 스포츠, 페르시아, 인도, 이집트, 터키, 더 나아가 고대 그리스와 고대 로마의 스포츠 등 이들 모두는 풍부한 정신 문화유산을 남겨 주었다.

한당(漢唐) 이래 고대 중국의 전통문화와 중앙아시아·남아시아·서아시아 등 각 민족의 전통문화는 실크로드에서 만나 서로 교류하며 전파되고 융합되었다. 이는 '제사 의식'과 '축제' 및 올림픽을 잉태하고 창조했으며 사람들이 스포츠를 접하면서 느끼는 '경쟁, 승리, 우승'과 같은 충동을 자극했다. 또한 각 민족의 생기발랄한 정신적 기상과 건강한 기백이 깃들게 하여 인류가 한없이 누릴 수 있는 정신적 문화유산을 남겨 주었다.

고대 장안(長安)에서 열렸던 '축제'와 아테네의 '제전'은 모두 종교와 매우 밀접한 연관이 있다. 하지만 그 본질은 오히려 세속적이다. 겉으로 보면 '제사 의식과 경기가 결합된' 이러한 행사들은 종교 축제의 유기적인 구성 부분으로 신성함을 띤다. 그러나 신성성의 신을 기쁘게 하려 했던 그 이면에는 인간을 즐겁게 하려는 의도가 있었고 이러한 행사의 공연과 경쟁은 단지 규칙이 더 간단할 뿐 오늘날의 스포츠와 대체로 그 즐거움과 형태가 동일했다. 이러한 제사성 경기는 인류의 세속적인 욕구를 더욱 충족시켰고 인류의 천성인 경쟁 심리를 만족시켰다. 이는 인류를 유희, 오락, 경기 스포츠에 심취하게 했으며 당시(唐詩), 송사(宋詞), 호메로스 서사시 등 불후의 귀중한 문학적 유산은 물론 스포츠와 관련된 다량의 문헌, 건축물, 조각상, 벽화 등을 남기게 했다. 선조들이 남긴 특별한 창조적 유산들은 당시 스포츠 문화 교류를 생생하게 증명해 냈을 뿐만 아니라 세계 스포츠의 발전에도 큰 공헌을 했다.

2년여간 집필을 하면서 필자도 많이 힘들었지만 중화서국(中華書局) 시검홍(柴劍虹) 선생의 참여와 지지로 책의 원고를 완성할 수 있었다. 또한 집필 과정에 있어 난주이공대학 실크로드 문화연구소 이소당(李小唐) 교수·임춘(林春) 교수·이소혜(李小惠) 교수 및 이관남(李冠楠) 대학원생, 상해교통대학교 진작송(陳作松) 교수·우조양(于朝陽) 교수·왕곤(王坤) 교수·진위위(陳偉偉) 교수 그리고 여러 도서관과 고고학 연구소, 박물관의 도움을 받았는데 그 도움을 잊지 못할 것이다. 또 출판과 관련하여 감숙교육출판사(甘肅教育出版社) 왕광휘(王光輝) 사장·벽영소(薛英昭) 부사장·미술 편집 담당 서진림(徐晉林)씨·원고 편집 담당 손보암(孫寶岩) 씨가 물심양면으로 도와주어 원고가 이렇게 아름다운 책으로 나오게 되었다. 이 글을 통해 모두에게 진심어린 감사의 뜻을 전한다.

손기린(孫麒麟, 상해교통대학교 체육과학 연구센터 센터장, 박사생 지도 교수)

모여연(毛麗娟, 상해체육대학교 총장, 박사생 지도 교수)

이중신(李重申, 난주이공대학교 실크로드 문화 연구센터 센터장, 박사생 지도 교수)

실크로드 주요지명 — 중·영 고금 대조표

장잠(張湛)

지명	소재지	영문	내용
안국(安國)	부하라	Bukhara	• 소무구성(昭武九姓)[161] 중 하나 • 현재 우즈베키스탄 국경 내에 위치
박트리아(巴克特里亚)	아프가니스탄 북부	Bactria	• 대하(大夏), 토하리스탄이라고도 불림
베쉬발릭(別失八里)	신강 지무싸얼현 베이팅향	Beshbaliq	• 정주(庭州)의 별칭 • 위구르어 • '5성'이라는 뜻
총령(葱岭)	힌두쿠시산맥	Hindukush	• 아프가니스탄과 파키스탄 북부에 위치 • 중앙아시아에서 남아시아준대륙으로 들어가는 문
탈라스(怛羅斯)	카자흐스탄 탈라스, 키르기스스탄 부근	Talas	• 당나라 군대와 아랍 군대의 조우전이 발생했던 곳 • 당나라 군 패배
대진(大秦)	로마 제국	Da Qin	• 간혹 시리아 지역을 지칭
대원(大宛)	페르가나 분지	Fergana Valley	• 오늘날 우즈베키스탄 동부에 위치 • 한혈보마(汗血寶馬)[162]의 산지
대하(大夏)	아프가니스탄 북부	Bactria	• '박트리아'라고도 함
감주(甘州)	감숙성 장액	Gan Zhou	• 하서(河西)의 요충지 • 과거 감주 회골(回鶻) 정권의 중심지
고창(高昌)	신강 투루판	Turpan, Turpan	• 640년, 당나라에 패한 후 명칭을 서주(西州)로 변경
궁월성(弓月城)	신강 이리주 훠청현 일대	Gongyuecheng	• 원나라 때 아리마리(阿力麻里)로 불림 • 차가타이 한국의 수도
화레즘 샤 왕조(花剌子模)	우즈베키스탄 서북, 아무다리야강 하류 삼각주	Khwarezm, Chorasmia	• 당대에 화심(火尋)이라 불림 • 11세기 이슬람의 대학자 비루니도 화레즘 샤 왕조 사람
간다라(健陀羅)	아프가니스탄 동부와 파키스탄 서북부	Gandhara	• 그리스식 불교 예술이 발전한 곳 • 정절국(精绝國)에서 통용되었던 간다라어도 이 곳에 기원을 두고 있다
정절국(精绝國)	신강 민펑현 이북 니야 유적	Jingjue Kingdom	• 한나라 때 서역의 고대 국가 중 하나

지명	소재지	영문	내용
강국(康國)	우즈베키스탄 사마르칸트	Samarkand	• 소무구성(昭武九姓) 중 하나 • 소그드 지역의 가장 중요한 도시 • 소그드 고대 서신의 목적지 중 하나
양주(涼州)	감숙성 무위시	Liang Zhou	• 하서(河西)의 요충지 • 소그드 이주민이 거주한 지역 중 하나
누란(楼兰)	신강 뤄챵현 이북	Kroraina	• 한나라 때 서역의 고대 국가 • 서기 4세기 후 멸망
모허옌치(莫賀延磧)	가순 고비사막	Gashun Gobi Desert	• 돈황부터 하미 일대의 고비사막 • 현장(玄奘)이 걸어서 넘어간 곳
날란다(那爛陀)	오늘날 인도 비하르주 파트나 시에서 동남쪽으로 90km	Nalanda	• 고대 인도 불교 학술의 중심지 • 현장(玄奘)과 의정(義淨)이 모두 이곳에서 불법을 수련함
피모(媲摩)	대개 신강 위티엔현에 위치	Phema, Pem, Keriya	• 위티엔에서 동쪽으로 3리 이상 • 현장(玄奘)과 마르코폴로 모두 이곳을 지나간 적이 있음
구자(龜兹)	신강 쿠처	Kucha, Kuchar	• 안서사진(安西四鎮)[163] 중 하나 • 안서 도호부의 소재지 • 언어: 구자어, 토하라어 B라고도 불림
열해(热海)	이시크쿨호	Lake Issyk-kull	• 키르기스스탄 국경 내에 있는 고산호수로 일년 내내 얼지 않아 이름이 붙여짐
산산(鄯善)	신강 뤄챵현 일대	Shanshan	• 기원전 77년, 한나라 사자 부개자(傅介子)가 누란왕을 사살하고 누란의 국호를 산산(鄯善)으로 바꿈 • 오늘날의 신강 투루판 지역 산산현과 혼동하지 말 것
사주(沙州)	감숙성 돈황	Dunhuang	• 막고굴, 장경굴 소재지
석국(石國)	우즈베키스탄 타슈켄트	Chach, Tashkent	• 소무구성(昭武九姓) 중 하나 • 또는 자시(赭時)라고도 불림
사국(史國)	우즈베키스탄 샤흐리삽스	Kesh, Shahr-i Sabz	• 소무구성(昭武九姓) 중 하나 • 이곳도 티무르의 고향
실리불서(室利佛逝)	인도네시아 수마트라섬 팔렘방	Palembang	• 중국과 인도 간 해상로의 중요한 환승 지점 • 고승 의정(義淨)이 머물렀던 곳
수창성(壽昌城)	감숙성 돈황 남호향(南湖鄉)	Shouchang	• 사주 관할의 현
소륵(疏勒)	신강 카스(喀什)	Kashgar	• 안서사진(安西四鎮)의 하나 • 훗날 카라한 칸국의 수도 중 하나

지명	소재지	영문	내용
쇄엽(碎叶)	키르기스스탄 톡모크 서남쪽 아크베심유적	Suyab	• 679년부터 719년까지 카라샤르를 안서사진(安西四鎮)의 하나로 대체함
소그드 지역(粟特地區)	우즈베키스탄 제라프샨 강 유역	Sogdiana	• '소그디아나'라고도 번역함
크테시폰(泰西封)	이라크 바그다드 동남쪽 약 35km 티그리스강가	Ctesiphon	• 이란 사산왕조의 수도 • 현재는 폐허로 남아 있음
정주(庭州)	신강 지무싸얼현 베이팅향	Ting Zhou	• 북정도호부 소재지 • 톈산(天山) 이전의 지역을 통치 • 북정(北庭)이라 불리기도 함
동주(同州)	섬서성 대려현	Tong Zhou	• 안가(安伽)는 일찍이 동주의 살보(萨寶)[164]를 역임함
토하리스탄(吐火羅斯坦)	아프가니스탄 북부	Tocharistan	• '박트리아'[165]에서 볼 수 있다.
옥수스강(烏滸河)	아무다리야 강	Amu Darya	• 중앙아시아의 큰 강으로 천산에서 발원하여 아랄해로 유입됨
서주(西州)	투루판	Turpan, Turpan	• 640년, 당에 패하기 전 고창(高昌)이라 불림
카라샤르(焉耆)	신강 카라샤르	Agni, Yanqi, Karashahr	• 안서사진(安西四鎮) 중 하나 • 679년부터 719년까지 쇄엽(碎叶)에 의해 대체 • 현지 언어는 카라샤르어로 토하라어 A라고도 불림
약살수(藥殺水)	시르다리야 강	Syr Darya	• 중앙아시아의 큰 강, • 천산에서 발원하여 아랄해로 유입됨
이우(伊吾)	신강 하미	Hami, Kumul	• 이주(伊州)라고도 불림
위티엔(于阗)	신강 허톈	Khotan	• 안서사진(安西四鎮) 중 하나 • 오아시스로 불교가 성행했으며, 현장(玄奘)이 인도에서 돌아올 때 지나갔던 길
지한나(支汗那)	우즈베키스탄 데나우 근처, 사마르칸트 이남	Changhanian	• 당나라 때 중앙아시아 소국 중 하나

주

들어가는 글

1 중국 한나라 때에 서아시아에 있던 파르티아 왕국을 부르던 이름.

1장

2 독일의 지리·지질학자, 1868-1872년 극동으로 돌아와 중국 본토와 서장 지질조사에 착수하였다. 조사결과는 《중국본토》, 《사천(四川)·귀주성(贵州省)》 등의 저서로 간행되었다.

3 중국 후한 초기의 무장. 흉노의 지배하에 있던 50여 나라를 한(漢)나라에 복종시켰고 중국과 서역(西域) 간의 경제와 문화 교류를 촉진시키는 데 지대한 공헌을 하였다. 31년간 서역(西域)에 머물며, 오아시스 국가를 정복하고 부하 감영(甘英)을 페르시아만(灣)으로 파견하여 정보를 수집하는 등 많은 공적을 세웠다.

3장

4 중국 북위의 역도원(酈道元)이 쓴 지리학 저서. 《수경(水經)》에 주석을 단 것으로, 40권으로 이루어져 있으며 물길을 골간으로 하여, 지리·역사·민간 전설 등의 자료를 수록하여 중국 고대 지리 연구에 중요한 자료를 제공했다.

5 중국 산시성(陝西省) 시안시(西安市)의 반포(半坡)에 있는 양사오(仰韶)문화 유적으로 집터·분묘·저장 구덩이 등의 많은 유구와 유물이 발견되었다.

6 중국 화북의 황하 중류 지역에서 발견된 신석시시대 문화로 섬서성에서 발견된 신석기 문화 중 현재로서는 가장 오래된 신석기시대 문화이다.

7 중국 황허 중류 지역에서 기원전 5000년에서 기원전 3000년 무렵까지 존속했던 신석기 문화로서 채도(彩陶)를 특징으로 한다.

8 중국의 대표적인 공예 기법으로 금속태의 표면에 동판선으로 화문·용 등을 본떠서 남·청·녹·적·황·백 등의 채색료로 메운다. 경태년간(1450-57)에 유행하였고 코발트계 남색이 특히 아름다워 경태람이란 이름을 얻게 되었다.

9 상이집트의 기원전 4000년대 선왕조시대를 말한다.

10 '太宗養一白鶻，號曰飛將軍.'

11 당 태종 이세민과 문덕황후 장손 씨(文德皇后長孫氏)를 합장한 능이다.

12 거연(居延)은 중국 내몽고자치구에 있는 지역명으로 거연한간은 바로 이 지역에서 출토된 것으로 득명하였다.

13 쇠뇌는 활에 기계 장치를 부착시켜서 만든 무기로 노(弩)라고도 한다.

14 이광(李廣, ?-기원전 119) 농서(隴西) 성기(成紀) 사람으로 서한(西漢)의 명장이다.

15 씨름.

16 경기체조.

17 중국 당조 제 8대 황제 당 현종(685-762)이다.

18 고대 서역의 나라이며 현재 신강 위구르자치구지역에 위치해 있다.

19 중국의 우왕(禹王) 때에 구주(九州)에서 금을 모아 만든 솥으로, 하(夏)·은(殷) 이래(以來)로 천자(天子)에게 전해져 오던 보물이다.

20 봉불조상비(奉佛造像碑)의 약칭으로 북위(北魏)부터 당대(唐代)까지 널리 유행되었던 불교문화 조각예술품이다.

21 석가(釋迦)여래(如來)가정반왕(淨飯王)의 태자(太子)였을 때의 이름이다.

22 불교를 상징하는 채색직물에 글이나 문양, 그림 등을 그리거나 각종 구슬을 엮어 사찰 경내에 걸어 불·보살을 장엄하는 깃발을 말한다.

23 고대 축구를 이르는 말이다.

24 중국 56개 민족의 하나이며 주요 거주지는 운남성(雲南省)으로 와어(佤語)를 사용하고 있지만 문자는 없다.

25 《중국미술전집(中國美術全集)》, 황산서사(黃山書社), 2010.

26 중국 원말명초(元末明初)시기의 화가이며 생몰연대는 미상이다.

27 《신당서(新唐書)》는 1044년부터 1060년까지 17년에 걸쳐 완성되었고 중국 당나라에 관한 정사(正史)이며 북송의 구양수(歐陽修)·송기(宋祁) 등이 고쳐 편찬하였다.

28 《新唐書·三宗諸子·重俊傳》記載: '既楊武宗訓為賓客，二人憑貴寵，無學術，惟狗馬蹴鞠相戲嬉昵。'

29 《文宗本紀》中載：'開成四年(839)二月，幸勤政樓觀角抵、蹴鞠。'

30 중국 북송(北宋)의 사마광(司馬光)이 1065년-1084년에 편찬한 편년체 역사서이다. 주(周)나라 위열왕(威烈王)이 진(晉)나라 3경(韓·魏·趙氏)을 제후로 인정한 403년부터 960년에 이르기까지 1362년간의 역사를 1년씩 묶어서 편찬한 것이다.

31 《資治通鑒·僖宗傳》記載: '上 (僖宗) 好蹴鞠。'

32 도상자료에서 제시한 고대 도자기나 서화작품에서 폴로와 연관된 것에 한해서는 일괄 마구라고 그 명칭을 통일하겠다.

33 조식(曹植)의 전기 대표작 중 한편으로 낙양(洛陽) 귀공자의 유희와 오락생활을 표현하고 사나이다움과 올바른 생활 포부를 읊은 시이다.

34 채부(蔡孚)의 칠언율시로서 폴로 경기의 공, 스틱, 말, 규칙, 즐거움 등을 구체적으로 표현한 시이다.

35 민간 집체 창작 작품으로, 초나라와 한나라 전쟁의 시대적 배경 아래 계포 장군을 주인공으로 한 설창(說唱) 서사시다. 내용상으로는 인물 전기의 특색을 지녔다.

36 한나라 시기의 역사가 반고(班固)가 저술한 기전체(紀傳體)의 역사서로 12제기(帝紀)·8표(表)·10지(志), 70 열전(列傳)으로 총 100권으로 이루어졌다. 《사기(史記)》와 더불어 중국 역사학상 대표적인 저작이다.

37 계포(季布), 난포(欒布)와 전숙(田叔)을 주인공으로 한 이야기이다. 계포는 초나라 시기의 대장군으로 초나라가 멸망한 뒤 유방(劉邦)에 의해 수배되고 있었다.

38 무측천의 둘째 아들로675년 황태자가 되었다가 680년 폐위되었다.

39 자는 태화(泰和)이다. 다른 이름으로 이북해(李北海), 이괄주(李括州)로 불리기도 한다. 당(唐)나라 때의 관리이자 서법가(書法家)이다.

40 당나라 시기 봉연(封演)이 지은 소설집으로 당나라의 정치제도, 사회생활, 풍습, 종교 등을 구체적으로 표현하였다. 총 10권으로 이루어졌고 당나라 문화를 연구하는 데 사료적 가치가 높은 필기체 소설이다.

41 《封氏聞見記》卷六載，太宗常御安福門，謂侍臣曰: '聞西蕃人好為打球。比亦令習，曾一度觀之，昨升仙樓有群蕃街裏打球，欲令朕見，此蕃疑朕愛此，騁為之。以此思量，帝王舉動，豈宜容易，朕已焚此球以自誡。'

42 송나라 태평흥국(太平興國) 2년에 이방(李昉) 등이 태종의 명을 받아 편찬한 백과서적이다. 전부 1천 권으로 여러 가지 사항을 여러 서적에서 뽑아 모두 55부문으로 나누어 실었다.

43 송나라 태종(太宗)의 칙명으로 977년에 편집된 종교관계의 이야기와 정통역사에 실리지 않은 기록 및 소설을 92개의 항목으로 나누어 수록한 중국 역대의 설화집이다.

44 송나라 시기 왕흠약(王欽若) 등이 임금의 명을 받들어 역대 정치에 관한 사적을 모은 책으로 총 1천 권으로 되어 있다.

45 청나라 가경제(嘉慶帝)의 칙명(勅命)으로 동고(董誥) 등이 편찬한 당나라 5대(五代)의 산문(散文) 총집(總集)이다. 총 1천 권으로 1814년에 완성하였다.

46 청나라 강희제(康熙帝)의 칙명으로 팽정구(彭定求) 등이 편찬한 당나라 시가 전집이다. 총 900권으로 2,200여 명 작자의 작품 4만 8천 9백여 수를 수록하였고 1745년 10월에 완성하였다.

47 돈황 가사로 당나라 시기 폴로 운동에 대해 구체적으로 서술한 대표적인 작품이다.

'時仲春，草木新，初雨後，露(路)無塵，林間往往臨花鳥，樓上時時見美人。相問同情共言語，閑悶結伴(遊)球場，傳(侍)中手執白玉鞭，都史乘騎紫騮馬。青一隊，紅一隊，軻皆玲瓏得人愛，前回斷當不贏輸，此度若輸沒須賽。脫緋紫，著(著)錦衣，銀鐙金鞍耀日輝，場裡塵非(灰)馬後去，空中球勢杖前飛。球似星，杖如月，驟馬隨風直沖穴，□□□□□，□□□□□□□。人衣濕，馬汗流，傳聲相問且須休，或為馬乏人力盡，還須連夜結殘籌。'

48 송태조 조광윤(趙匡胤)의 연호(年號)이다.

49 관아의 술 장부이다.

50 사산왕조 페르시아의 제10대 왕이다.

51 북송의 화가, 기타 미상이다.

52 불교의 전설적인 인물로, 처음에는 악신으로 남의 아들을 잡아먹다가 뒤에 5백의 귀자(鬼子)를 거느리고 부처에게 귀의하여, 출산과 양육을 수호하는 호법신이 되었다.

53 《신당서(新唐書)》에서 당나라 시기의 행정 관료제도에 대해 체계적으로 서술한 부분으로 총 4권이 있다.

54 당나라 시기 궁녀들의 일상 생활을 생동감 있게 표현한 시로 총 100수가 있다. '殿前鋪設兩邊樓, 寒食宮中步打球。一半走來爭跪拜, 上棚先謝得頭籌。'

55 '球似星, 杖如月, 驟馬隨風直沖穴。'

56 양온(楊溫)은 수호지에 등장하는 인물로, 운중안문절도사(雲中鴈門節度使)이다.

57 원나라 시기 추환 게임에 대해 체계적으로 다룬 저서이다.

58 중국 고대 지괴소설(志怪小說)집이다.

59 이적(李適)은 당나라의 황제이며 780년-805년 까지 재위 하였다. 당 대종(代宗) 의 맏아들이다. 대종때 천하병마원수(天下兵馬元帥)가 되어 사조의(史朝義)를 토벌하고 하북을 평정해 이공으로 상서령(尙書令)에 오른 뒤 태자가 되었다. 제위를 이은 뒤 초기에는 정치가 청명(淸明)했으나, 즉위 한 뒤 중앙 재정의 재건을 도모했으며, 번진(藩鎭)을 억압하려는 정책을 시행했다.

60 남송 맹원로(孟元老)가 쓴 저서로 총 10권이다. 이 책은 1147년에 완성되었으며, 북송 말 변경의 상업 및 민간의 풍속에 관한 유명한 필기이다. 따라서 건축, 하천, 거리, 상점, 주루(酒樓), 화물, 야시(夜市), 음식, 풍속 등에 대한 사료적 가치가 높다고 평가되어 왔다.

61 불교를 홍보하기 위한 불교이야기를 담은 그림, 조각, 설창문학 등으로 다양하게 존재하는 것을 경변이라 한다.

62 중국 수·당 시대에 중앙아시아의 시르다리야와 아무다리야 두 강 유역에 산재한 9개 성씨의 민족을 가리킨다.

63 두 사람이 보드 주위로 말을 움직이는 전략 게임. 경기자는 상대방의 말이 움직이는 것을 막으면서 말을 잡아 모은다.

64 바둑에서 돌을 둘러싸고 있는 빈 교차점을 조안(做眼)이라고 한다. 안(眼)에는 진짜와 가짜가 있는데 상대방이 돌을 먹지 못하게 하는 것을 진안(真眼)이라고 하며 상대방이 일부러 자신의 돌을 먹게 하는 것을 가안(假眼)이라고 한다. 포위를 당한 돌은 반드시 2개 이상의 진안을 가져야 하는데 이를 만드는 것을 조안이라고 한다. 겁(劫)은 검은색 돌이 흰색 돌을, 흰색 돌이 검은색 돌을 서로 둘러싸고 있는 형세를 말하며 위(圍)는 상대방의 돌을 둘러싸고 있는 형세, 그리고 단(斷)은 상대방 돌의 연결 고리를 끊는 것을 말한다.

65 분채(粉彩)는 중국 청나라 때 행하여진 백자에 그린 그림 기법으로 산화석을 섞은 불투명한 상회구를 쓰며 색의 수가 많고 세밀한 묘법을 사용해 화조나 인물을 세밀하게 나타낼 수 있다.

66 석가모니 부처님이 출가하기 전의 이름을 음역한 것.

67 하늘의 법을 인간 세계에 정착시키고(象天則地) 인의를 겸비하며(仁義備載) 조감법식을 따른다는 것이다.

68 유교 경전인 주역(周易)에서는 64괘를 상경 30괘, 하경 34괘로 나누어 상경은 우주의 자연한 이치를 하경은 인간 사회의 도덕적인 내용으로 풀이해 놓았다.

69 중국의 고대 천문학자가 천궁을 우물 정자로 나누어 정리한 것으로 별자리의 운행과 계절 등에 대해 알 수 있다.

70 그네와 다이빙을 결합한 중국 고대 스포츠 놀이로 수천추 선수는 반주에 맞춰 그네를 타다가 일정한 시간이 지나면 강으로 뛰어든다.

71 여기서 마보는 오른발을 앞으로 내밀고 허리를 낮춘 자세를 말하며 궁보는 앞발을 구부리며 종아리는 지면과 수직을 유지하여 활 모양으로 만드는 자세를 말한다. 그리고 복보는 찌르는 자세이다.

72 가장은 팔을 안쪽으로 돌리고 손을 아래에서 머리 측면 위로 떠받치며 팔은 호형을 유지하는 자세이며, 압장은 손바닥이 아래를 향하는 수형(手型)으로 기운을 사용해 아래로 누르거나 측면 아래를 향해 누르는 것이다. 추장은 손바닥은 앞을 향하고 팔뚝을 구부렸다가 펴면서 앞을 향해 밀면서 나아가는 장법(掌法)이다.

73 당나라 때 교방 기생으로 검무를 잘 추어 기술이 당시 제일이었다.

74 '등용소초'는 초를 사용할 때 작은 심지를 사용하면 더 오래 사용할 수 있다는 것을 뜻이다.

75 姑娘追. 카자흐족 청년 남녀들이 말 위에서 즐기는 오락.

76 한나라의 사서에 나오는 중앙아시아의 터키계 유목민 또는 그들이 세운 나라.

77 오늘날의 우즈베키스탄 페르가나주와 타지키스탄 레니나바드주에 해당하는 지역으로 중국 한나라 때는 이 지역을 대완(大宛)이라고 불렀다.

78 南俄. 아시아의 초원 지대는 동에서 서로 길게 이어져 있다. 가장 동쪽의 내몽고 초원과 중앙아시아 초원, 남아시아 동구권 초원으로 나뉘는데 남아시아 동구권 초원이 바로 남러시아초원(南俄草原)이다. '南俄'는 바로 이 초원을 말한다.

79 기원전 4세기 난다왕의 부하였던 찬드라굽타가 반란을 일으켜 왕을 살해하고 난다왕조를 멸망시킴으로써 마우리아 왕조의 시대를 연다.

80 大月氏. 기원전 3세기 말엽 중국 신강 동북 일원에 살던 월지(月氏)족이 흉노에게 쫓겨 중앙아시아 아무다리야강 연안에 세운 나라.

81 무굴제국의 악바르는 남부 지역 일부를 제외한 인도 전체를 통일하고 대제국을 건설하였다. 후에 17세기 후반에 이르러 아우랑제브 황제가 정복 활동을 활발히 전개하여 남부 인도의 많은 영토를 확보했고 무굴제국의 영토를 최대로 넓힌다.

82 Aurangzēb. 인도 무굴제국의 제6대 황제로 1658년 부왕의 병을 계기로 형제간에 제위 계승 문제 싸움을 벌여 승리했다. 이듬해 부왕을 유폐시키고 황제에 올랐다.

83 기원전 1500년-기원전 500년으로 힌두교의 가장 오래된 경전《베다》가 쓰인 시대이다.

84 쿠틉웃딘 아이바크가 왕위에 오르면서 이슬람교를 신봉하는 터키계 또는 아프간계의 왕들이 지배하는 5대 왕조가 계속 인도의 북부 지방을 통치한다. 이 왕조들을 델리술탄(Delhi Sultan) 왕조라 한다.

85 서부·중부 인도에 여러 왕조를 세웠던 아리아족.

86 원래 인도에 속해있던 방글라데시는 1947년 인도가 영국에서 독립할 때 파키스탄으로 독립하였다. 이후 벵골족이라는 이유로 무시와 핍박을 받아 온 동파키스탄은 1971년 유혈 독립전쟁을 통해 서파키스탄(지금의 파키스탄)으로부터 분리·독립한다. 동파키스탄이 바로 지금의 방글라데시이다.

87 9-13세기 중엽까지 남인도에 군림한 타밀족의 왕조.

88 아랍 지역의 장기로 왕, 책사, 코끼리, 전차, 보병 등 6개의 말로 구성된다.

89 고대 인도 산스크리트 문학의 최고의 시인이며 극작가이다.

90 인도의 힌두교 사상가이자 요가학파의 창시자로 요가 수행의 요체를 집성한 저작인《요가 수트라》를 썼다.

91 5세기-6세기까지 약 40년 동안 아랍반도에서 발발했던 베두인 부락 간의 전쟁을 말한다.

92 우마이야 왕조의 창건자로 영토를 크게 확장하고 655년에는 돛대 전쟁에서 승리하며 비잔티움 해군과의 전쟁에서 최초의 승리를 거둔다. 670년에는 콘스탄티노플을 공격하지만 갑자기 사망함으로써 비잔티움 제국과의 전쟁은 중단된다.

93 우마이야 왕조의 2대 칼리프로 야지드는 아버지의 사망과 함께 칼리프직에 오른다. 이로써 이슬람 최초로 혈연에 의한 세습 왕조인 우마이야 왕조가 수립되었다.

94 이슬람 왕조(750-1258)로 왕조 초기의 영토는 동쪽 아무다리야 강 이북 지역에서 서쪽 마그리브에 이르는 광대한 지역이었는데 점차 축소되었다. 제2대 칼리프에서 제5대 하룬 알 라시드까지 전성기를 누렸으나 1258년 몽골군이 바그다드를 점령하면서 멸망한다.

95 무아위야 1세가 다마스쿠스를 수도로 하여 세운 이슬람 칼리프조(661-750).

96 우마이야 왕국은 아브드 알 말리크 왕(685-705 재위) 시기에 이르러 전성기를 맞는다. 서쪽으로는 스페인의 대부분 지역을 차지했고, 중앙아시아에서는 부하라·사마르칸트·크와레즘·페르가나·타슈켄트 등을 정복했으며, 동쪽으로는 인도의 무크란과 신드까지 이르렀다.

97 아바스 왕조 제5대 칼리프(재위 786-809)이다. 치세 중 수도 바그다드는 끝없이 번영하여 아바스 왕조의 황금시대라 일컬어진다. 하지만 실제로는 이 왕조가 분열되기 시작하는 시기로서 북아프리카에는 반(半)독립왕조가 세워졌다.

98 雙陸. 두 사람 또는 두 편이 15개씩의 말을 가지고 2개의 주사위를 굴려 나온 숫자에 따라 판 위에 있는 말을 이동시키는 놀이로 먼저 나가면 이기는 놀이.

99 원음으로 무하마드(Muhammad). 이슬람교를 일으킨 아랍의 예언자이자 이슬람교도에게는 최후·최대의 예언자이다. 신에게서 받은 계시로 610년경부터 유일신 알라에게 귀의(歸依)해야 한다고 설법했으나 박해를 받는다. 후에 아라비아 반도를 통일하고, 이슬람 국가의 터전을 구축했다.

100 Medina. 사우디아라비아 헤자즈 지방에 있는 내륙도시로 아랍어로는 알마디나(al-Madinah)라고 한다. 이슬람교 성지이다.

101 이집트의 선왕조 시기(기원전 3600?-기원전 3100?)는 국가의 형성에 직접 연결되는 중요한 시대이며 인공관개가 도입되고 인구는 증가하면서 촌락은 도시로 발전했다. 외국과의 교역도 더욱 왕성해졌다.

102 고대 이집트 제1왕조의 창시자로 기원전 3100년경 하 이집트를 정복하여 통일 왕국의 수도로서 나일강 서안에 새로운 도읍을 정하였는데 이것이 훗날의 멤피스이다.

103 이집트 제18왕조 제12대 왕(재위 기원전 1361-기원전 1352)으로 18세에 요절하여 알려진 것이 거의 없으나 '왕가의 계곡'에 있는 왕묘가 발굴되면서 유명해졌다.

104 고대 이집트에서 벽돌이나 돌로 벽을 비스듬히 쌓아 올린 긴 네모꼴의 분묘 형식으로 후에 피라미드로 발전하였다.

105 프랑스의 고고학자로 1851년에 멤피스 무덤 일부가 있는 사라페움 신전을 발굴하였으며 주요 저작으로는 《이집트 역사 연구》가 있다.

106 페르시아의 세밀화는 양피지, 금속, 상아 등에 그린 작고 정교한 그림으로 예술성이 뛰어나며 이슬람의 문화, 종교를 담은 독특한 시각예술 형태이다.

107 이집트 나일강 중류 룩소르의 서쪽 교외에는 좁고 긴 골짜기가 있는데 이집트 신왕국 시대의 왕릉이 집중되어 있다. 이곳을 왕가의 계곡이라고 부른다.

108 아마르나 시대는 고대 이집트 제18왕조의 아멘호테프 3세와 4세의 치세를 전후하여 번영이 최고조에 달하였던 시대로 이집트가 서남아시아에까지 군림하였고 외국의 사신들이 다투어 이집트의 수도로 모여들었다.

109 이집트 나일강 중류 룩소르의 서쪽 교외에는 좁고 긴 골짜기가 있는데 이집트 신왕국 시대의 왕릉이 집중되어 있다. 이곳을 왕가의 계곡이라고 부른다.

110 蛇爬梯子. 지능겨루기 놀이로 주사위에 따라 뱀을 이동시키는 게임이다. 가다가 사다리를 만나면 주사위에서 나온 숫자보다 적게 이동을 해야 하며 뱀을 만나면 일단 뒤로 몇 칸 물러서며 질의응답칸에 도달하면 문제에 대답해야 한다.

111 이집트의 초기 왕조시대는 제1-제2왕조(기원전 3100?-기원전 2686?) 시대를 말한다. 국토의 통일과 건설의 시대인 게르제기의 말에 상·하 이집트의 각 노모스(nomos, 고대 이집트의 행정 구역)는 차차 통합되었고 곧이

어 남북이 서로 적대하는 두 개의 왕국으로 발전하였다.

112 이집트의 중왕국 시대는 제11-제12왕조(기원전 2040?-기원전 1758?)시대를 말한다. 이집트는 약 50여 년의 대립 끝에 제11왕조의 4번째 왕 멘투호텝 2세 때인 기원전 2040년에 이르러 상·하 이집트가 다시 통합되면서 중왕국 시대를 맞이한다. 이후 테베는 약 천 년 동안 이집트의 정치·종교의 중심지로서 번영하였다.

113 사산왕조 페르시아의 제10대 왕. 아르메니아와 메소포타미아를 수복하기 위하여 337년부터 20여 년에 걸쳐 로마와 전쟁을 벌였다.

114 손가락 딱소리라고 하기도 하며 엄지와 중지를 사용해서 손가락으로 딱소리를 내는 것.

115 Ptahhotep. 이집트 제5왕조 파라오 제드카라 이세시의 재상이다. 그의 묘는 세련된 예술감각을 보여 주고 있으며 부근의 티 묘와 함께 제5왕조 부조예술의 최전성기를 보여 주는 대표작이라고 할 수 있다.

116 상대방의 관절이나 경혈을 공격하여 제압하는 중국 권술 기법의 일종.

117 모(矛)는 대추나무의 소재 또는 정련된 철을 사용하여 유연성이 거의 없으며 무게도 수십 근에 달한다. 이는 고대 기병들의 주요 병기로 만드는 데 비용도 많이 들어 주로 장군들이 사용했다. 또한 모의 칼 부분은 창보다 훨씬 크고 그 모양도 편평한 형태이다. 창(槍)은 모와 달리 유연성이 뛰어나고 무게도 가벼워 팔힘이 크게 요구되지 않는다. 창은 가볍고 보급이 쉬웠기에 주로 보병들의 표준 무기가 되었다.

118 고대 그리스 역사상의 한 시대로 도리니아인의 침략으로 인해 미케네 문명이 멸망한 기원전 12세기부터 새로운 도시 국가들이 형성되는 기원전 8세기까지를 말한다.

119 그리스 미케네 문명 시기의 초기 왕실·귀족 무덤 형식으로 깊은 수직 갱도와 아래의 석굴 무덤으로 구성된다.

120 石彈子. 쇠뇌로 튀겨서 쏘는 잔돌멩이 놀이.

121 고대 올림픽에서 달리기 경기는 거리에 따라 스타디온, 다아울로스, 돌리코스 세 종목으로 구분했다. 가장 짧은 거리를 달리는 종목인 스타디온은 191.27m의 트랙을 한 번 달리는 경기로 현대의 200m 달리기에 해당한다. 디아울로스는 스타디온을 1회 왕복하는 것으로 오늘날의 400m 달리기와 유사하며 돌리코스는 현대의 5000m 달리기에 해당한다고 할 수 있다.

122 고대 5종 경기로 멀리뛰기, 원반던지기, 창던지기, 달리기, 레슬링이 있었다.

123 고대 그리스에서 같은 신을 믿는 도시들끼리 신전(神殿)과 그 제의(祭儀)를 지키고 유지하기 위하여 결성한 동맹.

124 고대 그리스의 폴리스에서 비합법적으로 독재권을 확립한 지배자.

125 두 기사가 서로를 향해 랜스(Lance, 기병용 대형창)를 겨누고 돌격하여 싸우는 경기.

126 소나 말이 끄는 전차 옆을 따라가면서 오르락내리락 하는 경기.

127 곰은 그리스 신화 사냥의 여신 아르테미스의 상징이다. '아르-'는 곰을 상징하는 접두어.

128 고대 유럽의 웃옷으로 허리띠가 있음. 원래는 그리스, 로마 시대에 착용된 소매 달림, 혹은 소매가 없는 통 자이며 길이는 무릎 정도로 장식이 거의 없는 느슨한 의복을 말하는 것으로서, 속옷 또는 겉옷, 평상복으로 이용되었다.

129 말을 탈 때 신는 구두의 뒤축에 달려있는 물건. 톱니바퀴 모양으로 말의 배를 차서 빨리 달리게 한다.

130 몸을 보호하기 위해 가슴에 대는 보호대로 쇠붙이를 부착해서 만들었다.

131 모(矛)는 술 장식이 달려 있지 않고 창(槍)에는 대부분 술 장식이 달려있다. 또한 모는 탄성이 없는 딱딱한 나무 또는 금속으로 만들며 창은 탄성이 좋은 물푸레 나무로 만들어져 봉이 잘 휘고 가볍다.

132 운동경기에서 상대 경기자의 판단을 흐리게 하기 위한 속임수 동작. 페인팅 또는 페인트플레이라고도

한다.

133 1세스테르티우스는 4아스로 1아스는 원화로 약 2,600원이다.

134 고대 로마인이 만들어 낸 복싱용 글러브. 그리스의 글러브와는 비교가 안 될 정도로 위험한 것으로, 방어하기 위해 길이가 어깨까지 올라가게 되어 있고, 주먹의 손가락 관절 부분에는 공격용의 금속성 돌기(突起)가 있었다.

135 엄지손가락만 분리되어 있는 엄지 장갑 형태.

136 콜로세움은 서기 72년 베스파시아누스 황제가 세우기 시작해 서기 80년 그의 아들 티투스 황제가 완공하였다. 이후 도미티아누스 황제가 4층의 플라비우스 원형 경기장을 완성하였다.

137 중국 사서(史書)에 나오는 지명으로 보통 세 곳을 가리키는데 그중 하나는 로마령 서아시아와 동로마제국(비잔틴 제국)의 수도 이스탄불을 뜻한다.

6장

138 周穆王西巡. 서쪽의 건융을 정벌한 주나라 목왕은 건융 오왕을 포로로 잡고 건융의 일부 부락을 지금 산서 서남부의 태원으로 몰아내며 서북의 대도를 연다.

139 玄奘西行. 현장은 당나라 때의 승려로 장안에서 출발하여 서역의 여러 나라를 지나 파미르 고원을 넘어 지금의 인도인 천축국에 도착했다. 10여 년 동안 천축국에 머물면서 여러 고승들에게 가르침을 받았고 귀국할 때 657부의 경전을 가지고 중국으로 돌아왔다.

140 成吉思汗西征. 유럽 및 아시아의 광대한 대륙에 대한 몽골제국의 정복 전쟁.

141 鄭和下西洋. 정하는 1405년부터 1433년까지 총 7차례 세계의 바다를 항해했다. '정하하서양(鄭和下西洋)'이라고도 부르는데 이는 보르네오를 기점으로 하는 서양해까지 항해했기 때문이다.

142《尙书·禹貢》:'織皮昆侖、析支、渠、搜、西戎即敘。'

143 夸父逐日. 중국 신화에서 북쪽 땅에 살고 있었다는 거인족으로 태양을 쫓아서 달리다가 태양이 지는 골짜기에 도달했는데 목이 말라 황하와 위수의 물을 다 마셔 버렸다. 그래도 갈증이 사라지지 않아 대택이라는 호수로 가려다가 죽어 버렸다고 한다.

144 西王母. 곤륜산에 사는 선계의 성스러운 어머니로 그 궁전은 곤륜산 꼭대기에 있다고 한다.

145 西周之國. 서주공국(西周公國)을 지칭하며 동주 후기 전국 시대의 작은 나라이다. 기원전 256년 진나라에 의해 멸망한다.

146 軒轅之國. 중국 황제(黃帝, 중국 원시시대 한 부락의 수령이자 중화민족의 선조)가 다스렸던 나라이다.

147 沃民國.《산해경》에 나오는 나라로 '옥'은 비옥한 토지를 뜻한다. 옥민국의 사람들은 금수와 생활하며 주식으로 봉황의 알을 먹었다고 전해진다.

148 懸圃. 곤륜산 꼭대기로 신선들이 살았던 곳이라 전해진다.

149 后羿射日. 하늘에 10개의 해가 있어 사람들이 정상적으로 생활할 수 없자 후예(后羿)라고 부르는 한 영웅이 아홉 개의 해를 활로 쏘아 떨어뜨렸다는 이야기.

150 女媧補天. 천지개벽 후 하늘이 갑자기 무너져 세상이 혼란에 빠졌을 때 여와(女媧)라는 신이 돌로 하늘을 메웠다는 이야기.

151 東海黃公. 동해에 사는 황공(黃公)이란 사람이 호랑이와 싸우는 이야기로 후에 희극의 소재로 적극 활용

된다.

152 蚩尤戲. 고대 기주(冀州)의 민간 오락.

153 중국 전설에서 상고 시대 동이족의 유명한 수령이자 인류의 시조로 태호로 불리기도 한다.

154 복희는 몸이 뱀과 같고 머리는 사람의 머리를 하고 있어서 해·달과 같은 성덕을 베풀었다. 이에 그 성덕이 끝이 없고 큰 하늘과 같다는 뜻에서 '대호'라 불리기도 했다.

155 鯀腹生禹. 우(禹)는 아버지 곤(鯀)이 치수에 실패해 죽임을 당한 후 그 위업을 물려받는다. 우는 13년의 노력 끝에 치수에 성공하여 순임금이 죽은 후 부족 연맹의 수령이 된다.

156 Citius, Altus, Fortius. 올림픽의 정신을 의미한다.

157 張騫. 한나라의 외교관으로 한 무제의 명을 받아 중국과 서역 간 상업, 문화, 정치 교류의 물꼬를 텄다.

158 蹴鞠. 여럿이 가죽 공을 발로 차고 받는 놀이.

159 劉博. 고대 중국 놀이의 일종으로 여섯가락의 주사위를 던져 승부를 겨루는 놀이.

160 洋務運動. 19세기 후반 중국 청나라에서 일어난 근대화 운동으로 서양의 문물을 수용해 부국강병을 이루려 하였다.

부록

161 오아시스로상에서 서천(西遷)한 민족. 중국 수·당 시대에 중앙아시아의 시르다리야와 아무다리야 두 강 유역에 산재한 9개의 성을 가리킨다.

162 중국 역사에서 명마라 불리던 말의 한 종류이다. 한혈마, 대완마 등으로 불렸다.

163 당 전기 서역에 설립하였던 안서도호부 관할의 4개 군진(軍鎭).

164 당나라는 서역인들을 효율적으로 관리하기 위해 살보부(薩寶府)라는 관청을 세웠는데 살보는 살보부의 관리이다.

165 힌두쿠시산맥과 아무다리아강 사이에 고대 그리스인이 세운 나라(기원전 246-기원전 138).

참고 문헌

[서한]

사마천. 《사기》. 북경: 중화서국, 1982.

[한]

반고. 《한서》. 북경: 중화서국, 1962.

[당]

두우. 《통전》. 항주: 절강고적출판사, 1988.

봉연. 《봉씨문견기》 권6. 북경: 중화서국, 1958.

염관. 《온탕어구부》. 북경: 중화서국, 1966.

영호덕분. 《수서》. 북경: 중화서국, 1973.

[후진]

유후. 《당서》. 북경: 중화서국, 1975.

[송]

구양문. 《예문유취》. 북경: 중화서국, 1982.

맹원로. 《동경몽화록》. 북경: 고전문학출판사, 1957.

왕당. 《당어림》. 북경: 중화서국, 2007.

왕박. 《당회요》. 상해: 상해고적출판사, 2006.

왕흠약. 《책부원구》. 북경: 중화서국, 1966.

이방. 《태평광기》. 장사: 악록서사, 1996.

[원]

도종의. 《남촌철경록》. 심양: 료녕교육출판사, 1998.

탈탈등. 《송사》. 북경: 중화서국, 1977.

[명]

전고천 . 《백이전교주》. 곤명: 운남인민출판사, 1980.

[청]

장정옥. 《명사》. 북경: 중화서국, 1974.

팽정구. 《전당시》. 상해: 상해고적출판사, 1986.

가장재단. 《선사 사회와 게살 시대》. 난주: 감숙민족출판사, 2001.

개산림. 《세계암화의 문화해석》. 북경: 북경도서관출판사, 2000.

계선림. 《돈황학대사전》. 상해: 상해사서출판사, 1998.

곡세권. 《중국체육사》. 북경: 북경체육대학출판사, 1997.

곽반계. 《민간경기와 유희》. 북경: 중국사회출판사, 2006.

나향림. 〈당대폴로구기고〉. 《당대문화사연구》. 북경: 상무인서관, 1944.

당규장. 《전송사》. 북경: 중화서국, 1965.

도쿄교육대학교 체육사연구실. 《그림으로 본 세계체육사》. 도쿄: 신사조출판사, 1964.

러시아군. 《실크로드 연선 박물관 논문집》. 난주: 감숙인민미술출판사, 2014.

마세력, 진광욕. 《한 권으로 보는 세계사》. 북경: 중화서국, 2011.

서영창. 《문물과 체육》. 북경: 동방출판사, 2000.

석운도. 《3-6세기 실크로드의 변천》. 북경: 문화예술출판사, 2007.

아린하스무. 〈위구르족 구사탐원〉. 《체육문사》 1989년 제1기.

안소루. 《체육사》. 북경: 인민체육출판사, 1990.

안소루, 주서관. 《체육사》. 북경: 인민출판사, 1990.

양문청. 《역사가 유구한 세계 스포츠》. 북경: 인민체육출판사, 1983.

영배업. 《중국 기마술 체육사》. 무한: 무한출판사, 1994.

오조래. 《올림픽 읽기》. 남창: 강서미술출판사, 2007.

옹사훈. 《이십오사 체육사료 집성》. 북경: 북경체육대학출판사, 1997.

왕금동. 《중국고대차마》. 정주: 하남인민출판사, 1984.

왕기혜. 《중외체육사》. 무한: 호북인민출판사, 1988.

왕요. 《당대마구고략》. 중앙민족학원학보 1982년 제2기.

왕요. 《서장문사고신집》. 북경: 중국장학출판사, 1996.

왕정장. 《중국 민속놀이 도박 풍속》. 성도: 사천인민출판사, 2003.

왕중민. 《돈황변문집》. 북경: 인민문학출판사, 1984.

위좌. 《당나라에서 놀다》. 북경: 중화서국, 2008.

육수림. 〈발티스탄 북부지구의 마구〉. 《국외장학연구역문집》 제16집. 라싸: 서장인민출판사, 2002.

육수림. 〈발티스탄 소개〉. 《국외장학연구논집》 제6집. 라싸: 서장인민출판사, 1989.

육수림. 〈소서장사 초역〉. 《국외장학연구역문집》 제17집. 라싸: 서장인민출판사, 2004.

음파루. 〈당대 서장 마구극이 장안에 전해지다〉. 《역사연구》. 1959년 제6기.

이빈성. 《수당오대·사회생활사》. 북경: 중국사회과학출판사, 2004.

이중신. 《돈황 고대 스포츠문화》. 난주: 감숙인민출판사, 2000.

이중신. 《실크로드 스포츠문화논집》. 북경: 중화서국, 2006.

임매촌. 《한당 서역과 중국 문명》. 북경: 문물출판사, 1998.

임반당. 《돈황가사총편》. 상해: 상해고적출판사, 1987.

장국강, 오리위. 《중서문화관계사》. 북경: 고등교육출판사, 2006.

잠중면. 《수당사》. 북경: 중화서국, 1980.

주계디. 《문화재 중의 고대 이집트 문명》. 북경: 상무인서관, 2012.

전중단.《그림으로 본 스포츠경기사》. 남경: 봉황출판그룹, 2006.

진서경.《흉노사고》. 북경: 중국인민대학출판사, 2007.

진섭군, 천크룬.《고대 올림픽과 예술》. 상해: 상해고적출판사, 2008.

채풍명.《유희사》. 상해: 상해문예출판사, 1997.

채홍생.《당대 구성호와 돌궐 문화》. 북경: 중화서국, 1998.

최락천.《그림으로 본 고대 올림픽경기》. 북경: 세계도서출판사, 2008.

최락천.《중국고대스포츠도록》. 북경: 중화서국, 2000.

최락천.《체육사화》. 북경: 중국대백과전서출판사, 2000.

한국반.《수당오대사논집》. 북경: 생활·독서·신지삼연서점, 1979.

향달.《당대 장안과 서역문명》. 북경: 생활·독서·신지삼연서점, 1957.

홍페기.《그리스 신화 이야기》. 남경: 역림출판사, 2013.

[그리스]

세모스 고리오니스.《원생태 올림픽 운동》. 상해: 상해인민출판사, 2008.

[독일]

볼프강 베링거.《운동통사》. 북경: 북경대학출판사, 2015.

[미국]

미샤엘 빌강.《고대 페르시아 제국》. 북경: 상무인서관, 2015.

에드워드 샤퍼.《당대의 외래문화》. 서안: 섬서사범대학출판사, 2005.

[스위스]

야코프 부르크하르트.《그리스인과 그리스 문명》. 상해: 상해인민출판사, 2008.

[일본]

나가사와 가즈토시.《실크로드사 연구》. 천진: 천진고적출판사, 1990.

[프랑스]

바노예크.《올림픽의 기원 및 고대 그리스 로마의 스포츠》. 천진: 백꽃문예출판사, 2006.

부르누아.《실크로드》. 제남: 산동화보출판사, 1996.

안전박.《중국문화 서전 유럽사》. 북경: 상무인서관, 2013.

장노엘 로베르.《고대로마인의 오락》. 계림: 광서사범대학출판사, 2005.

조르주 비가렐로.《고전 게임에서 스포츠 공연까지》. 북경: 중국인민대학출판사, 2007.

[헝가리]

라슬로 공.《스포츠전사》. 안소루 역. 국가체육총국, 중국체육사학회, 1985.

지은이

손기린(孫麒麟) **중국 상해교통대학교 체육학과 교수·체육과학연구소 소장·중국 국가사회과학학술기금회 심의전문가**
중국 교육부 전국 대학교 체육교육지도 위원회 위원, 국제탁구연맹 국제 심판장, 올림픽게임, 아시안게임, 국제 선수권대회, 아시아 선수권대회, 월드컵 등 국제 경기 총 심판장을 역임하였으며, 중국 국무원 특별 수당 혜택 수여 학술전문가이다.

모여연(毛麗娟) **중국 상해체육대학교 총장·체육학과 교수**
중국 국가사회과학기금회 메가프로젝트, 국가 중점 연구 개발 계획 '과학기술 동계올림픽' 중점 과제 등을 포함한 중국 교육부, 과학기술부, 국가체육총국 연구 프로젝트 12개를 주관하였고, 79편의 학술논문을 발표하였다. 중국 교육부 '신세기 우수인재 지원계획'에 입선하였고, 국가 우수 교육성과 2등상, 상해시 제14회 사회과학 우수성과 저작상 1등상, 중국 대학교교육 교재 건설상 1등상을 수상하였다.

이중신(李重申) **중국 난주이공대학교 체육교육학과 교수**
중국 교육부 전국 일반대학교 체육교육지도위원회 위원, 실크로드 문화연구회 부회장, 중국과학기술협회 체육사 학술전문가, 중국 국무원 특별 수당 혜택 수여 학술전문가이다. 현재까지 200편 이상의 학술논문을 발표하였고 15편의 교재를 출판하였다. 국가급 및 성급 사회과학상 2등상, 3등상을 총 8번 수상하였다.

옮긴이

이진녕(李震寧) **중국 대외경제무역대학교 외국어대학 부교수**
한중 양국의 문화와 사회를 깊이 있게 연구하는 학자이자, 중국의 핵심 학술 성과를 해외에 전파하는 데 앞장서는 전문 번역가이다.
고려대학교에서 한국언어문학으로 문학박사 학위를 취득하며 한국학에 대한 탄탄한 학문적 기반을 다졌다. 고전 문학과 신화 비교 연구에서부터 스포츠 인문학에 이르기까지 폭넓은 연구를 수행하며 KCI, CSSCI 등재 학술지에 다수의 논문을 발표했다. 특히 인민대학교 인문올림픽연구센터 특임 연구원으로 활동하며 '2022 베이징 동계올림픽' 관련 국가급 메가프로젝트에 참여하는 등, 스포츠와 문화의 접점에 대한 깊은 이해를 갖추고 있다. 무엇보다 그는 중국의 핵심 학술 성과를 해외에 소개하는 중국 국가사회과학기금회-중화학술외역(中華學術外譯) 프로젝트의 책임자 및 핵심 번역가로 활동하는 한편, 국가사회과학기금 메가프로젝트인 '세계 한(漢)학자 구술사(口述史)' 한국 편의 집필을 책임지는 등, 학술 연구와 번역 등 분야에서 활약하고 있다.

장안에서 아테네에 이르기까지
실크로드 고대 스포츠 문화

초판 발행 2025년 10월 20일
초판 1쇄 2025년 10월 20일

지은이 손기린·모여연·이중신
옮긴이 이진녕
펴낸곳 고려대학교출판문화원
www.kupress.com
kupress@korea.ac.kr
(02841) 서울특별시 성북구 안암로 145
Tel 02-3290-4230, 4232
Fax 02-923-6311
찍은곳 네오프린텍(주)

ISBN 979-11-6956-128-0 93900

값 85,000원
※ 잘못 만들어진 책은 바꿔 드립니다.